W0022643

Akira

KUROSAWA

So etwas wie eine Autobiographie

Aus dem Amerikanischen von
Michael Bischoff

Henschelverlag
1989

ISBN 3-362-00382-6

Lizenzausgabe für die Deutsche Demokratische Republik
mit freundlicher Genehmigung des Schirmer/Mosel Verlages München
und von Alfred Knopf Inc. New York.

Inhalt

Vorwort

IN DER VORKRIEGSZEIT, als noch Händler mit allerlei Hausmittelchen über Land zogen, da hatten sie für den Verkauf eines dieser Mittel, das sich besonders zur Behandlung von Brand- und Schnittwunden eignen sollte, eine Geschichte parat. Es hieß, man setze eine Kröte, die vorn vier und hinten sechs Beine habe, in einen Kasten, der auf vier Seiten mit Spiegeln ausgelegt sei. Beim Anblick ihrer zahlreichen Spiegelbilder breche die Kröte in Schweiß aus. Diesen öligen Schweiß nun sammele man und lasse ihn unter ständigem Umrühren mit einem Weidenzweig 3721 Tage lang kochen. Das Ergebnis sei besagtes Wundermittel.

Wenn ich nun über mich selbst schreibe, fühle ich mich ein wenig wie die Kröte in diesem Kasten. Ich muß mich aus zahlreichen Blickwinkeln über viele Jahre hinweg betrachten, ganz gleich, ob mir das, was ich da sehe, nun gefällt oder nicht. Ich mag zwar keine zehnbeinige Kröte sein, doch was ich da im Spiegel erblicke, das treibt mir schon etwas Ähnliches wie den öligen Schweiß dieser Kröte auf die Stirn.

Die Umstände haben es gewollt, daß ich nun bald, ohne es selbst recht zu bemerken, in mein einundsiebzigstes Lebensjahr gehe. Wenn ich auf all diese Zeit zurückblicke, was soll ich da sagen, außer, daß eine Menge geschehen ist? Viele Menschen haben mir nahegelegt, ich solle doch meine Autobiographie schreiben, doch ich habe mich mit dieser Idee nie so recht anfreunden können. Zu einem Teil liegt das daran, daß ich der Ansicht bin, die Dinge, die nur mich betreffen, seien nicht interessant genug, als daß ich sie aufzeichnen und der Nachwelt hinterlassen müßte. Wichtiger jedoch ist meine Überzeugung, daß es, wenn ich denn jemals etwas schreiben sollte, in jedem Falle allein ums Kino gehen kann. Anders gesagt: Man nehme »mich«, ziehe »das Kino« ab, so wird das Ergebnis »Null« sein.

Vor einiger Zeit jedoch habe ich meinen Widerstand aufgegeben. Ich glaube, meine Kapitulation kam daher, daß ich vor kurzem die Autobiographie des französischen Regisseurs Jean Renoir gelesen habe. Ich hatte einmal Gelegenheit, mit ihm zusammenzutreffen; wir haben zusammen gegessen und dabei über viele Dinge gesprochen. Nach diesem Treffen hatte ich den Eindruck, er gehöre ganz gewiß nicht zu jener Sorte Menschen, die sich hinsetzen und ihre Autobiographie schreiben. So fiel ich denn aus allen Wolken, als ich hörte, daß er sich tatsächlich darauf eingelassen hatte.

Im Vorwort zu seinem Buch schreibt Jean Renoir:
»Einige meiner Freunde haben mir zugeredet, ich solle meine Autobiographie schreiben ... Sie geben sich nicht mehr damit zufrieden, daß sich ein Künstler frei mit Kamera und Mikrophon ausgedrückt hat. Sie wollen wissen, wer dieser Künstler ist.«
Und weiter schreibt er:
»In Wahrheit ist dieses Individuum, auf das wir so stolz sind, aus verschiedenen Elementen zusammengesetzt – ein bestimmter kleiner Freund, den man im Kindergarten hatte, der Held des ersten Romans, den man gelesen hat, und sogar der Jagdhund von Vetter Eugen. Wir existieren nicht aus uns selbst, sondern aus Elementen, die unsere Entwicklung begleitet haben ... Unter meinen Erinnerungen habe ich die ausgewählt, die mit Menschen und Ereignissen zu tun haben, die meiner Vorstellung nach dazu beigetragen haben, mich zu dem zu machen, der ich bin.«*

Mein eigener Entschluß, den vorliegenden Text zu schreiben, der in leicht veränderter Form zuerst in der japanischen Zeitschrift *Shūkan Yomiuri* erschienen ist, geht auf diese Sätze zurück und auf den tiefen Eindruck, den Jean Renoir bei unserem Zusammentreffen auf mich machte – auf das Gefühl nämlich, daß ich auf dieselbe Weise alt werden wollte wie er.
Es gibt noch einen weiteren Menschen, dem ich im Altwerden ähneln möchte; das ist der verstorbene amerikanische Regisseur John Ford. Hier bin ich es, der bedauert, daß er uns keine Autobiographie hinterlassen hat. Verglichen mit diesen beiden illustren Meistern, Renoir und Ford, bin ich natürlich nur ein kleines Licht. Doch wenn so viele Menschen sagen, sie möchten wissen, was für ein Mensch in bin, dann habe ich wahrscheinlich die Pflicht, etwas für sie zu schreiben. Ich bin mir freilich nicht sicher, daß sie interessant finden werden, was ich hier schreibe; außerdem habe ich mich (aus Gründen, die ich noch erläutern werde) entschlossen, meinen Bericht mit dem Jahre 1950, dem Jahr, in dem ich *Rashōmon* gedreht habe, enden zu lassen. Doch ich habe diese Arbeit in dem Gefühl unternommen, daß ich mich meiner selbst nicht zu schämen brauche und daß ich einmal den Versuch machen sollte, mir selbst all das zu erzählen, was ich sonst meinen jüngeren Mitarbeitern zu erzählen pflege.
Während der Arbeit an dieser Quasi-Autobiographie habe ich mich mit zahlreichen Menschen zusammengesetzt und mich offen mit ihnen unterhalten, um mein Gedächtnis aufzufrischen. Dazu gehören: Keinosuke

* Jean Renoir, *Ma vie et mes films*, Paris: Flammarion 1974 (dt.: *Mein Leben und meine Filme*, München: Piper 1975, S. 10).

Uekusa (Romancier, Drehbuchautor, Bühnenschriftsteller und Schulfreund); Inoshirō Honda (Regisseur, Freund aus unserer gemeinsamen Zeit als Regieassistenten); Yoshirō Muraki (Ausstatter, häufig Mitglied meines Teams); Fumio Yanoguchi (Tontechniker, aus demselben Stall wie ich bei der P.C.L., dem Vorkriegsvorläufer der Tōhō-Filmgesellschaft); Masaru Satō (Filmkomponist, Schüler des verstorbenen Komponisten Fumio Hayasaka; zählte oft zu meinen Mitarbeitern); Susumu Fujita (Schauspieler, Hauptdarsteller in meinem Erstlingswerk *Sugata Sanshirō*); Yūzō Kayama (Schauspieler, einer von den vielen, die ich in eine harte Schule genommen habe); Kashiko Kawakita (Vizepräsidentin der Tōhō-Tōwa-Filmgesellschaft; sie hat sich im Ausland sehr für meine Filme eingesetzt und weiß über deren Wirkung dort bestens Bescheid); Audie Bock (amerikanische Kennerin des japanischen Kinos; wenn es um meine Filme geht, weiß sie mehr von mir als ich selbst); Shinobu Hashimoto (Produzent, Drehbuchautor; hat mit mir an den Drehbüchern für *Rashōmon, Ikiru* und *Die sieben Samurai* zusammengearbeitet); Masato Ide (Drehbuchautor, mit dem ich bei meinen letzten Filmen zusammengearbeitet habe; mein Gegner beim Golf und beim Schach); Yōichi Matsue (Produzent, Absolvent der Tokyo University und der Cinecittà-Filmschule; ein Mann, dessen Tätigkeit mir völlig rätselhaft ist; während meiner Auslandsaufenthalte war ich häufig mit diesem noblen Frankenstein zusammen); Teruyo Nogami (meine rechte Hand, häufig Mitglied meines Teams, seit sie als Scriptgirl an *Rashōmon* mitwirkte; auch bei der Arbeit an diesem Buch war sie es, die am meisten zu leiden hatte). Ihnen allen möchte ich meinen tiefempfundenen Dank aussprechen.

Akira Kurosawa
Tokyo, Juni 1981

Früheste Kindheit

ICH SASS NACKT im Waschzuber. Der Raum war schwach beleuchtet; ich weichte im heißen Wasser und wiegte mich hin und her, die Hände auf den Rand des Zubers gelegt. Die Wanne schaukelte zwischen zwei schräggestellten Brettern; das Wasser schwappte hin und her und erzeugte ein leise plätscherndes Geräusch. Das muß sehr interessant für mich gewesen sein. Ich brachte den Zuber mit aller Gewalt ins Schaukeln. Plötzlich schlug er um. Sehr lebhaft erinnere ich mich noch an den Schreck und die Ungewißheit, die ich in diesem Augenblick empfand, an das Gefühl, das diese nasse, schlüpfrige Fläche zwischen den Brettern auf meiner nackten Haut hervorrief, und an etwas schmerzhaft Grelles über mir.

In späteren Jahren erinnerte ich mich gelegentlich an diesen Vorfall. Doch da er allzu trivial erschien, sprach ich mit niemandem darüber, bis ich erwachsen war. Ich war schon einundzwanzig, als ich aus irgendeinem Grunde meiner Mutter gegenüber erwähnte, daß ich mich an diese Empfindungen erinnerte. Einen Augenblick lang starrte sie mich überrascht an; dann teilte sie mir mit, dieser Vorfall könne nur damals geschehen sein, als wir in den Geburtsort meines Vaters im Norden der Präfektur Akita gefahren waren, um an einem Gedenkgottesdienst für meinen verstorbenen Großvater teilzunehmen. Ich war damals ein Jahr alt gewesen.

Der schwach erleuchtete Raum, in dem jener Zuber zwischen zwei Brettern stand, war der Raum, der im Geburtshaus meines Vaters als Küche und Bad diente. Meine Mutter wollte mich baden, doch zunächst setzte sie mich in den Zuber mit dem heißen Wasser und ging ins Nebenzimmer, um ihren Kimono abzulegen. Plötzlich hörte sie mich aus vollem Halse schreien. Sie stürzte zurück in die Küche und fand mich weinend auf dem Boden. Das schmerzhaft grelle Ding über meinem Kopf, so erklärte meine Mutter, war wahrscheinlich eine jener Öllampen, wie sie damals, als ich noch ein Baby war, benutzt wurden.

Der Vorfall mit dem Waschzuber ist die erste Erinnerung, die ich von mir selbst habe. Natürlich erinnere ich mich nicht an meine Geburt. Meine älteste Schwester, die inzwischen verstorben ist, sagte jedoch häufig: »Du warst ein seltsames Baby.« Angeblich verließ ich den Mutterleib, ohne einen Laut von mir zu geben, aber ich hatte die Hände fest ineinander

verschlossen. Als man es endlich schaffte, meine Hände zu lösen, hatte ich blaue Flecken an beiden Handballen.
Möglicherweise ist diese Geschichte eine Erfindung. Wahrscheinlich wollte man mich damit aufziehen, weil ich der Jüngste war. Wäre ich wirklich als ein so zupackender Mensch auf die Welt gekommen, müßte ich heute Millionär sein und ganz gewiß in nichts geringerem als einem Rolls-Royce umherfahren.
Nach dem Vorfall mit dem Waschzuber aus meinem ersten Lebensjahr erinnere ich mich nur noch an wenige Ereignisse aus meiner frühen Kindheit, und zwar in einer Form, die den unscharfen Überblendungen im Film ähnelt. Sie alle sind aus der Perspektive meines Platzes auf dem Rücken meiner Amme gesehen.
Eine dieser Erinnerungen ist ein Bild, das ich gleichsam durch ein Drahtnetz betrachte. Weißgekleidete Menschen dreschen mit einem Stock auf einen Ball ein, laufen hinter ihm her, während er durch die Luft saust, heben ihn auf und werfen ihn umher. Später wird mir klar, daß dies der Blick durch das Netz auf dem Baseballfeld jener Sportschule war, an der mein Vater Unterricht gab. Meine heutige Vorliebe für Baseball hat also tiefreichende Wurzeln; offenbar habe ich mir schon in frühester Kindheit Baseballspiele angesehen.
Eine weitere Erinnerung aus früher Kindheit, gleichfalls vom Rücken meines Kindermädchens aus gesehen, kommt mir in den Sinn: ein Brand in großer Entfernung. Zwischen uns und dem Feuer liegt eine weite, dunkle Wasserfläche. Wir wohnten damals im Tokyoter Stadtbezirk Ōmori; wir standen also wahrscheinlich am dortigen Ufer der Tokyo-Bay, und da das Feuer sehr weit entfernt schien, muß es irgendwo in der Nähe von Haneda (heute Standort eines der internationalen Flughäfen von Tokyo) gewesen sein. Dieser Brand machte mir Angst, und ich begann zu weinen. Noch heute sind mir Brände unheimlich, und vor allem wenn ich den Nachthimmel vom Feuerschein gerötet sehe, bekomme ich Angst.
Eine letzte Erinnerung ist mir aus meiner frühesten Kindheit geblieben. Auch in diesem Falle bin ich auf dem Rücken meiner Kinderfrau, und von Zeit zu Zeit gehen wir in einen kleinen, dunklen Raum. Jahre später sollte ich mich gelegentlich an dieses häufig wiederkehrende Geschehen erinnern und mich fragen, was es gewesen sein mag. Dann, eines Tages, kam ich plötzlich darauf, ganz wie Sherlock Holmes hinter ein Geheimnis kommt: Meine Kinderfrau ging zur Toilette, und ich blieb weiterhin auf ihrem Rücken – welch ein Affront!

Viele Jahre später besuchte meine Kinderfrau mich einmal. Sie sah an mir auf, der ich inzwischen fast 1,80 m groß und gut 70 kg schwer war, und sagte nur: »Was bist du groß geworden«, als sie meine Knie umfaßte und in Tränen ausbrach. Eigentlich hatte ich ihr Vorwürfe machen wollen wegen all der Demütigungen, die sie mich in der Vergangenheit hatte erleiden lassen, doch als ich diese alte Frau sah, die ich nicht einmal mehr wiedererkannte, da konnte ich nur noch ausdruckslos auf sie hinabblikken.

Aus irgendwelchen Gründen sind meine Erinnerungen an die Zeit zwischen dem Gehenlernen und dem Eintritt in den Kindergarten sehr viel blasser als die aus meiner frühesten Kindheit. Nur eine Szene steht mir vor Augen, sie freilich in lebhaften Farben.
Ort der Handlung ist ein Eisenbahnübergang. Die Schranken sind geschlossen. Auf der einen Seite stehen mein Vater, meine Mutter und meine Geschwister. Ich stehe allein auf der anderen. Zwischen den Schranken läuft ein weißer Hund mit wedelndem Schwanz hin und her. Nachdem er auf diese Weise mehrfach die Schienen überquert hat und gerade im Begriff ist, wieder in meine Richtung zu laufen, rast plötzlich der Zug vorüber. Genau vor meinen Augen fiel der Hund, säuberlich in zwei Hälften geteilt, zu Boden. Das Tier war auf der Stelle tot; sein Körper war rund und leuchtend rot wie ein Thunfisch, den man quer durchgeschnitten hat, um Sashimi daraus zuzubereiten.
Ich kann mich nicht erinnern, was nach diesem schrecklichen Schauspiel geschah. Wahrscheinlich versetzte es mir solch einen Schock, daß ich in Ohnmacht fiel. Für die spätere Zeit erinnere ich mich dagegen vage an eine Unzahl weißer Hunde, die man mir nacheinander in Körbchen, auf dem Arm oder an der Leine vorführte. Anscheinend suchten meine Eltern nach einem Hund, der dem getöteten ähnelte, um ihn mir zu schenken. Wie meine älteren Schwestern berichten, zeigte ich wenig Dankbarkeit für diese Bemühungen. Im Gegenteil: Sobald ich nur einen weißen Hund sah, begann ich zu toben, ich weinte und schrie: »Nein, nein!«
Wäre es nicht klüger gewesen, mir statt des weißen einen schwarzen Hund anzubieten? War es nicht einfach so, daß die weißen Hunde mich an dieses schreckliche Erlebnis erinnerten? Jedenfalls konnte ich mehr als dreißig Jahre lang kein Sashimi oder Sushi essen, das aus rotem Fisch zubereitet war.
Die Klarheit meiner Erinnerungen steht anscheinend in einem direkten Verhältnis zu dem Schock, den mir das betreffende Ereignis versetzte.

Auch meine nächste Erinnerung ist blutigen Charakters – eine Szene, in der mein Bruder nach Hause getragen wird, den Kopf mit blutdurchtränkten Binden umwickelt. Er war vier Jahre älter als ich, und da ich damals noch nicht in die Schule ging, muß er im ersten oder zweiten Schuljahr gewesen sein. Er war in der Sportschule von einem hohen Schwebebalken gefallen; der Wind hatte ihn aus dem Gleichgewicht gebracht. Er entging nur um Haaresbreite dem Tode. Ich erinnere mich deutlich, daß die jüngste meiner älteren Schwestern bei seinem Anblick ausrief: »Wenn ich doch für ihn sterben könnte!« Offenbar stamme ich aus einem übertrieben gefühlsbetonten Geschlecht, dem es an Vernunft mangelt. Man hat uns oft als sensibel und großherzig gerühmt, doch mir scheint, wir haben ein gerüttelt Maß an Sentimentalität und Unvernunft im Blut.

Es ist zwar eine Tatsache, daß ich den Kindergarten besuchte, der der Morimura-Gakuen-Schule angegliedert war, doch mein Gedächtnis läßt mich für diese Zeit fast vollständig im Stich. Nur an eines erinnere ich mich noch: Wir mußten einen Gemüsegarten anlegen, und ich pflanzte Erdnüsse. Ich glaube, ich tat das, weil ich wegen meines schwachen Magens damals immer nur wenige Erdnüsse essen durfte. Mein Plan war nun, selbst eine große Menge davon anzubauen. Ich kann mich jedoch nicht erinnern, sonderlich viel geerntet zu haben.

Ich glaube, es muß um diese Zeit gewesen sein, daß ich zum erstenmal im Kino war. Von unserem Haus in Ōmori gingen wir zum Bahnhof Tachiaigawa, nahmen den Zug Richtung Shinagawa und stiegen an einer Station namens Aomono Yokochō aus; dort war ein Kino. Auf der Empore genau in der Mitte war ein Teil mit Teppichen ausgelegt, und hier ließ sich die ganze Familie nach japanischer Art auf dem Boden nieder, um den Film anzuschauen.

Ich weiß nicht mehr, welche Filme ich während der Zeit im Kindergarten und in der Grundschule gesehen habe. Ich erinnere mich nur noch, daß ein Slapstick-Streifen darunter war, den ich sehr interessant fand. Und ich erinnere mich an eine Szene, in der ein Mann, der aus dem Gefängnis ausgebrochen ist, auf ein hohes Gebäude steigt. Er tritt auf das Dach hinaus und springt in einen dunklen Kanal. Möglicherweise handelte es sich um den französischen Abenteur- und Kriminalfilm *Zigomar* von Victorin Jasset, der seine japanische Uraufführung im November 1911 erlebte.

Eine weitere Szene, an die ich mich erinnere, zeigt einen Jungen und ein Mädchen, die sich auf einem Schiff angefreundet haben. Das Schiff wird bald sinken, und der Junge ist im Begriff, in ein bereits überfülltes Rettungsboot zu steigen, als er bemerkt, daß das Mädchen noch auf dem Schiff ist. Er überläßt ihr seinen Platz im Rettungsboot und bleibt, zum Abschied winkend, auf dem Schiff zurück. Offensichtlich handelt es sich hier um eine filmische Adaptation des italienischen Jugendbuchs *Cuore* (Herz).

Meine Vorliebe gehörte allerdings entschieden den komischen Filmen. Als wir einmal ins Kino gingen und man zeigte keine Komödie, begann ich zu schimpfen und zu schreien. Ich erinnere mich, daß meine ältere Schwester mir sagte, ich sei so dumm und ungehorsam, daß ein Polizist kommen und mich mitnehmen werde. Das jagte mir einen gehörigen Schrecken ein.

Meine frühe Begegnung mit dem Kino hat freilich, wie ich glaube, keinen Einfluß auf meine spätere Laufbahn als Filmregisseur gehabt. Ich hatte einfach Freude an den bunten, vergnüglichen Reizen, mit denen das Kino mein alltägliches Leben würzte. Ich genoß es, wenn das Kino mich zum Lachen brachte, mir Schrecken einflößte, wenn es mich traurig stimmte und zu Tränen rührte.

Wenn ich auf diese Zeit zurückblicke und darüber nachdenke, so glaube ich, daß mein Vater mit seiner Einstellung zum Film meine eigenen Neigungen verstärkte und mich dazu ermutigte, das zu werden, was ich heute bin. Er war ein Mann von ausgeprägt militärischer Erziehung, doch zu einer Zeit, als das Kino in Erzieherkreisen noch recht verpönt war, nahm er seine ganze Familie regelmäßig mit ins Kino. Und auch später, als die Zeiten reaktionärer wurden, hielt er beharrlich an seiner Überzeugung fest, daß der Film erzieherischen Wert habe; darin ließ er sich niemals beirren.

Ein weiterer Aspekt im Denken meines Vaters hat bedeutenden Einfluß auf mich ausgeübt: seine Einstellung zum Sport. Als er die Militärakademie verlassen hatte, nahm er eine Stelle an einer Sportschule an. Dort schuf er nicht nur Möglichkeiten für die Ausübung der traditionellen japanischen Kampfsportarten wie Judō und Kendō-Schwertkampf, sondern auch Gelegenheiten zur Betätigung in allen übrigen Sportarten. Er baute Japans erstes Schwimmbecken und bemühte sich darum, Baseball populär zu machen. Ihm ging es stets um die Förderung sämtlicher Sportarten, und diese Einstellung hat er auch mir vermittelt. Im Kindesalter war ich anscheinend recht schwach und kränklich. Mein Vater beklagte manchmal, daß dem so war, und dies obwohl »wir dafür gesorgt haben, daß der Sumō-Meister Umegatani dich in seinen Armen getragen hat, als du noch ein Baby warst, damit du groß und stark würdest«. Dennoch bin ich ganz der Sohn meines Vaters. Ich liebe den Sport, als Aktiver geradeso wie als Zuschauer; Sport ist für mich eine Sache vollkommener Hingabe. Und das ist eindeutig dem Einfluß meines Vaters zu danken.

Morimura Gakuen

ALS ICH BEREITS REGISSEUR WAR, hatte ich einmal ein merkwürdiges Erlebnis. Das Nichigeki-Filmtheater in Tokyo zeigte einen Film meines Altersgenossen Hiroshi Inagaki, *Wasurerareta kora* (Vergessene Kinder), 1949), der von entwicklungsgestörten Kindern handelt. Eine Szene zeigt ein Klassenzimmer voller Kinder, die alle aufmerksam dem Lehrer zuhören; ein Kind jedoch sitzt abseits allein an seinem Pult und vergnügt sich, der anderen nicht achtend, ganz für sich allein.
Diese Szene bewegte mich sehr, ja, sie bedrückte mich, und bald fühlte ich mich sehr unwohl. Ich hatte dieses Kind schon irgendwo gesehen. Aber wer mochte es gewesen sein?
Plötzlich stand ich auf und ging hinaus ins Foyer, wo ich mich schwer in eine Couch fallen ließ. Da ich mich irgendwie matt fühlte, streckte ich mich aus und legte den Kopf auf die Lehne. Eine Angestellte kam herbei und fragte mich, ob alles in Ordnung sei. »O ja, es ist nichts«, antwortete ich und versuchte aufzustehen; doch das bereitete mir Übelkeit. Schließlich mußte ich sie bitten, mir ein Taxi zu rufen, das mich nach Hause fahren sollte.
Aber was machte mich so krank an dieser Situation? Die Antwort lautet: meine Erinnerung. Als ich mir *Wasurerareta kora* ansah, erinnerte ich mich eines schlimmen Gefühls – eines Gefühls, das ich lieber vergessen hätte.
Während meines ersten Schuljahrs in Morimura Gakuen war die Schule für mich schlechterdings ein Gefängnis. Wenn ich dort im Klassenzimmer still auf meinem Stuhl saß, den Kopf voll bitter quälender Gedanken, starrte ich unentwegt zu dem Bediensteten hinüber, der mich zur Schule begleitete. In offenkundigem Verdruß lief er auf dem Flur auf und ab.
Ich will nicht gerade sagen, ich sei ein entwicklungsgestörtes Kind gewesen, aber es ist kaum zu leugnen, daß ich mich recht langsam entwickelte. Weil ich nichts von dem verstand, was der Lehrer sagte, tat

ich, was mir gerade gefiel, um mich zu zerstreuen. Schließlich rückte man mein Pult und meinen Stuhl weg von den übrigen Kindern und ließ mir eine Sonderbehandlung zukommen.
Wenn der Lehrer redete, blickte er von Zeit zu Zeit zu mir herüber und sagte: »Akira wird das wahrscheinlich nicht begreifen, aber...«, oder: »Für Akira ist das sicher zu schwer, aber...« Dann drehten sich auch die anderen Kinder zu mir um und kicherten; aber so verbittert ich auch wegen dieser Behandlung war, so konnte ich doch nicht leugnen, daß der Lehrer recht hatte. Gleich welcher Gegenstand auch behandelt wurde, er blieb mir gänzlich unverständlich. Das quälte mich, und es machte mich traurig.
Beim morgentlichen Exerzieren fiel ich regelmäßig in Ohnmacht, wenn »Stillgestanden« befohlen wurde. Aus irgendeinem Grunde ging ich, wenn dieser Befehl gegeben wurde, nicht nur in Hab-Acht-Stellung, ich hielt auch den Atem an. Später fand ich mich dann auf dem Bett der Erste-Hilfe-Station unserer Schule in der Obhut der Krankenschwester wieder.
Ich erinnere mich an einen Vorfall beim Sport. Es war ein regnerischer Tag; deshalb spielten wir in der Turnhalle Abwerfen. Wenn der Ball auf mich zuflog, konnte ich ihn nicht fangen. Das müssen die anderen lustig gefunden haben. Immer wieder warfen sie den Ball auf mich, und er traf. Manchmal tat das weh, und da das für mich gar nicht lustig war, nahm ich den Ball, der mir wehgetan hatte, und warf ihn hinaus in den Regen. »Was machst du da?« rief der Lehrer ärgerlich. Heute verstehe ich natürlich sehr gut, weshalb er ärgerlich wurde, doch damals konnte ich daran nichts Falsches erkennen, wenn ich mich dieses Balles entledigte, der mich peinigte.
So waren denn meine ersten beiden Schuljahre eine Höllenstrafe. Es ist schrecklich, daß man Kinder, die in ihrer Entwicklung zurückgeblieben sind, nur deshalb zwingt, in die Schule zu gehen, weil ein Gesetz es so bestimmt. Kinder sind nun einmal recht verschieden. Manche Fünfjährigen haben die Intelligenz eines durchschnittlich entwickelten Siebenjährigen, und umgekehrt gibt es Siebenjährige, die in ihrer Entwicklung auf dem Stand eines Fünfjährigen stehen. Es ist falsch, einfach zu dekretieren, alljährlich müsse jedes Kind in seiner Entwicklung einen genau festgelegten Fortschritt machen.
Es scheint, ich lasse mich von meinem Thema hinreißen. Doch als ich sieben war, da war ich so isoliert, und die Schule war für mich solch eine Qual, daß dies nicht ohne Spuren geblieben ist, und ich habe mich beim Schreiben unwillkürlich in die Lage eines solchen Kindes versetzt.

Ich erinnere mich, daß der Dunst, der meinen Verstand vernebelte, schließlich verschwand, als hätte ihn der Wind fortgewehrt. Doch klar zu sehen begann mein Verstand erst, nachdem wir nach Koishikawa, einen anderen Stadtteil Tokyos, umgezogen waren. Das geschah, als ich im dritten Schuljahr war, und zwar in der Kuroda-Grundschule.

Heulsuse

ES MUSS IM ZWEITEN oder dritten Quartal des zweiten Schuljahres gewesen sein, als ich in diese Schule überwechselte. Hier war alles so gänzlich anders als in Morimura Gakuen, daß ich nur staunen konnte. Das Schulgebäude war nicht weiß gestrichen; der bescheidene, schmucklose Holzbau ähnelte eher einer Kaserne aus der Meiji-Zeit. An der Morimura-Schule trugen alle Schüler schicke Uniformen mit Aufschlägen in europäischem Schnitt; hier trug man japanische Kleidung und diese weiten Hosen, die man *hakama* nennt. In der Morimura-Schule hatten wir für unsere Bücher »Landser«, Ledertornister nach deutschem Vorbild; hier benutzte man statt dessen Leinentaschen. In Morimura trugen die Schüler Lederschuhe, hier dagegen Holzpantinen.

Vor allem aber fiel der Unterschied der Gesichter ins Auge; und wie hätte das auch anders sein können, ließen die Schüler in Morimura ihre Haare doch lang wachsen, während man sie hier kurzgeschoren trug. Und dennoch glaube ich, die Schüler in Kuroda waren noch mehr von meinem Anblick erstaunt als ich von ihrem.

Man stellte sich vor, daß jemand wie ich plötzlich in einer Gruppe auftaucht, die nach rein japanischer Sitte lebt: ein Haarschnitt wie der eines behüteten kleinen Mädchens; ein zweireihiger, mit Gürtel verschlossener Mantel über kurzen Hosen; dazu roten Socken und flache Schnallenschuhe. Hinzu kam noch, daß ich vor Verwirrung große Augen machte und mein Gesicht weiß wie das eines Mädchens war. Kein Wunder, daß ich sogleich zur Zielscheibe des Gespötts wurde.

Sie zogen mich an den Haaren, stießen nach meinem Ranzen und schmierten mir Rotz auf die Kleider, so daß ich oft weinte. Ich war schon immer eine Heulsuse gewesen, doch in dieser neuen Schule gab man mir deswegen gleich einen Spitznamen. Sie nannten mich Konbeto-san (»Herr Gummibonbon«), nach einem Volkslied, dessen Text etwa folgendermaßen lautet:

Konbeto-san bei uns zu Haus
Hat soviel Sorgen, soviel Sorgen.
Immerzu flennt er, immerzu flennt er.
Schluchz Schluchz, Schluchz Schluchz.

Der Gedanke dahinter war der, daß die Tränen der Heulsuse so groß wie Gummibonbons seien. Noch heute empfinde ich ein Gefühl tiefster Erniedrigung, wenn mir der Name »Konbeto-san« in den Sinn kommt.
Zugleich mit mir kam auch mein Bruder in die Kuroda-Schule. Er eroberte freilich mit seinem Genie sogleich die Herzen aller, und ich habe keinerlei Zweifel, daß dieses »Konbeto-san« nur um so lauter erschallte, als sein Bruder sich seiner durchaus nicht als würdig erwies. Ich brauchte ein ganzes Jahr, um meinen Platz zu finden. Am Ende dieses Jahres weinte ich nicht mehr vor anderen Menschen, und niemand nannte mich mehr »Konbeto-san«. Die Veränderungen, die sich in diesem Jahr einstellten, waren zum Teil natürlich bedingt. Meine Intelligenz begann zu sprießen und wuchs schließlich mit solcher Geschwindigkeit, daß ich mit meinen Altersgenossen gleichzog. Hinter diesen bemerkenswerten Fortschritten standen drei verborgene Kräfte.
Eine dieser verborgenen Kräfte war mein älterer Bruder. Wir wohnten in der Nähe von Ōmagari, dem Zentrum des Bezirks Koishikawa, und jeden Morgen ging ich mit meinem Bruder am Edogawa-Fluß entlang zur Schule. Da ich jünger war als er, ging die Schule für mich früher zu Ende als für ihn, so daß ich nachmittags allein nach Hause gehen mußte. Doch jeden Morgen ging ich den Weg Seite an Seite mit ihm. Und jeden Morgen verspottete und verhöhnte mein Bruder mich so gut er nur konnte. Die Unzahl der Ausdrücke, die er fand, um mich zu beschimpfen, war schon für sich allein eindrucksvoll. Er tat dies nicht laut und auffällig, sondern mit einer sehr leisen Stimme, die selbst ich kaum verstehen konnte. Von den Passanten konnte niemand hören, was er sagte. Hätte er all das laut gesagt, hätte ich zurückschimpfen oder schreien und weglaufen oder mir die Ohren zuhalten können. Aber er sprach stets mit unterdrückter Stimme; so konnte ich es ihm nie mit gleicher Münze zurückzahlen, wenn er mich unablässig mit seinen verletzenden Beschimpfungen überschüttete.
Ich hätte mich gerne bei meiner Mutter oder bei meiner älteren Schwester darüber beklagt, wie er mich behandelte, doch ich konnte nicht. Wenn wir in die Nähe der Schule kamen, sagte mein Bruder: »Ich weiß, daß du

ein schmutziger, kleiner, gemeiner, weibischer Feigling bist und gleich zu Mutter oder zu den Schwestern laufen willst, um mich zu verpetzen. Tu's nur. Ich werde dich noch mehr verachten.« So war ich denn gänzlich unfähig, auch nur einen Finger zu rühren, um diesen Nadelstichen ein Ende zu setzen.

Dennoch stand mir eben dieser gemeine, boshafte Bruder stets bei, wenn ich ihn brauchte. Wurde ich von den anderen Kindern gehänselt, erschien er von irgendwoher auf der Bildfläche – ich weiß nicht, wie er das immer sehen konnte. In der ganzen Schule stand er im Mittelpunkt des Interesses, und die, die mich ärgerten, waren jünger als er; so ließen sie ausnahmslos von mir ab, wenn er auf der Szene erschien. Ohne sie eines Blickes zu würdigen, rief er dann: »Akira, komm mal her!« Erleichtert lief ich zu ihm und fragte: »Was ist?«, aber er antwortete nur »Nichts« und ging brüsk davon.

Als diese Ereignisfolge nun immer wieder ablief, begann mein umnebelter Verstand ein wenig zu arbeiten: Auf dem Schulweg verhielt mein Bruder sich mir gegenüber ganz anders als auf dem Schulhof. Nach und nach wurden mir seine allmorgentlichen Beschimpfungen weniger verhaßt, und ich begann, in stiller Hochachtung zuzuhören. Wenn ich heute zurückdenke, dann habe ich das Gefühl, daß meine Intelligenz damals den Schritt vom Kleinkind zum normalen Entwicklungsstand eines Schulkindes machte.

Noch von einem weiteren Erlebnis mit meinem Bruder möchte ich hier berichten. Als ich noch in meiner »Konbeto-san«-Phase war, entschloß mein Vater sich urplötzlich, uns mit zum Suifuryū-Übungsschwimmbad mitzunehmen, das in den Arakawa-Fluß hineingebaut war. Zu dieser Zeit trug mein Bruder bereits eine weiße Badekappe mit blauem Dreiecksmuster und schwamm mit einem erstklassigen Kraulschlag durch das Bekken. Mich gab man in die Obhut des dortigen Schwimmlehrers, der offenbar ein Freund meines Vaters war.

Da ich das jüngste Kind war, verwöhnte mein Vater mich. Doch wie sehr muß es ihn irritiert haben, als er sah, daß ich mich wie ein Mädchen aufführte und lieber mit meinen älteren Schwestern Backe-backe-Kuchen und Schnurabnehmen spielte. Er sagte mir, wenn ich schwimmen lernte und von der Sonne braun würde – ja, selbst wenn ich nur braun würde und nicht schwimmen lernte –, bekäme ich eine Belohnung. Aber ich hatte Angst vor dem Wasser und wollte nicht ins Becken gehen. Es bedurfte so mancher Schelte von Seiten des Schwimmlehrers, bis ich es wagte, wenigstens bis zum Nabel ins Wasser zu steigen.

Mein älterer Bruder ging stets mit, wenn ich zum Schwimmbad ging; doch sobald wir dort ankamen, ließ er mich stehen. Er schwamm geradewegs hinaus zu dem Floß, das an der tiefsten Stelle des Flusses verankert war, und kam immer erst zurück, wenn es Zeit war, nach Hause zu gehen. So verbrachte ich manchen einsamen und angsterfüllten Tag.
Dann, eines Tages, als ich es schließlich gelernt hatte, wie die anderen Anfänger mit den Beinen zu rudern, während wir uns mit den Händen an einem im Fluß verankerten Baumstamm festhielten, erschien mein Bruder in einem Ruderboot und lud mich zu einer Fahrt ein. Voller Freude streckte ich ihm meine Hände entgegen, und er zog mich ins Boot. Sobald ich an Bord war, ruderte er mit kräftigen Stößen auf den Fluß hinaus. Und als die Fahne und die roten Blenden der Umkleidebaracke schon sehr klein aussahen, da stieß er mich in den Fluß.
Ich strampelte mit aller Kraft, um mich über Wasser zu halten und das Boot mit meinem Bruder darin zu erreichen. Doch sobald ich mich dem Boot näherte, ruderte mein Bruder rasch ein Stück weiter. Mehrmals wiederholte er dieses Manöver; dann verließen mich die Kräfte. Als ich das Boot und meinen Bruder schon nicht mehr sehen konnte und bereits unter Wasser gesunken war, packte er mich bei meinem Lendentuch und zog mich ins Boot.
Dort konnte ich dann zitternd und überrascht feststellen, daß mir nichts fehlte, außer daß ich etwas Wasser geschluckt hatte. Ich saß da mit weit aufgerissenen Augen und rang nach Luft; mein Bruder aber bemerkte nur: »Immerhin kannst du jetzt schwimmen, Akira.« Und tatsächlich hatte ich danach keine Angst mehr vor dem Wasser. Ich lernte Schwimmen, und ich lernte sogar, das Schwimmen zu lieben.
Als wir an diesem Tag nach Hause gingen, kaufte mein Bruder mir eine Portion Eis mit süßer Bohnensoße. Während wir es aßen, bemerkte er: »Akira, es stimmt, daß Ertrinkende lächelnd sterben – bei dir war es so.« Das ärgerte mich, aber tatsächlich hatte auch ich es genauso erlebt. Ich erinnerte mich, daß ich, kurz bevor ich unterging, ein seltsames Gefühl der Ruhe und des Friedens empfunden hatte.
Eine zweite verborgene Kraft, die mir in meiner Entwicklung weiterhalf, war unser Klassenlehrer an der Kuroda-Grundschule, Seiji Tachikawa. Gut zwei Jahre nach meinem Eintritt in diese Schule geriet Herr Tachikawa wegen seiner fortschrittlichen Erziehungsvorstellungen mit dem konservativen Direktor der Schule in Konflikt und kündigte. Man holte ihn an die Gyōsei-Grundschule, wo er zahlreiche Talente zu fördern hatte.

Ich werde noch einiges von Herrn Tachikawa zu berichten haben, doch ich möchte mit einem Vorfall beginnen, der sich ereignete, als ich in meiner geistigen Entwicklung noch hinter den anderen herhinkte und darum sehr ängstlich war. Herr Tachikawa kam mir zur Hilfe und ließ mich zum erstenmal in meinem Leben erfahren, was Vertrauen ist. Es war während des Zeichenunterrichts.

In früheren Zeiten – d. h. zu meiner Zeit – war der Kunstunterricht eine schrecklich zufällige Angelegenheit. Man gab den Schülern irgendein geschmackloses Bild als Vorlage, und sie mußten es lediglich abmalen. Wer das Original am genauesten kopierte, bekam stets die beste Note.

Herrn Tachikawa freilich waren solche Dummheiten fremd. Er sagte einfach: »Zeichnet, was euch gefällt.« Alle nahmen Papier und Buntstifte heraus und fingen an. Auch ich begann zu zeichnen – ich weiß nicht mehr, was ich zeichnen wollte, aber ich war mit größtem Eifer bei der Sache. Ich drückte die Stifte so stark auf, daß die Spitzen abbrachen. Ich gab etwas Speichel auf meine Fingerspitzen und verstrich die Farben überall auf dem Papier; am Ende waren meine Hände über und über mit Farben beschmiert.

Als wir fertig waren, hängte Herr Tachikawa alle Bilder nacheinander an die Tafel und forderte die Schüler auf, offen zu sagen, was sie davon hielten. Als mein Bild an die Reihe kam, war die einzige Reaktion ein großes Gelächter. Doch Herr Tachikawa strafte die lachende Menge nur mit einem strengen Blick und begann, mein Bild in den Himmel zu loben. Ich weiß nicht mehr genau, was er sagte; aber wenn ich mich recht erinnere, wies er besonders auf die Stellen hin, an denen ich den Buntstift mit den Fingern verrieben hatte. Dann nahm er mein Bild und setzte mit roter Tinte drei große konzentrische Kreise darauf: die beste Note. Daran erinnere ich mich noch genau.

Von diesem Tag an ging ich im Gedanken an den Kunstunterricht ein wenig beschwingter zur Schule, auch wenn ich sie weiterhin haßte. Die drei Kreise hatten mir die Freude am Zeichnen eröffnet. Ich zeichnete alles. Und ich wurde wirklich gut im Zeichnen. Zugleich begannen meine Noten sich auch in den übrigen Fächern deutlich zu verbessern. Als Herr Tachikawa Kuroda verließ, war ich Klassensprecher und trug ein kleines goldenes Abzeichen mit purpurnem Band auf der Brust.

Ein weiteres Erlebnis mit Herrn Tachikawa aus meiner Zeit an der Kuroda-Grundschule ist mir unvergeßlich geblieben. Eines Tages – ich glaube, Werkunterricht stand auf dem Stundenplan – kam er mit einer großen Rolle dicken Papiers unter dem Arm in die Klasse. Als er sie aufrollte und das Papier vor uns ausbreitete, sahen wir, daß es ein Stadtplan mit vielen Straßen war. Er forderte uns auf, nun selbst Häuser an diese Straßen zu setzen und uns eine eigene Stadt zu bauen. Alle machten sich mit Feuereifer an die Arbeit. Viele Ideen wurden entwickelt, und am Ende hatte nicht nur jeder Schüler sein Traumhaus gebaut, wir hatten auch die Landschaft gestaltet mit Baumalleen, alten Einzelbäumen, die immer schon an ihrem Ort gestanden zu haben schienen, und mit Hecken aus blühenden Kletterpflanzen. Es war eine wunderschöne Stadt, und sie war zustande gekommen, weil der Lehrer jedem einzelnen Schüler in der Klasse die Gelegenheit gegeben hatte, seine eigene Persönlichkeit zum Ausdruck zu bringen. Als unser Projekt fertig war, glänzten unsere Augen, die Gesichter glühten, und wir betrachteten voller Stolz unser Werk. Ich erinnere mich des Gefühls, das ich damals empfand, als wäre es gestern gewesen.

In der frühen Taishō-Zeit (1912–1926), als ich zur Schule ging, war »Lehrer« ein Synonym für »furchteinflößende Person«. Die Tatsache, daß ich in solch einer Zeit einer so freien, innovativen Auffassung von Erziehung mit einem so schöpferischen Impuls dahinter – daß ich einem Lehrer wie Herrn Tachikawa – begegnen durfte, betrachte ich als eine überaus kostbare Gnade.

Noch eine dritte verborgene Kraft half mir in meiner Entwicklung. In meiner Klasse war nämlich neben mir noch eine weitere Heulsuse, ein Kind, das noch schlimmer war als ich. Schon die bloße Existenz dieses Kindes war für mich wie ein Spiegel, den man mir vors Gesicht hielt. Ich war gezwungen, mich selbst objektiv zu betrachten. Ich erkannte, daß er wie ich war, und wenn ich ihn betrachtete und sah, wie unannehmbar sein Verhalten war, dann wurde ich sehr unzufrieden mit mir selbst. Der Junge, der mir so ähnlich war und der mir die Gelegenheit bot, mein eigenes Spiegelbild zu betrachten, dieses vollkommene Exemplar einer Heulsuse, hieß Keinosuke Uekusa – sehr viel später habe ich mit ihm an den Drehbüchern für mehrere Filme zusammengearbeitet. (Sei mir nicht böse, Kei-chan. Wir sind beide Heulsusen, nicht wahr? Nur bist Du eine romantische, und ich bin eine humanistische Heulsuse geworden.)

Ein seltsames Schicksal hat Uekusa und mich die ganze Kindheit und Jugend hindurch aneinandergebunden. Unsere Lebenswege verschlangen sich ineinander wie zwei Glyzinenzweige, die umeinander ranken. Einzelheiten unseres damaligen Lebens lassen sich in einem Roman nachlesen, den Uekusa geschrieben hat. Doch Uekusa hat seine Sicht der Dinge, und ich habe die meine. Und weil die Menschen sich und ihre Vergangenheit nun einmal in einer bestimmten Weise sehen wollen, neigen sie zu der Überzeugung, daß sie wirklich so gewesen seien. Wenn auch ich meine Kindheit mit Uekusa beschriebe, damit man diesen Bericht mit der Darstellung vergleichen könnte, die Uekusa in seinem Roman gibt, vielleicht kämen wir dann der Wahrheit recht nahe. Doch wie dem auch sei, jedenfalls konnte Uekusa seine Kindheit nicht beschreiben, ohne auch von mir zu schreiben, und ebenso kann ich nicht über mich schreiben, ohne von ihm zu sprechen.

Wenn ich an Uekusa und mich zu jener Zeit in der Kuroda-Grundschule zurückdenke, dann erscheinen sie mir wie zwei winzige Menschengestalten auf ostasiatischen Landschaftsbildern. Ich sehe uns unter der Glyzine auf dem Schulgelände stehen, deren Blütendolden im Wind schaukeln. Ich sehe uns den steilen Weg nach Hattorizaka oder Kagurazaka hinaufgehen. Ich sehe uns während eines Tempelbesuchs zur Stunde des Ochsen, zwischen zwei und vier Uhr früh, unter einer gewaltigen Zelkove Strohpuppen annageln, die böse Geister vertreiben sollen. Ich sehe die Landschaft in allen Einzelheiten deutlich vor mir, doch die beiden Jungen sind nicht mehr als Silhouetten.

Ob dieser Mangel an Schärfe auf die lange Zeit zurückgeht, die inzwischen verstrichen ist, oder ob er etwa mit meiner Persönlichkeit zusammenhängt, vermag ich nicht zu sagen. Doch wie dem auch sei, jedenfalls bedarf es bei mir einer besonderen Anstrengung, wenn ich mir diese beiden Jungen wieder in allen Einzelheiten vorstellen soll. Was ich hier zu tun habe, ähnelt dem Objektivwechsel bei der Kamera; ich muß das Weitwinkelobjektiv herausnehmen, es durch ein Teleobjektiv ersetzen und dann nochmals durch den Sucher blicken. Doch selbst das reicht noch nicht aus. Zusätzlich muß ich noch sämtliche Scheinwerfer auf diese beiden Jungen richten und das Objektiv möglichst weit abblenden, damit das Bild scharf wird.

Wenn ich Keinosuke Uekusa durch mein Teleobjektiv betrachte, dann sehe ich jetzt, daß er wie ich anders war als die übrigen Schüler der Kuroda-Grundschule. Selbst seine Kleidung war anders; sie war aus einem seidenartigen, fließenden Material, und auch seine *hakama*-Hosen waren nicht aus dem üblichen Segeltuch, sondern aus einem weichen Stoff gefertigt. Insgesamt machte er den Eindruck eines Schauspielerkindes. Er wirkte wie eine Miniaturausgabe dieser weichen Liebhabertypen, die schon beim ersten Schlag zu Boden gehen.

Da wir gerade vom Zu-Boden-Gehen sprechen: In der Grundschulzeit fiel Uekusa ständig hin und heulte los. Ich erinnere mich, daß er einmal auf einem schlechten Wegstück hinfiel und sich seine Kleider ruinierte. Ich begleitete ihn nach Hause; er weinte den ganzen Weg. Ein andermal fiel er bei einem Sportfest in eine Pfütze; seine blendendweiße Sportkleidung war anschließend rabenschwarz; er flennte, und ich versuchte ihn nach Kräften zu trösten.

Ein Sprichwort sagt: Gleich und gleich gesellt sich gern. Heulsuse Uekusa und ich fühlten, daß wir etwas gemein hatten; wir fühlten uns zueinander hingezogen, und bald spielten wir beständig miteinander. Es dauerte nicht lange, da behandelte ich Uekusa so, wie mein älterer Bruder mich behandelt hatte.

Sehr offen hat Uekusa unser Verhältnis in der Passage seines Romans beschrieben, der von dem Sportfest handelt. Bei einem Rennen lag Uekusa, der ansonsten immer als letzter ins Ziel kam, aus unerfindlichen Gründen an zweiter Stelle. Daraufhin lief ich hinter ihm her und feuerte ihn an: »Gut, gut! Weiter, weiter!« Gemeinsam liefen wir das letzte Stück und stürzten über die Ziellinie in die offenen Arme des strahlenden Herrn Tachikawa.

Als das Sportfest zu Ende war, nahmen wir unsere Preise – Buntstifte oder Farben oder etwas in der Art – und besuchten Uekusas Mutter an deren Krankenbett. Sie weinte Freudentränen und dankte mir unablässig für ihren Sohn. Wenn ich heute zurückblicke, dann war ich es, der zu danken gehabt hätte, denn während dieser schwächliche Uekusa mir die Gelegenheit gab, mich als Beschützer zu fühlen, wurde ich selbst jemand, den die Starken unter meinen Schulkameraden nicht mehr herumstoßen konnten.

Herr Tachikawa betrachtete unsere Freundschaft offenbar mit Wohlwollen. Einmal rief er mich in meiner Funktion als Klassensprecher zu sich und fragte mich, was ich davon hielte, wenn er einen zweiten Sprecher einsetzte. Da ich glaubte, dies könne nur heißen, ich hätte meine Aufgabe schlecht erfüllt, verfiel ich in ein finsteres Schweigen. Herr Tachikawa studierte meinen Ausdruck und fragte dann, wen ich empfehlen könnte. Ich nannte einen der besten Schüler in der Klasse. Herr Tachikawa erwiderte darauf, er fände es besser, einen weniger eindrucksvollen Schüler mit dieser Aufgabe zu betrauen. Überrascht starrte ich ihn an. Mit einem breiten Lächeln erklärte er mir, er meine, wenn man jemanden auswähle, der sich bislang noch nicht sonderlich hervorgetan habe, werde der Betreffende an seiner Aufgabe wachsen und sich als durchaus wertvoll erweisen. Dann fuhr er fort und nannte mich dabei so, wie meine Klassenkameraden mich ansprachen: »Also Kuro-chan, was hältst du

davon, wenn wir Uekusa zum zweiten Sprecher machen?« In diesem Augenblick wurde mir schmerzhaft bewußt, welche Wärme Herr Tachikawa uns entgegenbrachte.
Tief bewegt starrte ich ihn weiter an. »Schön«, erwiderte er, »dann ist das also geklärt«. Er klopfte mir auf die Schulter und trug mir auf, nun sogleich zu Uekusas Mutter zu gehen und ihr die Neuigkeit mitzuteilen; er wußte, daß sie darüber sehr glücklich sein würde. Als er ging, war mir, als sähe ich einen Heiligenschein um seinen Kopf.
Von da an trug Uekusa ein silbernes Abzeichen mit rotem Band an der Brust, und im Klassenzimmer wie auch auf dem Schulhof war er stets an meiner Seite. Seine neue Position brachte ihm unverzüglich Anerkennung. Es war, als hätte man ihn in den Blumentopf des zweiten Sprechers gepflanzt und in die volle Sonne gestellt. Er begann aufzublühen. Herr Tachikawa hatte ihn in unserem Gespräch in einer Weise qualifiziert, die geringschätzig erscheinen mag; in Wirklichkeit, glaube ich, hatte er das Talent erkannt, das in Uekusa schlummerte.

Wirbelwind

WAS DIE INTELLIGENZ betraf, lagen mein Bruder und ich fast zehn Jahre auseinander, doch in Wirklichkeit trennten uns nur vier Jahre. Als ich mich vom Baby zum kleinen Jungen entwickelte und ins dritte Schuljahr kam, da wechselte mein Bruder gerade zur Mittelschule. Zu diesem Zeitpunkt geschah etwas, das niemand erwartet hätte.
Ich habe bereits erwähnt, daß mein Bruder ein ausgezeichneter Schüler war. Im fünften Schuljahr belegte er Platz drei bei der akademischen Eignungsprüfung, die in allen Tokyoter Grundschulen abgehalten wurde, und im sechsten Schuljahr sogar den ersten Platz. Als er jedoch die Eingangsprüfung für die angesehenste staatliche Mittelschule Tokyos machte, die ihm später womöglich den Zugang zur ersten Oberschule und dann vielleicht sogar zur Kaiserlichen Universität eröffnet hätte, da fiel er durch.
Für die ganze Familie, beim Vater angefangen, war dieser Vorfall wie ein Alptraum. Ich erinnere mich noch der seltsamen Atmosphäre, die bei uns zu Hause herrschte. Es war, als wäre plötzlich ein Wirbelwind durchs Haus gefahren und hätte alles durcheinandergeworfen. Mein Vater saß da

und starrte abwesend in die Luft; meine Mutter wanderte ziellos im ganzen Haus umher, und meine älteren Schwestern tuschelten miteinander und wandten den Blick von meinem Bruder ab. Selbst ich empfand ein Gefühl irrationaler Wut und unerträglicher Demütigung angesichts dieses Ereignisses.

(Ich kann heute noch nicht begreifen, warum er bei der Aufnahmeprüfung versagte. Er hatte nie Schwierigkeiten mit Prüfungsfragen gehabt, und auch nach dieser Prüfung schien er sein gewohntes Selbstvertrauen nicht verloren zu haben. Für mich sind nur zwei Erklärungen denkbar: Entweder gab man bei der Endauswahl Kindern von Ehemaligen den Vorzug, oder aber mein selbstbewußter, individualistischer Bruder antwortete im mündlichen Teil der Prüfung auf eine Weise, die sich mit den Maßstäben der Prüfer nicht angemessen beurteilen ließ.)

Seltsamerweise erinnere ich mich nicht mehr an die Stimmung oder das Verhalten meines Bruders in dieser Zeit. Wahrscheinlich trug er seine gewohnte Gleichgültigkeit zur Schau, aber ich bin sicher, daß dieser Vorfall für ihn ein schrecklicher Schlag gewesen ist. Belegt wird mein Verdacht durch die Tatsache, daß seine Persönlichkeit sich unmittelbar danach plötzlich und dramatisch veränderte.

Auf Vorschlag meines Vaters trat er in die Seijō-Mittelschule in Wakamatsu-chō, Tokyo, ein. Diese Schule hatte große Ähnlichkeit mit einer Militärakademie, und ich glaube, mein Bruder wehrte sich innerlich gegen solche Reglementierung. Jedenfalls war er offenbar bereit, seine akademische Laufbahn in den Wind zu schlagen, denn er entwickelte eine leidenschaftliche Liebe zur Literatur. Deshalb kam es nun häufig zum Streit zwischen meinem Bruder und meinem Vater.

Mein Vater war in der ersten Abschlußklasse der Kaiserlichen Militärakademie Toyama gewesen und anschließend Lehrer geworden. Er war ein so ausgezeichneter Lehrer, daß einige seiner Schüler es sogar bis zum General brachten; und seine Erziehungsgrundsätze waren fürchterlich spartanisch. So war es denn unvermeidlich, daß er mit meinem Bruder in Streit geriet, der sich immer stärker von Ideen beeindrucken ließ, die aus der ausländischen Literatur stammten.

Ich vermochte die Kluft zwischen Vater und Sohn nicht zu verstehen und konnte nur traurig zusehen. Doch gerade als dieser verheerende Sturm über unser Haus ging, begann noch ein weiterer kalter Wind zu blasen.

Das Kind meiner ältesten Schwester ist genauso alt wie ich; d. h., als ich geboren wurde, war sie bereits verheiratet und aus dem Haus. Mein ältester Bruder ist gleichfalls viel älter als ich; zu der Zeit, als ich mich zu einem geistig und körperlich bewußten Wesen entwickelte, war auch er schon lange aus dem Haus, und ich sah ihn nur sehr selten. Mein zweitältester Bruder starb noch als Kind schon vor meiner Geburt an einer Krankheit. So waren denn die Geschwister, mit denen ich tatsächlich aufwuchs eben jener ältere Bruder, von dem ich oben geschrieben habe, und drei gleichfalls ältere Schwestern. Ich war das jüngste Mitglied unserer Familie.

Alle meine Schwestern führen die Nachsilbe *yo* in ihrem Namen, die soviel wie »Generation« oder »Vertreter« bedeutet. Sie heißen, in der Reihenfolge ihres Alters: Shigeyo, Haruyo, Taneyo und Momoyo. Ich redete sie zu Hause jedoch nicht mit ihren Namen an, sondern entsprechend ihrem Alter; so waren die drei noch im Hause lebenden Schwestern für mich die »große Schwester«, die »mittlere große Schwester« und die »kleine große Schwester«. Wie ich schon erwähnt habe, wollte mein Bruder nichts mit mir zu tun haben; deshalb spielte ich immer mit meinen Schwestern. (Ich bin immer noch gut beim Backe-backe-Kuchen-Spielen und beim Schnurabnehmen. Wenn ich diese Fähigkeiten heute Bekannten oder Mitgliedern meines Filmteams vorführe, rufe ich stets erstaunte Reaktionen hervor. Wie erstaunt werden sie erst sein, wenn sie von meiner »Konbeto-san«-Periode lesen.)

Die meiste Zeit verbrachte ich mit der »kleinen großen Schwester«. Deutlich erinnere ich mich noch an einen Vorfall, der sich ereignete, als wir in der Schule im Bezirk Ōmori, an der mein Vater lehrte, spielten. Wir befanden uns in einem Winkel, der in der Form einem Kamin ähnelte; plötzlich erfaßte uns eine heftige Windbö und hob uns hoch; wir klammerten uns aneinander; einen Augenblick lang flogen wir durch die Luft, dann stürzten wir zu Boden. Während des ganzen Heimwegs weinte ich und hielt beim Laufen ihre Hand fest in der meinen.

Als ich im vierten Schuljahr war, wurde die geliebte Schwester krank. Ganz plötzlich, als hätte ein heftiger, böser Wind sie erfaßt, starb sie. Niemals werde ich das verlorene Lächeln auf ihrem Gesicht vergessen, als wir sie im Juntendō-Hospital besuchten.

Unvergeßlich bleiben mir auch unsere gemeinsamen Spiele während des Puppenfestes am 3. März. In unserer Familie gab es als Erbstück ein Puppenpaar, das den Kaiser und die Kaiserin darstellte. Dann waren da noch drei Hofdamen, fünf Hofmusikanten, ein Urashima Tarō (eine Art Unterwasserausgabe jenes Rip Van Winkle, der auf einer Schildkröte davonritt und als alter Mann zurückkehrte) und eine Hofdame mit einem

Pekinesenhündchen an der Leine; des weiteren zwei Paar goldener Wandschirme, zwei Laternen und fünf kleine goldene Lackkästchen mit winzigem Geschirr und sonstigen Utensilien für zeremonielle Mahlzeiten. Und schließlich gehörte noch eine silberne Kohlenpfanne dazu, die so klein war, daß sie in meiner Handfläche Platz fand.
Wenn die Lichter im abgedunkelten Zimmer gelöscht waren, fiel der sanfte Kerzenschein der Laternen auf die Puppen, die auf einem fünfstökkigen, mit scharlachrotem Wollfilz bezogenen Gestell angeordnet waren. In dem unheimlichen Licht erschienen sie so lebendig, als wollten sie gleich zu sprechen anfangen; ihre überirdische Schönheit machte mir ein wenig Angst. »Kleine große Schwester« ließ mich dann vor dem Gestell mit den Puppen Platz nehmen, stellte eines der Kästchen vor mich hin und richtete die Kohlenpfanne her. In einer der winzigen Schalen im Puppenformat bot sie mir ein Bruchteil eines Fingerhutes süßen weißen Saké.
»Kleine große Schwester« war die hübscheste von den drei Schwestern, die noch im Hause lebten, ja, sie war fast zu zierlich und fein. Ihre Schönheit war von einer zarten, zerbrechlichen, beinahe gläsernen Transparenz, die keinerlei Widerstand bot. Als mein Bruder vom Schwebebalken stürzte und sich am Kopf verletzte, war sie es, die schluchzend bat, sie möge doch an seiner Stelle sterben. Noch heute, da ich dies schreibe, kommen mir die Tränen, und ich muß mir beständig die Nase putzen.
Am Tage ihres Begräbnisses versammelten sich die Familie und die ganze Verwandtschaft in der Haupthalle des buddhistischen Tempels, wo der Priester Sutras rezitierte. Als dies nun immer lauter wurde, weil alle einstimmten und dazu noch die hölzerne Trommel und der Gong ertönten, konnte ich nicht mehr an mich halten und lachte laut heraus. Mein Vater, meine Mutter und meine Schwestern mochten mir noch so böse Blicke zuwerfen, ich konnte nicht aufhören zu lachen. Schließlich brachte mein Bruder mich nach draußen. Ich machte mich darauf gefaßt, nun eine fürchterliche Strafpredigt über mich ergehen zu lassen, aber mein Bruder schien nicht im geringsten ärgerlich zu sein. Auch ließ er mich nicht draußen allein und kehrte zu der Zeremonie in der Haupthalle zurück, wie ich es eigentlich erwartet hatte. Vielmehr drehte er sich um, blickte hinüber zu jener lauten Veranstaltung und sagte: »Komm, Akira, wir gehen etwas weiter weg.« Dann wandte er sich ab und ging über das Pflaster zum Tor.
Im Gehen stieß er hervor: »Idiotisch!«, und ich war glücklich, denn ich hatte lachen müssen, weil ich genauso empfand. Mir erschien die ganze Sache absurd und komisch. Als ich nun die Meinung meines Bruders

hörte, war ich erleichtert. Ich hatte meine Zweifel, ob die Zeremonie in der Haupthalle wohl einen Trost für meine Schwester bedeuten mochte. Aus einem merkwürdigen Grunde erinnere ich mich noch an den vollen buddhistischen Namen, den sie nach dem Tode erhielt: Tō Rin Tei Kō Shin Nyo (die einzelnen Namensbestandteile bedeuten: Pfirsich, Wald, rechtschaffen, Sonnenstrahl, Aufrichtigkeit und Frau).

Kendō

IN DEN GRUNDSCHULEN der Taishō-Zeit kam die Kendō-Schwertkunst im fünften Schuljahr als reguläres Unterrichtsfach hinzu. Dem Fach waren zwei Wochenstunden vorbehalten, und man begann die Ausbildung mit der Handhabung des Bambusschwertes. Dann lernten wir zu parieren und anzugreifen, und schließlich zogen wir uns die alte, schweißdurchtränkte Fechtkleidung an, die schon seit Generationen in Gebrauch war, und trugen echte Wettkämpfe aus – die zwei Besten von jeweils dreien.

Den Fechtunterricht erteilte in der Regel ein Lehrer, der im Kendō besonders versiert war. Doch manchmal kam auch ein Fechtlehrer, der eine eigene Schule betrieb, mit einem Assistenten in die Schule, um dem, was dort gelehrt worden war, den letzten Schliff zu geben oder es bei Bedarf zu korrigieren. Sie suchten sich jene Schüler heraus, die am meisten Talent zeigten, und gaben ihnen Unterricht; gelegentlich benutzten der Lehrer und sein Assistent auch echte Schwerter und demonstrierten die Grundtechniken des speziellen Fechtstils ihrer Schule.

Der Fechtlehrer, der in die Kuroda-Grundschule kam, hieß Magosaburō Ochiai. (Oder vielleicht auch Matasaburō; jedenfalls war es ein typischer Schwertkämpfername, an den ich mich heute nicht mehr genau erinnern kann.) Er war ein imposanter und außergewöhnlich starker Mann, und wenn er seinen Fechtstil mit seinem Assistenten vorführte, dann konnte seine Kraft einem schon Furcht einflößen. Die Schüler, die ihm zuschauten, hielten den Atem an.

Ich gehörte zu denen, die man einer weitergehenden Förderung durch den Fechtlehrer für würdig befunden hatte. Er bot mir eine persönliche Lektion an, und plötzlich war mein Eifer geweckt. Ich stellte mich mit ihm auf, hob mein Schwert über den Kopf und schrie *»O-men!«* (»en garde!«). Doch als ich auf ihn lospreschte, fühlte ich plötzlich den Boden

unter mir schwinden, meine Füße stießen ins Leere. Mit einer raschen Bewegung seines muskulösen Armes hatte Magosaburō Ochiai mich gepackt und hielt mich nun in Schulterhöhe fest. Mein Respekt vor diesem Schwertkämpfer wuchs natürlich ins Unermeßliche.
Ich ging schnurstracks zu meinem Vater und bat ihn, Ochiais Fechtschule besuchen zu dürfen. Er war überglücklich. Ich weiß nicht, ob mein Interesse das Samurai-Blut in den Adern meines Vaters erwachen oder es seine Erziehungsvorstellungen aus seiner Zeit als Lehrer an der Militärakademie wiederaufleben ließ, jedenfalls war die Wirkung beachtlich.
Dies geschah etwa zur gleichen Zeit, als mein Bruder, an den mein Vater große Erwartungen geknüpft hatte, auf Abwege geriet. Mein Vater hatte mich bis dahin nur verwöhnt, doch nun übertrug er seine Hoffnungen offenbar von meinem Bruder auf mich und begann, mich mit großer Aufmerksamkeit und Strenge zu behandeln.
Mein Vater war mehr als einverstanden mit meinem Wunsch, mich eingehender mit Kendō zu befassen, und bestand darauf, daß ich auch Kalligraphiestunden nähme. Überdies verpflichtete er mich, auf meinem Rückweg von der Fechtschule allmorgentlich am Hachiman-Schrein Einkehr zu halten, damit ich den rechten Geist entwickele. Der Weg zu Ochiais Fechtschule war sehr weit. Schon der Weg von uns zu Haus bis zur Kuroda-Grundschule war lang genug, um die Beine eines Kindes zu ermüden, doch zur Fechtschule war es fünfmal so weit.
Glücklicherweise lag der Hachiman-Schrein, den ich auf Anweisung meines Vaters jeden Morgen besuchen sollte, nicht weit von der Kuroda-Grundschule und mehr oder weniger auf dem Rückweg von der Fechtschule. Ich mußte also frühmorgens in die Fechtschule gehen, auf dem Rückweg den Hachiman-Schrein besuchen, dann zum Frühstück kurz nach Hause zurückkehren und anschließend in die Kuroda-Schule gehen. Nach der Schule ging ich dann noch zu meinem Kalligraphielehrer, dessen Wohnung glücklicherweise auf meinem Schulweg lag, und danach oft noch zu Herrn Tachikawa nach Hause.
Letzteres tat ich auf eigenen Wunsch. Herr Tachikawa hatte die Kuroda-Schule verlassen, doch Uekusa und ich besuchten ihn weiterhin zu Hause. Wir verbrachten so manchen erfüllten Tag in der Atmosphäre freien erzieherischen Denkens und größter Achtung vor der Individualität anderer, die er schuf, und in dem Klima warmer Gastfreundschaft, das seine Frau zu erzeugen verstand.
Wenn ich dieses Tagesprogramm schaffen wollte, mußte ich schon vor Tagesanbruch aus dem Haus gehen; abends kehrte ich meist erst nach

Sonnenuntergang zurück. Den Besuch am Schrein hätte ich gerne von Zeit zu Zeit ausgelassen, doch mein Vater wußte das zu verhindern. Mit der Bemerkung, so hätte ich einen Beweis meiner Frömmigkeit, gab er mir ein Heft, in dem ich mir meinen Tempelbesuch jeden Morgen mit dem Siegel des Schreins bestätigen lassen mußte.
Es gab kein Entkommen. Meine unschuldige Bitte um Fechtstunden hatte mir eine unerwartete Aufgabenlast eingebracht. Aber ich hatte selbst darum gebeten, und so war denn nichts mehr daran zu ändern. Zur Anmeldung begleitete mein Vater mich zu Ochiais Fechtschule, und vom nächsten Tag an absolvierte ich dieses Tagesprogramm mehrere Jahre lang, bis zum Abschluß der Grundschule. Die einzigen Ausnahmen bildeten die Sonntage und die Schulferien.
Mein Vater erlaubte es nicht einmal im Winter, daß ich in meinen Holzpantinen *tabi*-Socken trug. In der kalten Jahreszeit litt ich darum ganz erbärmlich unter aufgerissener Haut und Frostbeulen an den Füßen. Es war meine Mutter, die sich meiner mit heißen Fußbädern und allerlei Heilmitteln anzunehmen versuchte.
Meine Mutter war eine typische Frau aus der Meiji-Zeit, aus jener Zeit also, da Japan eine rasche Modernisierung vollzog; von den Frauen erwartete man damals immer noch eine äußerste Opferbereitschaft, damit ihre Väter, Gatten, Brüder oder Söhne vorankämen. Überdies war sie die Frau eines dem soldatischen Denken verhafteten Mannes. (Jahre später, als ich den historischen Roman *Nihon fudōki* (Von den Pflichten japanischer Frauen) von Shūgorō Yamamoto las, erkannte ich meine Mutter in diesen unsäglich heldenhaften Frauengestalten wieder, und ich war zutiefst bewegt.) Sie hörte sich geduldig alle meine Klagen an – freilich stets so, daß mein Vater nichts davon merkte. Wenn ich heute so von ihr schreibe, dann mag das den Eindruck erwecken, als wollte ich sie zu einem Vorbild erheben. Doch das ist nicht der Fall. Sie hatte einfach ein so zartfühlendes Herz, daß sie all diese Dinge ganz natürlich tat.
Zunächst einmal glaube ich, daß die Dinge das Gegenteil von dem waren, was sie auf der Oberfläche zu sein schienen. In Wirklichkeit war mein Vater der Gefühlsmensch und meine Mutter die Realistin. Während des Krieges besuchte ich einmal meine Eltern in der Präfektur Akita, wohin sie evakuiert worden waren. Als ich schließlich von ihnen Abschied nahm, da mußten wir damit rechnen, daß wir uns niemals würden wiedersehen. Ich ging über die einsame Straße davon, die sich vom Tor des Hauses in die Weite erstreckte, und blickte über die Schulter zurück zu meinen Eltern, die dort am Tor standen. Es war meine Mutter, die sich

unverzüglich umwandte und ins Haus zurückeilte. Mein Vater verharrte dort gänzlich bewegungslos und schaute mir nach, bis er mir aus der Ferne so klein wie eine Bohne erschien.
Während des Krieges gab es ein beliebtes Lied mit dem Titel »Vater, du warst stark« (»Chichi yo, anata wa tsuyokatta«), doch ich möchte sagen: »Mutter, du warst stark«. Die Stärke meiner Mutter lag vor allem in ihrer Ausdauer. Ich erinnere mich an ein eindrucksvolles Beispiel. Meine Mutter war in der Küche und bereitete Tenpura zu. Da fing das Öl im Topf Feuer. Bevor das Feuer auf andere Gegenstände übergreifen konnte, nahm sie ihn mit beiden Händen auf – während die Flammen ihre Augenbrauen und Wimpern versengten –, durchquerte ohne Hast den mit *tatami*-Matten ausgelegten Raum, schlüpfte an der Gartentür gar noch in die Holzpantinen und trug den Topf in die Mitte des Gartens, wo sie ihn abstellte.
Als der Arzt hinterher kam, mußte er ihr die geschwärzte Haut mit der Pinzette abziehen und die verkohlten Hände behandeln. Mir war schon das Zuschauen kaum erträglich, doch meine Mutter verzog bei der ganzen Prozedur kein einziges Mal das Gesicht. Fast ein Monat verging, bevor sie mit ihren bandagierten Händen wieder etwas greifen konnte. Sie hielt die Hände an der Brust und sprach nie von ihren Schmerzen; sie saß nur ruhig da. Ich könnte mich anstrengen, soviel ich wollte, das könnte ich ihr niemals nachtun.
Ich bin wohl ein wenig von meinem Thema abgeschweift; ich will darum kurz auf die Fechtschule, Kendō und mich selbst zurückkommen. Von der Zeit an, da ich nun täglich Ochiais Fechtschule besuchte, entwickelte ich all den Stolz eines kleinen Schwertkämpfers. Das stand natürlich zu erwarten, war ich doch noch ein Kind. Und schließlich hatte ich in den Büchern, die ich aus Herrn Tachikawas Bibliothek entliehen hatte, manches über all die großen Schwertkämpfer von Bokuden Tsukahara (1489–1571) bis hin zu Mataemon Araki (1599–1637) gelesen.
Meine Kleidung entsprach damals, wie es sich für einen zukünftigen Samurai-Kämpfer gehörte, eher der in der Kuroda-Grundschule als in Morimura Gakuen üblichen Tracht: ein gesprenkelter Kimono über *hakama*-Hosen aus Segeltuch; dazu schwere Holzpantinen. Wenn Sie sich ein Bild davon machen wollen, so denken Sie an Susumu Fujita in der Rolle des Sanshiro Sugata in meinem ersten Film. Ziehen Sie an der Größe zwei Drittel und an der Breite gut die Hälfte ab, stecken Sie ihm ein Bambusschwert in den Gürtel, der seine Fechtkleidung zusammenhält, und Sie haben eine Vorstellung davon, wie ich damals aussah.

Jeden Morgen, am östlichen Himmel war noch kein Schimmer zu sehen, machte ich mich im Schein der Straßenlaternen auf den Weg am Edogawa entlang. Die hölzernen Pantinen schlürften über das Pflaster. Ich ging vorbei an der Kozakurabashi-Brücke, an der Ishikiribashi-Brücke, und wenn ich Ishikiribashi hinter mir gelassen und die Straße mit den Straßenbahnschienen erreicht hatte, begegnete mir etwa auf der Höhe der Hattoribashi-Brücke die erste Trambahn des Tages, die freilich in die Gegenrichtung fuhr. Ich ging über die Edogawabashi-Brücke und hatte damit die ersten dreißig Minuten meines Weges hinter mich gebracht.
Von dort ging es dann weitere fünfzehn Minuten in Richtung Otowa, dann bog ich links ab und stieg langsam den Berg nach Mejiro hinauf. Nach weiteren zwanzig Minuten konnte ich die Trommel hören, die den Beginn der morgentlichen Übungen in der Fechtschule anzeigte. Ich zwang mich zur Eile, und nach weiteren fünfzehn Minuten war ich endlich da. Insgesamt brauchte ich für den Weg von zu Hause bis zur Fechtschule, wenn ich nicht trödelte und weder links noch rechts sah, eine Stunde und zwanzig Minuten.
Der Unterricht in der Fechtschule begann mit Meditation. Alle Schüler Magoemon Ochiais (wie war doch gleich sein Name?) versammelten sich und setzten sich in aufrechter Haltung auf den Boden, das Gesicht dem Bord mit den Shintō-Gottheiten zugewandt, das von Opferkerzen erhellt wurde. Wir begannen, indem wir unsere Kraft in der Magengrube sammelten und alle weltlichen Gedanken aus unserem Kopf verbannten.
Der Raum, in dem wir saßen, hatte einen harten, kalten Holzfußboden. Wenn wir den winterlichen Temperaturen widerstehen wollten – und dies noch in der dünnen Fechtkleidung –, blieb uns gar nichts anderes übrig, als alle Kraft in der Magengrube zu konzentrieren. Es war so kalt, daß einem die Zähne klapperten, so daß in unseren Köpfen kaum Platz für eitle weltliche Gedanken war. Im Winter dachten wir überhaupt nur an eines: wie wir es fertigbrächten, möglichst bald warm zu werden. Doch bei schönem Wetter bedurfte es schon einer gewaltigen Konzentrationsanstrengung, wollten wir diese geistigen Hindernisse aus dem Weg räumen. Nach Beendigung der Meditationssitzung begannen dann die Übungen im Parieren und Angreifen.
Wir teilten uns nach dem Stande unsere Fertigkeiten auf und verbrachten dreißig Minuten in vorrangiertem Fechtkampf. Dann nahmen wir wieder die vorgeschriebene Sitzhaltung ein, um dem Fechtlehrer zu danken, und damit war die Fechtstunde zu Ende. An kalten Wintertagen dampften

unsere Körper nach all den Anstrengungen. Doch wenn ich die Fechtschule verließ und mich auf den Weg zum Schrein machte, wurden mir die Füße schwer.
Mit leerem Magen und nichts als dem Frühstück im Sinn eilte ich zum Schrein, damit ich früher zu Hause wäre. An klaren Tagen war dies die Zeit, da die ersten Sonnenstrahlen die Spitze des Gingkobaumes auf dem Gelände des Schreins streiften. Vor der Bethalle stehend, schlug ich den »Krokodilsmaul«-Gong (eine hohle metallene Glocke von breiter, flacher Form, die man zum Tönen brachte, indem man das geflochtene, mit Klöppeln besetzte Tau hin und her bewegte, an dem sie hoch über dem Opferstock an der Außenwand des Hauptgebäudes befestigt war). Nachdem ich betend in die Hände geklatscht hatte, ging ich zum Haus des Priesters, das in einer Ecke des Komplexes stand, stellte mich an den Eingang und rief laut: »Guten Morgen.« Der Priester, Kimono, *hakama* und Gesicht gleichermaßen weiß, kam heraus, und ohne ein Wort zu sagen, nahm er das Heftchen, das ich ihm entgegenhielt, und setzte das Siegel seines Schreins neben das entsprechende Datum. Immer wenn ich ihn sah, war er mit vollem Munde beim Kauen; wahrscheinlich störte ich ihn jeden Morgen beim Frühstück.
Dann stieg ich die Steinstufen des Schreins hinunter und machte mich auf den Weg nach Hause, an der Kuroda-Schule vorbei, in die ich gleich zurückkehren würde, meinem eigenen Frühstück entgegen. Wenn ich dann, am Edogawa entlanggehend, an der Ishikiribashi-Brücke angelangt war und mich unserem Haus näherte, ging endlich die Sonne auf und schien mir voll ins Gesicht. In diesen Augenblicken mußte ich immer wieder denken, daß der Tag von nun an wie der ganz gewöhnlicher Kinder sein würde. Doch nicht Unzufriedenheit ließ mich so empfinden, sondern ein Gefühl der Unabhängigkeit und der Befriedigung.
Und tatsächlich begann damit auch der gewöhnliche Teil des Tages. Es folgte der übliche Tagesablauf: Frühstück, zur Schule gehen und nachmittags dann die Rückkehr nach Hause. Doch verglichen mit dem, was ich bei Herrn Tachikawa erlebt hatte, erschien mir der Unterricht in der Schule nun recht mangelhaft. Die Stunden in der Schule waren trocken und ohne jede Würze: eine qualvolle Übung, die man durchstehen mußte. Mit dem neuen Lehrer, der unsere Klasse übernahm, kam ich nicht sonderlich gut aus. Bis zu meinem Schulabschluß lagen wir beständig im Streit miteinander. Er schien Herrn Tachikawas Erziehungsvorstellungen in jeder Hinsicht abzulehnen und machte häufig abfällige Bemerkungen über die Erziehungsmethoden seines Vorgängers. Er sagte gerne:

»Herr Tachikawa hätte wahrscheinlich dies gesagt«, oder: »Herr Tachikawa hätte wahrscheinlich das getan«, und dabei trug er ein verächtliches Lächeln zur Schau.
Immer wenn er solche Bemerkungen machte, trat ich meinem Freund Uekusa, der neben mir saß, kräftig gegen den Fuß, und der antwortete mit einem flüchtigen Grinsen. Einmal kam es gar zu folgendem Vorfall:
Es geschah im Kunstunterricht. Wir malten ein Stilleben, eine weiße Vase voller Cosmeen, die den Klassenraum schmückte. Ich wollte das Volumen der Vase zum Ausdruck bringen und betonte daher die Schattenpartien in kräftigem Purpur. Die hellen Blätter der Cosmeen stellte ich durch wolkige grüne Flächen dar, die rosa und weißen Blüten durch verstreute Sprenkel.
Der neue Lehrer nahm mein Bild und hängte es an jenen Teil der Tafel, der als Pinboard diente. Dort wurden die besten Schülerarbeiten, Kalligraphien, Schulaufsätze oder Bilder, aufgehängt, damit die übrigen sie zum Vorbild nehmen konnten. Der Lehrer rief: »Kurosawa, steh auf!« Ich war sehr erfreut, denn ich glaubte, ich würde nun wieder gelobt werden, und stand stolz auf. Der neue Lehrer zeigte auf mein Bild und putzte es nach Strich und Faden herunter.
»Was ist denn mit den Schatten auf dieser Vase los – siehst du hier irgendwo Purpur? Was ist dieses Grüne hier, das so aussieht wie eine Wolke? Wenn du meinst, das sähe wie Cosmeenblätter aus, dann bist du nicht ganz bei Trost.« Es waren zu viele Spitzen und zu viele Gehässigkeiten in seinen Worten. Seine Anklage war voller Böswilligkeit. Ich stand stocksteif da und fühlte das Blut aus meinem Gesicht weichen. Was sollte das alles?
Als ich nach der Schule nach Hause ging und still vor mich hinbrütend im Geiste meine Wunden leckte, kam Uekusa hinter mir hergelaufen. »Kuro-chan, das war gemein, nicht? Das war so gemein! Es war schrecklich. Es war unverzeihlich.« Während des ganzen Heimwegs gab er seinem Abscheu in immer denselben Wendungen Ausdruck.
Ich glaube, das war das erste Mal, daß ich die Grausamkeit, die im menschlichen Herzen wohnt, erlebte. Ich konnte nie Gefallen daran finden, bei diesem Lehrer zu lernen. Aber ich entwickelte den entschiedenen Willen, so hart zu arbeiten, daß mich dieser Lehrer nie mehr würde kritisieren können.

Kalligraphie

WENN ICH NACHMITTAGS nach Hause kam, war ich gewöhnlich erschöpft von all dem Laufen und von dem beständigen Zwang, mich vor einem Lehrer zu beweisen, den ich haßte. Der Heimweg erschien mir dreimal so lang wie der Hinweg morgens, ja sogar noch länger, denn ich hatte die Kalligraphiestunde vor mir.

Mein Vater liebte die Kalligraphie; oft hängte er Rollen mit Kalligraphien in der Bettnische auf, Bilder dagegen nur sehr selten. Bei den Rollen handelte es sich entweder um Tuschabzüge von beschrifteten Steinmonumenten aus China oder um chinesische Schriftzeichen, die von chinesischen Bekannten gemalt worden waren.

Besonders erinnere ich mich noch an einen alten Abzug von einem Grabstein im Hanshan-Tempel. An manchen Stellen waren die Zeichen auf dem Stein ausgebrochen, so daß einige Sätze Lücken aufwiesen. Mein Vater setzte die fehlenden Worte ein; dabei lehrte er mich das Gedicht »Eine Nacht an der Ahorn-Brücke« des chinesischen Dichters Chang Chi aus der T'ang Dynastie.

Noch heute kann ich dieses Gedicht auswendig aufsagen, und ebenso leicht kann ich es mit einem Pinsel niederschreiben. Vor Jahren war ich einmal mit einer Gesellschaft in einem japanischen Restaurant, wo eben dieses Gedicht von Chang Chi in bewundernswert anmutiger Schrift aufgehängt war. Ohne mir etwas dabei zu denken, las ich es laut vor. Der Schauspieler Yūzō Kayama lauschte voller Bewunderung und meinte dann: »Meister, Ihre Fähigkeiten sind beeindruckend.«

Kein Wunder, daß Kayama beeindruckt war. Als er das Skript für *Sanjurō* laut vorlas, kam er an eine Stelle, wo es hieß: »Warte hinter dem Stall.« Er verwechselte das Zeichen für »Stall« mit einem anderen Zeichen desselben Radikals und las statt dessen »Klohäuschen«. Dennoch gab ich ihm eine wichtige Rolle in diesem Film aus dem Jahre 1962 und setzte ihn auch später noch einmal in *Akahige* (Rotbart, 1965) ein. Hier muß ich nun freilich die Wahrheit gestehen und zugeben, daß ich das Gedicht nur deshalb lesen konnte, weil es aus dem Hanshan-Tempel stammte. Bei jedem anderen chinesischen Gedicht wäre ich ins Stottern geraten. Aus einem anderen chinesischen Gedicht von einer Wandrolle, das mein Vater sehr liebte, erinnere ich mich zum Beispiel nur an folgende zwei Zeilen:

»Als Schwert benutze die Vollmondklinge des blauen Drachen,
Für dein Studium lies Tsos Kommentar zu den Frühlings- und Herbstannalen.«

Das ist jedoch nur von geringem Interesse.

Und wieder einmal bin ich abgeschweift. Worum es mir geht, ist folgendes: Ich kann nicht begreifen, wie mein Vater, der doch die Kalligraphie so sehr liebte, mich zu solch einem Lehrer schicken konnte. Vielleicht war es einfach, weil diese Schule in der Nähe lag und weil mein Bruder auch dorthingegangen war. Als mein Vater mich anmeldete, fragte der Lehrer nach meinem Bruder; er drängte meinen Vater, ihn zu weiteren Kalligraphiestunden zu ihm zu schicken. Offenbar war mein Bruder ein ausgezeichneter Schüler gewesen.

Ich konnte freilich nichts Interessantes an der Kalligraphie dieses Lehrers entdecken. Er war streng und direkt, doch seiner Schrift fehlte jede persönliche Note – ganz wie die gedruckten Zeichen in Büchern. Mein Vater hatte es so bestimmt, also ging ich jeden Tag in die Kalligraphieschule und übte mich an den kalligraphischen Vorbildern dieses Lehrers.

Mein Vater und der Kalligraphielehrer trugen beide Bärte, wie sie in der Meiji-Zeit üblich gewesen waren. Doch während mein Vater einen Vollbart in der Art eines *elder statesman* aus jener Zeit trug, hatte der Lehrer nur einen Schnäuzer, wie man ihn damals bei kleinen Beamten fand. Er saß stets mit gestrenger Miene hinter einem Pult, als wollte er die Schüler, die an ihren Pulten vor ihm aufgereiht saßen, in Schach halten.

Hinter ihm konnten wir in den Garten sehen. Der Garten wurde von einem großen Brettergestell beherrscht, auf dem zahlreiche Bonsai-Bäumchen aufgereiht waren, die ihre von alters her zurechtgebogenen Äste daherzeigten. Wenn ich sie betrachtete, mußte ich unwillkürlich denken, wie sehr ihnen diese Schüler an ihren Pulten doch glichen. Glaubte ein Schüler, er hätte ein paar schöne Zeichen gemalt, trug er sein Blatt ängstlich zum Lehrer. Der schaute es an, nahm einen Pinsel mit roter Tusche und korrigierte Striche, die ihm nicht gefielen. Diese Prozedur wiederholte sich immer und immer wieder.

War der Lehrer dann endlich mit den Schreibübungen des Schülers zufrieden, nahm er ein Siegel heraus, das ich nicht lesen konnte, weil es in alter Siegelschrift geschnitten war, und stempelte es in Blau seitlich auf das Blatt. Alle nannten diesen Stempel das »blaue Siegel«, und wenn man

das »blaue Siegel« endlich bekommen hatte, konnte man für diesen Tag nach Hause gehen. Da ich nichts sehnlicher wünschte als entlassen zu werden und zu Herrn Tachikawa zu gehen, gab ich mir die größte Mühe, die Kalligraphie des Lehrers bestens zu kopieren. Lieben kann man freilich nicht, was man nicht mag.
Nach gut einem halben Jahr bat ich meinen Vater, mit dem Kalligraphieunterricht aufhören zu dürfen. Mit der Unterstützung meines Bruders gelang es mir auch, die Erlaubnis dazu zu erhalten. Ich weiß nicht mehr, was mein Bruder im einzelnen sagte, aber er wußte meine vage Unzufriedenheit mit der Schrift dieses Lehrers sehr gut zum Ausdruck zu bringen. Er kam zu dem Schluß, daß es nur natürlich sei, wenn ich so empfand. Ich erinnere mich, daß ich staunend dasaß und ihm zuhörte, als spräche er über jemand anderen.
Als ich den Kalligraphieunterricht aufgab, war ich noch auf einer Stufe, bei der man Gedichte aus vier Zeichen in einer blockartigen Schrift auf einen großen Bogen Papier malt. Bis heute bin ich recht gut in dieser Art Kalligraphie. Doch wenn ich etwas kleiner oder in kursiver Schrift schreiben soll, bin ich gar nicht mehr gut.
Später einmal hat mir ein älterer Kollege aus der Filmbranche gesagt: »Kuro-sans Schriftzeichen sind keine Zeichen, sondern Bilder.«

Murasaki und Shōnagon

ALS ICH MICH ENTSCHLOSS, diese Beinahe-Autobiographie zu schreiben, traf ich mich mit Keinosuke Uekusa, um mit ihm über die Vergangenheit zu sprechen. Bei dieser Gelegenheit erzählte er mir, ich hätte ihm einmal auf der Hattorizaka genannten hügeligen Straße, an der die Kuroda-Grundschule lag, gesagt: »Du bist Shikibu Murasaki, und ich bin Shōnagon Sei.« Ich kann mich daran freilich überhaupt nicht mehr erinnern.
Nun ist es zunächst einmal ganz ausgeschlossen, daß wir – in der Grundschule – Murasakis *Roman vom Prinzen Genji* oder Shōnagon Seis *Kopfkissenbuch* gelesen hätten, die beide um die Mitte der Heian-Zeit (794–1185) geschrieben wurden. Doch wenn ich nun genauer darüber nachdenke, dann hat Herr Tachikawa uns während der Besuche, die wir ihm nach meinen Kalligraphiestunden abstatteten, viel von diesen beiden Klassikern der frühen japanischen Literatur erzählt. Uekusa war gewöhn-

lich schon da und wartete auf mich, und wir verbrachten viele angenehme Stunden mit unserem ehemaligen Lehrer. Möglicherweise kam es zu diesem Gespräch nach solch einem Besuch, als wir auf dem Heimweg gemeinsam den Berg zwischen Denzu-in und dem Edogawa hinuntergingen.

Die Idee, uns mit Shikibu Murasaki und Shōnagon Sei zu vergleichen, zeugt dennoch von grenzenloser Selbstüberschätzung. Ich habe allerdings eine dunkle Ahnung, wie es zu dieser kindischen Äußerung gekommen sein mag: Uekusas Aufsätze waren damals von epischer Breite, während ich immer nur knappe Beschreibungen von Impressionen gab.

Wie dem auch sei – wenn es um Freunde aus dieser Zeit meines Lebens geht, dann ist Uekusa der einzige, an den ich mich überhaupt erinnern kann, so sehr hingen wir ständig zusammen. Dabei pflegten unsere Familien höchst unterschiedliche Lebensstile. Seine Familie war bürgerlich geprägt, während bei uns eine Samurai-Atmosphäre herrschte. Wenn wir beisammensitzen und uns über die alten Zeiten unterhalten, erinnert er sich schon deshalb an ganz andere Dinge als ich.

So hat er noch eine lebhafte Erinnerung an die Zeit, da er einen flüchtigen Blick auf die weißen Waden seiner Mutter unter dem Saum ihres Kimonos werfen konnte. Er erinnert sich auch, daß das schönste Mädchen in der Schule die Führerin der Mädchengruppe unserer Klasse gewesen sei und daß sie im Ōtaki-Viertel am Edogawa gewohnt habe. Er weiß sogar noch, wie sie hieß, und sagt mir: »Du hattest anscheinend ein Auge auf sie geworfen, Kuro-chan«. Ich kann mich an all diese Dinge nicht mehr erinnern.

Die Dinge, die mir im Gedächtnis geblieben sind, haben alle etwas damit zu tun, daß ich im Kendō immer besser wurde, daß ich im dritten Quartal des fünften Grundschuljahres zum zweiten Mannschaftskapitän aufstieg und daß mein Vater mir zur Belohnung schwarze Fechtkleidung schenkte. Ich weiß noch, daß ich bei einem Fechtturnier fünf Gegner nacheinander mit einer entgegengesetzten Drehung besiegte. Ich erinnere mich noch, daß der Kapitän der gegnerischen Mannschaft der Sohn eines Färbers war und daß er beim hautnahen Kampf ganz fürchterlich nach dunkelblauem Farbstoff roch. Aus irgendeinem Grunde verraten alle meine Erinnerungen diesen kriegerischen Geist.

Hierher gehört auch ein Vorfall, der mir besonders gut im Gedächtnis haftengeblieben ist, und zwar wurde ich damals einmal von Schülern einer anderen Grundschule überfallen. Ich war auf dem Rückweg von Ochiais Fechtschule und kam in der Nähe der Edogawabashi-Brücke an

einen Fischladen. Vor diesem Laden standen sieben oder acht etwas ältere Schüler, die ich nicht kannte. Sie hatten Bambusschwerter, Bambusstangen und Stöcke bei sich.
Auch Kinder stecken bekanntlich ihr Territorium ab. Da dieses Gebiet nicht zum Territorium der Kuroda-Grundschule gehörte und da diese Kinder mich recht seltsam anblickten, blieb ich stehen. Nun hatte ich mich aber entschlossen, wie ein junger Schwertkämpfer aufzutreten, und konnte es mir daher nicht erlauben, in einer Situation wie dieser Angst zu zeigen. Ich setzte also eine blasierte Miene auf und ging an dem Fischladen vorbei, und da nichts passierte, nicht einmal als ich ihnen den Rücken zukehrte, atmete ich erleichtert auf.
Unmittelbar darauf fühlte ich etwas bedrohlich nahe an meinem Kopf vorbeisausen. Gerade als ich meine Hand hob, um mit an den Kopf zu greifen , wurde ich getroffen. Ich schnellte herum und sah einen wahren Hagel von Steinen auf mich zufliegen. Dabei ließ keines der Kinder einen Laut vernehmen, doch alle warfen Steine in meine Richtung. Vor allem dieses Schweigen machte mir Angst.
Mein erster Gedanke war, wegzulaufen, doch dann kam mir in den Sinn, wie sehr das mein armes Bambusschwert kränken müßte. So ergriff ich denn mein Bambusschwert und richtete es mit Schwung gegen die Angreifer. Doch da meine Kendō-Ausrüstung von der Spitze des Schwertes herabbaumelte, geriet der Streich nicht ganz so eindrucksvoll, wie er sollte.
Die Kinder freilich deuteten meine Bewegung als Angriff; sie riefen einander etwas zu und drangen mit ihren Waffen auf mich ein. Auch ich schwang mein Schwert mit aller Kraft. Die Kendō-Ausrüstung flog davon und das Schwert wurde leichter. Nun, da meine Gegner ihre Stimmen erhoben, erschienen sie mir auch nicht mehr so furchteinflößend wie zuvor, als sie geschwiegen hatten.
Ich faßte mein Schwert fester, rief »O-men!« (Aufs Gesicht) oder »Kote!« (Auf die Handschuhe) oder »Do!« (Auf den Körper) und andere Dinge, wie ich es im Kendō-Unterricht gelernt hatte, und ging mit der Bambusklinge auf sie los. Aus irgendeinem Grunde umzingelten sie mich nicht; alle sieben oder acht standen mir eng gedrängt gegenüber. Sie drangen, ihre Waffen schwingend, ungestüm auf mich ein; da gab es kein Zurück. Diese Myriaden fliegender Arme waren schon eindrucksvoll, doch ich sprang von einer Seite zur anderen, so daß es mir ein Leichtes war, die Oberhand zu gewinnen. Ich erinnerte mich, daß es in solchen Situationen gefährlich war, allzufrüh zu eng an den Gegner heranzugehen; also

vermied ich diesen Fehler und behielt auf diese Weise ausreichend Bewegungsfreiheit.
Schließlich flüchteten meine Gegner in den Fischladen. Sogleich kam der Besitzer herausgerannt und schwang eine dieser langen Schultertragestangen, mit denen man Lasten transportiert. Nun freilich zog ich es vor, die hohen Holzpantinen aufzunehmen, die ich abgestreift hatte, als der Kampf entbrannte, und mich meinerseits davonzumachen.
Ich erinnere mich noch genau, daß ich in ein enge Gasse flüchtete, in deren Mitte Abwässer flossen. Ich rannte im Zickzack und sprang von einer Seite zur anderen, um nicht in das faulig riechende Wasser zu treten. Erst als ich diese Gasse hinter mir gelassen hatte, blieb ich stehen und zog mir die Schuhe wieder an. Ich habe keine Ahnung, was aus meiner Kendō-Ausrüstung geworden ist – wahrscheinlich die Kriegsbeute meiner Gegner.
Meine Mutter war der einzige Mensch, dem ich von diesem Abenteuer erzählte. Eigentlich wollte ich überhaupt niemandem davon erzählen, aber da ich meine Kendō-Ausrüstung verloren hatte, mußte ich es ihr sagen. Sie hörte sich meine Geschichte an und sagte kein Wort dazu; statt dessen ging sie in die Kammer und holte die Kendō-Ausrüstung, die mein Bruder nicht mehr brauchte. Dann wusch sie die Wunde aus, die der Stein mir am Kopf geschlagen hatte, und gab eine Salbe darauf. Weitere Verletzungen hatte ich nicht, doch die Narbe von der Kopfwunde ist heute noch da.
(Als ich über das Bündel mit der Kendō-Kleidung und die hohen Holzpantinen schrieb, wurde mir plötzlich etwas klar: Ohne daß mir dies jemals bewußt geworden wäre, habe ich eben diese Gegenstände aus meiner Vergangenheit in meinem ersten Film, *Sugata Sanshirō* [1943], dazu benutzt, Sanchirōs Entschluß, sein Leben dem Judō zu widmen, visuell zu verdeutlichen. Vielleicht beruht die Kraft der Phantasie letztlich auf dem Gedächtnis.)
Aus diesem Abenteuer zog ich die Konsequenz, daß ich meinen Weg von und zur Fechtschule ein wenig abänderte. Er führte nun nicht mehr an jenem Fischladen vorbei. Doch das tat ich nicht etwa, weil ich Angst vor diesen Wichten gehabt hätte. Ich hatte nur keine Lust, noch einmal der Tragestange dieses Fischladenbesitzers zu begegnen.
Ich bin sicher, daß ich Uekusa irgendwann einmal von diesem Vorfall erzählt habe, aber er kann sich nicht mehr daran erinnern. Als ich ihm vorwarf, er sei ein alter Wüstling, der sich nur an Dinge erinnere, die etwas mit Frauen zu tun haben, wies er das entschieden zurück. Nun,

Tatsache ist, daß dieser nette Junge, den man mit einem Schlag zu Boden strecken konnte, dort zu einem echten Problem wurde, wo er seine Grenzen hätte erkennen sollen. Als wir im sechsten Schuljahr waren, kam es auf dem Kuseyama zu einer Schlacht mit einigen Schülern aus einer anderen Grundschule. Der Feind hatte sein Lager auf der Spitze des Hügels aufgeschlagen und empfing uns mit einem Hagel aus Steinen und Erdklumpen. Unsere Verbündeten unterliefen dieses Feuer, indem sie sich beim Hinaufsteigen seitlich im Schutze der Felsen hielten. Ich dachte gerade daran, dem Feind einige meiner Männer in den Rükken zu schicken, da rief Uekusa plötzlich etwas und stürmte den Hang hinauf – ein Bild der Verwegenheit.

Was ist da noch zu machen, wenn dein schwächster Mann es auf sich nimmt, den Feind ganz allein anzugehen? Unter der Spitze befand sich überdies noch ein Steilhang, den hinaufzuklettern es mehr als nur gewöhnlichen Mutes bedurft hätte. Er war mit feuchtem roten Ton bedeckt und so steil und glitschig, daß man für jeden Schritt, den man vorankam, zwei Schritte zurückrutschte. Furchtlos stürmte Uekusa voran und in das feindliche Feuer hinein. Sogleich wurde er von einem großen Stein am Kopf getroffen und stürzte den Abhang hinunter.

Als ich ihm zu Hilfe eilte, lag er ausgestreckt am Boden, den Mund weit geöffnet, die Augen starr auf irgendeine entfernte Ecke des Himmels gerichtet. Ich hätte ihn gerne einen unerschrockenen Helden genannt, doch in aller Aufrichtigkeit kann ich nur sagen, daß er eine Menge Probleme schuf. Als ich mich umwandte und hinaufschaute, sah ich alle unsere Feinde oben über dem Rand des Steilhangs aufgereit und mit schreckensbleichen Gesichtern herunterblicken. Ich aber stand da, starrte auf Uekusas hingestreckte Gestalt und fragte mich, wie in aller Welt ich ihn nur nach Hause schaffen könnte.

Ich muß noch eine Geschichte von Uekusa und dem Kuseyama erzählen. Eines Abends stand Uekusa alleine auf der Spitze des Kuseyama. Er war damals sechzehn; er hatte einer Schülerin einen Liebesbrief geschrieben und wartete nun auf sie. Er war auf den Kuseyama gestiegen, blickte über den Emma-Tempel, der dem König der Unterwelt geweiht ist, hinweg und suchte auf der steilen Straße nach einem Zeichen von ihr.

Doch das Mädchen kam nicht zur angegebenen Stunde. Er entschloß sich, noch zehn Minuten zu warten. Die Zeit verging. Als er gerade darüber nachdachte, ob er weitere zehn Minuten warten solle, drehte er sich um und gewahrte in der Dunkelheit eine Gestalt. »Ah, sie ist

gekommen«, dachte er, und sein Herz begann heftig zu schlagen. Er ging auf die Gestalt zu, und da erkannte er, daß sie einen Bart trug.
Uekusa berichtet nun: »Ich verlor durchaus nicht den Mut. Ich lief nicht weg, sondern ging auf den Mann zu.« Der Mann fragte ihn: »Hast du das geschrieben?« Dabei hielt er Uekusa den Liebesbrief entgegen, den der geschrieben hatte. Ohne eine Antwort abzuwarten, fuhr er fort: »Ich bin der Vater des Mädchens«, und gab Uekusa seine Karte. Das erste, was Uekusa darauf sah, war die Aufschrift »Polizeidirektion. Abteilung für Bau- und Reparaturwesen«.
Uekusa erzählt weiter, er habe keine Angst gehabt, sondern sich entschlossen vor den Mann hingestellt und ihm seine Gefühle für das Mädchen zu erklären versucht. Um ihm zu zeigen, wie rein seine Gefühle waren, hatte er sie zur Illustration – beeindruckend genug – mit der Liebe zwischen Dante und Beatrice verglichen und sie dem Vater des Mädchens geduldig und ausführlich beschrieben. »Und was geschah dann?« fragte ich. »Ihr Vater hat schließlich meine Gefühle verstanden«, erwiderte Uekusa. »Und wie ging es mit dem Mädchen weiter?«, hakte ich nach. »Ich hab sie nie wiedergesehen. Aber schließlich waren wir noch Kinder.« Da hatte er wohl recht, aber ganz verstehe ich es nicht.

Spuren der Meiji-Zeit, verschollene Geräusche der Taishō-Zeit

ZU BEGINN DER TAISHŌ-ZEIT im Jahre 1912 und auch in den nachfolgenden Jahren hielten sich noch Spuren der vorangegangenen Ära, der Meiji-Zeit. Das kam selbst in den Liedern zum Ausdruck, die wir in der Schule sangen: sämtlich erfrischende Weisen. Die zwei, die ich heute noch am liebsten mag, sind »Die Schlacht im japanischen Meer« und »Die Marinekaserne«. Die Texte waren geradeheraus, die Melodien einfach; die Ereignisse werden mit erstaunlicher Direktheit und präzise beschrieben – überflüssige Gefühlsäußerungen findet man nicht. Später sagte ich meinen Regieassistenten, genau so müsse ein Shooting-script (der Drehplan) beschaffen sein. Ich riet ihnen, sich diese Lieder zum Vorbild zu nehmen und daraus zu lernen, wie man präzise beschreibt. Ich bin immer noch davon überzeugt, daß dies eine gute Methode ist.
Ich glaube, daß die Menschen der Meiji-Zeit etwa dem Bilde entsprachen,

das der zeitgenössischen Romancier Ryōtarō Shiba in seinem Roman *Saka no ue no kumo* (Wolken über dem Berg) von ihnen gezeichnet hat. Sie lebten ihr Leben, als wäre ihr Blick auf die Wolken über jenem Berg gerichtet, den sie hinaufstiegen.

Eines Tages – es war noch in meiner Grundschulzeit – nahm mein Vater mich und meine Schwestern mit in die Toyama-Militärakademie. Wir saßen in einem schüsselförmigen Amphitheater mit grasbewachsenen Zuschauertribünen. Unten im freien Rund der Bühne gab eine Militärkapelle ein Konzert.

Wenn ich heute zurückblicke, erscheint mir diese Szene noch sehr von der Meiji-Zeit geprägt. Die Musiker trugen rote Hosen; die Blechinstrumente glitzerten in der Sonne; die Azaleen im Garten standen in voller Blüte; die Damen trugen leuchtend bunte Sonnenschirme; und die Melodien, die die Kapelle spielte, waren so beschaffen, daß man gar nicht anders konnte, als den Takt mit den Füßen mitzuschlagen. Wohl weil ich ein Kind war, entging mir der düstere Militarismus, der dahinter steckte, vollkommen.

Die Lieder, die dann am Ende der Taishō-Zeit populär waren, klangen dagegen schwermütig und verherrlichten die Verzweiflung. Einige davon waren »Ich bin nur ein schwankendes Schilfrohr im Fluß«, »Den Fluß hinunter« und »Wenn die Nacht hereinbricht«.

Die Klänge, die ich in meiner Jugend hörte, waren ganz anders als die heutigen. Vor allem gab es keine elektrisch erzeugten Töne. Nicht einmal die Grammophone waren elektrisch. Es gab nur natürliche Töne. Von diesen natürlichen Tönen sind viele für immer verloren. Ich will versuchen, einige davon wieder ins Gedächtnis zu rufen.

Das vielfältig widerhallende »Bum« zur Mittagsstunde. Das war die Kanone in der Kudan-Ushi-ga-fuchi-Kaserne, die jeden Tag genau um zwölf einen Blindschuß abfeuerte.

Die Feuerglocke. Der Klang der hölzernen Klappern des Feuerpostens. Der Klang seiner Stimme und die Trommelschläge, mit denen er die Nachbarschaft alarmierte, wenn er einen Brand entdeckte.

Das Horn des Tōfu-Verkäufers. Die Pfeife des Tabakpfeifenreparateurs. Das Geräusch des Schlosses an dem mit vielen Schubladen versehenen Kasten des Bonbonverkäufers. Das Klimpern, das die Ware des Mobilehändlers erzeugte. Die Trommelschläge des Mannes, der die Riemen der Holzpantinen reparierte. Die Glocken der Wandermönche, die ihre Sutras beteten. Die Trommel des Süßigkeitenhändlers. Die Glocke des Feuerwehrwagens. Die große Trommel für den Löwentanz. Die Trommel des Affendresseurs. Die Tempeltrommel. Der Süßwassermuschel-Verkäufer. Der Mann, der *nattō,* (gegorene Sojabohnen) verkaufte. Der Peperoniverkäufer. Der Goldfischverkäufer. Der Mann, der Bambusstangen für Wäscheleinen verkaufte. Der Händler, der abends seine Nudeln feilbot. Der Straßenhändler mit den Mehlklößen in Bouillon und der mit den gebackenen Süßkartoffeln. Der Scherenschleifer. Der Kesselflicker. Der Purpurwindenverkäufer. Der Fischhändler. Der Sardinenverkäufer. Der Mann mit den gekochten Bohnen. Der Mann, der Insekten feilbot: »Magotarō-Käfer!« Das Sirren der Drachenschnüre. Das Geräusch beim Federballspiel. Lieder, die man singt, wenn man einen Ball aufschlagen läßt. Kinderlieder.

All diese verschollenen Geräusche sind untrennbar mit der Erinnerung an meine Kindheit verwoben. Und sie sind mit bestimmten Jahreszeiten verbunden. Es sind kalte, warme, heiße oder kühle Geräusche. Und es knüpfen sich viele verschiedene Gefühle daran. Beglückende Geräusche, einsame Geräusche, traurige Geräusche, furchteinflößende Geräusche. Ich hasse Brände; so erschrak ich jedesmal zutiefst, wenn die Feuerglocke ertönte und der Feuerposten trommelnd den Ort des Brandes ausrief: »Bum, bum. Feuer im Kanda-Viertel, Jinbōchō.« Dann kroch ich immer tief unter die Decke und versuchte mich ganz klein zu machen.

In meiner »Konbeto-san«-Zeit wurde ich einmal mitten in der Nacht von meiner Schwester geweckt. »Akira, da draußen brennt es. Zieh dich schnell an.« Ich zog rasch meinen Kimono über und rannte vor die Tür. Das Haus direkt gegenüber stand lichterloh in Flammen. Danach erinnere ich mich an nichts mehr.

Als ich mir meiner Umgebung wieder bewußt wurde, fand ich mich allein auf dem Kagurazaka-Hügel wieder. Ich eilte nach Hause; der Brand war inzwischen gelöscht, aber der Polizist, der die Brandstelle absperrte, wollte mich nicht durchlassen. Als ich auf die andere Seite zeigte und sagte. »Ich wohne dort«, war er sehr erstaunt und ließ mich durch.

Dort freilich ging der ganze Zorn meines Vaters auf mich nieder. Da ich nicht wußte, was geschehen war, fragten wir meine Schwester. Offenbar war ich weggelaufen, als ich das Feuer sah. Obwohl sie mir »Akira! Akira!« nachrief, öffnete ich das Tor und entkam in die Nacht.

Wo ich gerade von Bränden spreche, erinnere ich mich an noch etwas: an die von Pferden gezogenen Feuerwehrwagen aus dieser Zeit. Die Pferde waren wunderschön, und die Wagen selbst wirkten sehr elegant mit diesen Aufsätzen, die aussahen wie die Messingflaschen, die man zum Anwärmen von Saké benutzt. Ich hasse Brände, aber ich wollte schon lange einmal einen dieser Feuerwehrwagen wiedersehen. Viele Jahre später bot sich mir diese Gelegenheit bei einem Besuch in den Studios der 20th Century-Fox. Man drehte gerade in einer Kulisse, die das alte New York darstellen sollte, und der Spritzenwagen wurde vor eine Kirche gezogen, vor der Unmengen blühenden blauen Flieders standen.

Doch nun will ich wieder auf die Geräusche der Taishō-Zeit zurückkommen. Sie alle sind für mich mit Erinnerungen verbunden. Wenn ich das Kind des Süßwassermuschel-Verkäufers sah, der eine mitleiderregende Klage anstimmte, um seine Ware zu verkaufen, dann wurde mir klar, daß mir in meinem Leben ein glücklicheres Los beschieden war. Um die Mittagszeit an einem schwülen Sommertag, wenn der Peperoniverkäufer vorbeikam, erinnere ich mich, wie ich mit einer Bambusstange Zikaden zu fangen versuchte und die Bewegungen der Insekten in der alten Eiche über mir beobachtete. Beim Klang einer sirrenden Drachenschnur sehe ich mich auf der Nakanobashi-Brücke stehen; ich lasse meinen Drachen fliegen; der winterliche Wind ist so heftig, daß er mir beinahe die Schnur entreißt.

Wollte ich fortfahren, all die etwas melancholischen Kindheitserinnerungen aufzuzählen, die für mich mit bestimmten Geräuschen verbunden sind, ich fände gar kein Ende. Doch während ich hier sitze und von diesen Klängen meiner Kindheit schreibe, dringen ganz andere Geräusche an mein Ohr: der Kühlschrank, der Heizofen, der Lautsprecherwagen, der Toilettenpapier im Austausch gegen Altpapier anbietet – sämtlich elektrisch erzeugte Geräusche. Die Kinder von heute werden wahrscheinlich kaum in der Lage sein, eine sonderlich reiche Erinnerung aus diesen Geräuschen zu entwickeln. Vielleicht sind sie noch mehr zu bemitleiden als das Kind des Muschelverkäufers.

Geschichtenerzähler

ICH HABE SCHON ERWÄHNT, daß mein Vater ein äußerst strenger Mann war. Meine Mutter, die aus einer Kaufmannsfamilie in Osaka stammte und daher für die feineren Details der Samurai-Etikette weniger Sinn besaß, mußte sich häufig schelten lassen, weil sie den Fisch nicht richtig in den Eßschalen arrangiert hatte. »Du Schaf! Soll ich etwa Selbstmord begehen?« Offenbar gab es bestimmte Vorschriften, wie man das Mahl zu servieren hatte, das einem rituellen Selbstmord vorausgeht. Anscheinend hatte es etwas mit der Lage des Fisches auf dem Teller zu tun. Mein Vater hatte als Kind sein Haar noch zu einem Samurai-Knoten gebunden getragen, und selbst zu der Zeit, da er solche Schelte austeilte, setzte er sich gelegentlich in formeller Haltung hin, den Rücken der Kunstnische zugewandt, und hielt sein Schwert senkrecht nach oben, um die Klinge mit Scheuerpulver zu polieren. So war es wohl ganz natürlich, wenn er sich ärgerte; aber ich konnte nicht anders, mir tat meine Mutter leid, und ich dachte, es könne doch nicht so wichtig sein, in welche Richtung der Kopf des Fisches zeigte. Dennoch machte meine Mutter immer und immer wieder denselben Fehler. Und jedesmal, wenn der Fisch in seiner Schale falsch lag, schimpfte er meine Mutter aus. Heute denke ich, es mag so gewesen sein, daß sie »taub wie ein Pferd bei Ostwind« für diese Schelte wurde, weil sie sie zu oft hören mußte.

Ich weiß heute noch nicht genau, wie man jemandem, der gleich Selbstmord begehen soll, das Mahl zu servieren hat. Ein ritueller Selbstmord fehlt bislang noch in meinen Filmen. Doch wenn einem ein Fisch serviert wird, dann liegt er gewöhnlich mit dem Kopf nach links; der Bauch ist einem zugewandt, damit man den Fisch leichter zerlegen kann. Will man nun Selbstmord begehen, so denke ich, wird der Fisch so serviert, daß der Kopf nach rechts zeigt und der Bauch vom Essenden abgekehrt ist, denn es wäre recht taktlos, wenn man jemandem, der im Begriffe steht, seinen eigenen Bauch aufzuschlitzen, einen aufgeschnittenen Fischbauch präsentierte. Das ist meine Vermutung, doch es ist nicht mehr als eine Vermutung. Und dennoch: Ich kann mir einfach nicht vorstellen, daß meine Mutter etwas getan haben sollte, was keinem Japaner jemals in den Sinn käme, nämlich einen Fisch so zu servieren, daß man Schwierigkeiten hat, ihn zu zerlegen, also mit dem Bauch vom Essenden weg weisend. So wird sie wohl nur in dem Punkt einen Fehler gemacht haben, der die Ausrichtung des Kopfes betrifft. Und schon dies allein machte meinen Vater so ärgerlich.

Auch ich erhielt mein Teil an Schelte wegen der Etikette bei Tisch. Wenn ich meine Stäbchen falsch hielt, nahm er seine Stäbchen bei der Spitze und klopfte mir mit den schweren Enden auf die Knöchel. Mein Vater war sehr streng in diesen Dingen, und dennoch nahm er uns, wie erwähnt, häufig mit ins Kino.

Zumeist waren es amerikanische und europäische Filme. In Kagurazaka gab es ein Kino namens Ushigomekan, das ausschließlich ausländische Filme zeigte. Dort sah ich zahlreiche Action-Serien und viele Filme mit

William S. Hart. Unter den Serien erinnere ich mich noch besonders an *The Tiger's Footprints, Hurricane Hutch, The Iron Claw* und *The Midnight Man.*

Die Filme mit William S. Hart hatten einen ausgesprochen männlichen Zug wie später die Filme von John Ford; sie schienen zum Teil eher in Alaska als im Wilden Westen zu spielen. Ein Bild von William S. Harts Gesicht ist mir fest im Gedächtnis geblieben. Er sitzt auf seinem Pferd und hält in beiden Händen eine Pistole; seine Lederarmbänder sind mit Gold verziert, und auf dem Kopf trägt er einen breitkrempigen Hut. Oder er reitet in Pelzkleidung und mit einer Pelzmütze durch die verschneiten Wälder Alaskas. Geblieben sind mir aus diesen Filmen vor allem zwei Dinge: jener verläßliche männliche Geist und der Geruch nach Männerschweiß.

Es ist möglich, daß ich zu dieser Zeit bereits einige Chaplin-Filme gesehen hatte; aber da ich mich nicht erinnere, damals schon Chaplin nachgeahmt zu haben, kann es sehr wohl sein, daß dies erst später kam. In dieselbe oder vielleicht auch eine etwas spätere Zeit fällt noch ein weiteres unvergeßliches Kinoerlebnis. Meine älteste Schwester hatte mich mit nach Asakusa genommen, wo wir uns einen Film über eine Südpolexpedition ansehen wollten.

Der Anführer der Schlittenhunde wird krank; die Forschergruppe muß ihn zurücklassen und mit dem Rest der Meute weiterziehen. Doch taumelnd und dem Tode nahe folgt ihnen der Hund und nimmt seinen Platz an der Spitze der Meute wieder ein. Beim Anblick dieses Tieres, das sich nur noch mühsam und schwankend auf den Beinen halten konnte, wollte mir schier das Herz brechen. Seine Augenlieder waren vom Eiter ganz verklebt; seine Zunge hing ihm weit aus dem Maul, und es schnappte mühsam nach Luft. Sein Gesicht bot einen pathetischen, schauerlichen und edlen Anblick. Meine Augen flossen von Tränen über, so daß ich kaum noch etwas sehen konnte.

Auf der verschwommenen Leinwand führte einer der Expeditionsteilnehmer den Hund beiseite, ein Hügel entzog ihn dem Blick. Schließlich muß er das Tier wohl getötet haben, denn ein Gewehrschuß war zu hören, der die übrigen Hunde erschreckte und sie aus der Reihe springen ließ. Ich brach in heftiges Weinen aus. Meine Schwester versuchte mich nach Kräften zu trösten, doch es war vergebens. Sie gab auf und führte mich aus dem Kino. Doch ich weinte weiter. Ich weinte in der Straßenbahn den ganzen Weg nach Hause; ich weinte, als wir dann zu Hause waren. Selbst als meine Schwester mir drohte, sie würde mich nie mehr mit ins Kino

nehmen, weinte ich weiter. Bis heute kann ich das Gesicht dieses Hundes nicht vergessen, und wann immer ich daran denke, empfinde ich Hochachtung vor diesem Tier.
Damals kannte ich, verglichen mit ausländischen Filmen, noch keine sonderliche Begeisterung für das japanische Kino. Aber meine Vorlieben waren eben noch die eines Kindes.
Mein Vater nahm uns nicht nur mit ins Kino. Oft ging er auch mit uns in die Theater in der Umgebung von Kagurazaka, wenn dort ein Geschichtenerzähler seine Vorstellung gab. Am besten erinnere ich mich noch an Kosan, Kokatsu und Enyū. Enyū war wohl zu subtil für meinen kindlichen Verstand, als daß ich ihn unterhaltsam hätte finden können. Bei Kokatsu schätzte ich die Einführungen, doch am liebsten war mir Kosan, den man einen Meister in der Kunst des Geschichtenerzählens nannte. Zwei seiner Geschichten sind mir unvergeßlich geblieben: *Yonaki udon* (Nudeln am Abend) und *Uma no dengaku* (Pferd in Miso-Sauce). Kosan ahmte den Nudelverkäufer nach, der seinen Karren zog und die Stimme zu einem weinerlichen Refrain hob; ich weiß noch, wie rasch ich dadurch in die Stimmung eines kalten Winterabends versetzt wurde.
Die Geschichte vom Pferd in Miso-Sauce habe ich nur von Kosan gehört. Ein Pferdetreiber macht in einem Teehaus Rast, um Saké zu trinken. Sein Packpferd, das eine Ladung Miso-Bohnenpaste trägt, bindet er draußen an. Doch während er beim Trinken ist, macht das Pferd sich los und trabt davon. Er macht sich auf die Suche; jeden, der ihm begegnet, fragt er nach dem Pferd; dabei wird seine Sprache immer hastiger, seine Aussprache immer unverständlicher. Schließlich trifft er einen Betrunkenen und fragt ihn, ob er »mein Pferd mit Miso« gesehen hat. Der Betrunkene erwidert: »Was? Ich hab' noch nie gehört, daß man Pferd so zubereitet, und erst recht hab' ich das noch nicht gesehen.« Der Pferdetreiber geht dann die von Bäumen gesäumte Straße hinab und sucht weiter; ein trockener Wind bläst ihm ins Gesicht. Ich fühlte geradezu den Staub auf meiner Haut und erschauderte; es war ganz wundervoll.
Mir gefielen die Geschichten, die ich bei den Geschichtenerzählern hörte, aber die Tenpura mit Buchweizennudeln, die wir auf dem Heimweg aßen, gefiel mir fast noch besser. Der Geruch dieser Tenpura-soba an kalten Winterabenden ist mir besonders unvergeßlich. Noch heute denke ich oft, wenn ich aus dem Ausland zurückkehre und das Flugzeug sich Tokyo nähert: »Und jetzt zuerst einmal eine Tenpura-soba.«
Aber inzwischen schmeckt die Tenpura-soba längst nicht mehr so wie früher. Und noch etwas vermisse ich: Früher gossen die Nudelgeschäfte

die Brühe durch ein Sieb und stellten die Blaufischstückchen, die darin zurückblieben und die zur Zubereitung der Brühe gedient hatten, vor dem Eingang zum Trocknen an die Luft; sie konnten nämlich nochmals verwendet werden. Das ergab einen vertrauten Geruch, der einem in die Nase stieg, sobald man an einem Nudelladen vorbeikam. Ich erinnere mich dieses Geruches mit großer Nostalgie. Das heißt nicht, daß die Nudelläden ihre Brüherückstände nicht mehr vor der Tür trockneten, aber der Geruch ist ein ganz anderer.

Die Koboldnase

DER TAG DER SCHULENTLASSUNG war nicht mehr fern. Ich fuhr mit einem »Taishō-Roller« die steile Hattorizaka-Straße vor unserer Schule hinunter. Diese Roller ähnelten einem großen Skateboard mit drei Rädern, eins vorne und zwei hinten. Man stellte den rechten Fuß darauf, faßte den Lenker und drückte sich mit dem linken Fuß ab. Ich sauste den Berg hinunter und hielt den Atem an; da stieß das Vorderrad gegen die Metallabdeckung einer Gasleitung, und ich fühlte, wie ich kopfüber durch die Luft flog.

Als ich wieder zu mir kam, lag ich ausgestreckt in dem Polizeihäuschen unten am Fuße des Hattorizaka-Hügels. Mein rechtes Knie war arg mitgenommen; eine Zeitlang konnte ich nicht laufen und mußte aus der Schule bleiben. (Noch heute ist mein rechtes Knie nicht ganz in Ordnung. In dem Bemühen, es zu schützen, erreiche ich anscheinend genau das Gegenteil: Beständig stoße ich damit irgendwo an. Dieses Knie ist schuld daran, daß ich beim Golf kein guter Schläger bin. Das Zurückbiegen beim Schlag ist schmerzhaft für mich, so daß ich die Unebenheiten des Rasens nicht gut auszugleichen vermag. Sonst wäre ich ganz gewiß ein ausgezeichneter Schläger.)

Um die Zeit, als mein Knie wieder gesund wurde, ging mein Vater mit mir in ein öffentliches Badehaus. Dort trafen wir einen älteren Herrn mit weißem Haar und einem weißen Bart. Offenbar kannte mein Vater ihn, denn sie begrüßten einander. Der alte Mann betrachtete mich in meiner Nacktheit und fragte: »Ihr Sohn?« Mein Vater nickte. »Er scheint mir recht schwächlich zu sein. Ich habe hier in der Nähe eine Fechtschule eröffnet. Schicken Sie ihn doch zu mir.« Als ich meinen Vater später fragte, wer der Mann gewesen sei, erklärte er mir, er sei der Enkel von Shūsaku Chiba.

Shūsaku Chiba war in der ausgehenden Feudalzeit ein berühmter Fechter gewesen; er hatte eine Schule in Otama-ga-ike; sein meisterhaftes Können ist in zahlreichen Geschichten verewigt. Als ich erfuhr, daß der Enkel dieses Mannes ganz in unserer Nähe eine Fechtschule führte, brannte ich darauf, Fechtstunden bei ihm zu nehmen, und begann sogleich, dorthinzugehen. Aber der weißhaarige, weißbärtige Herr, von dem es hieß, er sei der Enkel von Shūsaku Chiba, hatte lediglich die Leitung der Schule in Händen. Kein einziges Mal ließ er sich dazu herab, mir Fechtunterricht zu erteilen.

Den Unterricht gab ein Assistent des Meisters; dieser Assistent hatte einen Kampfruf, der sich wie der Refrain eines Volksliedes anhörte: »Chō, chō, yatta! Chō, yatta!« Irgendwie hinderte mich dieser Ruf, ihn sonderlich zu achten. Hinzu kam, daß die Schüler sämtlich Nachbarskinder waren, für die das Fechten kaum mehr als Fangenspielen war; und überhaupt erschien mir alles sehr dumm und kindisch.

Auf dem Höhepunkt all dieser Frustrationen wurde der Leiter der Fechtschule von einem Automobil angefahren – damals noch eine Seltenheit. Für mich war das so, als müßte ich hören, der berühmte Schwertkämpfer der Feudalzeit Musashi Miyamoto sei von seinem eigenen Pferd getreten worden. Der ganze Respekt, den ich vor dem Enkel Shūsaku Chibas empfunden hatte, verflog sogleich restlos.

Wohl als Reaktion auf diese Erfahrungen mit Chibas Schule nahm ich mir vor, nun in der Schule des Fechtmeisters Sazaburō Takano Unterricht zu nehmen, der eine ganze Generation mit seiner Kunst im Sturm genommen hatte. Doch mein Entschluß erwies sich als kaum haltbarer denn der eines »Drei-Tage-Mönches«. Ich kannte zwar Takanos Ruf, doch in Wirklichkeit war sein Fechtunterricht noch weit brutaler, als ich es mir jemals hätte vorstellen können.

Bei der Angriffs- und Verteidigungsübung rief ich »O-men« und preschte vor. Im selben Augenblick wurde ich gegen die Wand geschleudert; mir wurde schwarz vor Augen und ich sah ganze Schauer von Sternen, die einem Feuerwerk glichen. Ganz wie diese Sterne, so stürzte nun auch mein Vertrauen in meine Kendō-Fähigkeiten – oder besser: mein Stolz darauf – ab und taumelte durch einen leeren Himmel.

Dutzende von Redensarten und Kinderreimen schossen mir durch den Sinn: »In der Welt geht es nun einmal nicht sanft zu.« »Irgendwas ist immer stärker.« »Der Frosch in seinem Brunnen.« »Die Decke durch ein hohles Schilfrohr betrachten.« Dieser Sturz gegen die Wand machte mir bitter deutlich, wie eingebildet ich gewesen war, als ich mich über den Fechtmeister lustig machte, weil ein Auto ihn angefahren hatte. Meine lange, hochmütige Koboldnase brach ab und sollte nie mehr nachwachsen. Doch bevor ich die Grundschule verließ, sollte nicht nur Kendō den Hochmut meiner Koboldnase erschüttern.

Ich hatte gehofft, die vierte Mittelschule besuchen zu können. Ich bestand jedoch nicht die Aufnahmeprüfung. Bei mir lag der Fall allerdings anders als bei meinem Bruder, als der bei der Aufnahmeprüfung für die erste Mittelschule durchfiel. In meinem Falle nämlich war niemand sonderlich überrascht. Auch mein Abschlußzeugnis an der Kuroda-Grundschule hätte als typisch für einen Frosch in seinem Brunnen gelten können. Ich hatte mich nur in jenen Fächern eingesetzt, die mir gefielen: Grammatik, Geschichte, Aufsatz, Kunst und Schönschrift. In diesen Fächern war ich unschlagbar. Aber für Naturwissenschaft und Mathematik konnte ich mich einfach nicht erwärmen und verwendete höchst widerwillig gerade soviel Energie darauf, daß die Schande sich in Grenzen hielt. Das Ergebnis war entsprechend. Mein Versuch, bei der Aufnahmeprüfung zur vierten Mittelschule mit den naturwissenschaftlichen und mathematischen Prüfungsaufgaben zurechtzukommen, wurde ein vollkommener Fehlschlag.

Noch heute habe ich dieselben Stärken und Schwächen. Offenbar habe ich eher eine literarische als eine wissenschaftliche Ader. So kann ich zum Beispiel keine ordentlichen Zahlen schreiben. Am Ende sehen sie immer so aus wie die dekorative alte kursive Silbenschrift. Ans Autofahrenlernen ist gar nicht zu denken; ich bin unfähig, eine ganz gewöhnliche Kamera zu bedienen oder sogar Benzin in ein Feuerzeug zu füllen. Mein Sohn sagt, wenn ich telefoniere, sähe es so aus, als bemühte sich ein Schimpanse, mit dem Telefon klarzukommen.

Wenn man jemandem immer und immer wieder sagt, er sei unfähig zu einer Sache, dann verliert er mehr und mehr sein Selbstvertrauen und versagt am Ende wirklich. Sagt man ihm dagegen, er sei gut, dann stärkt man sein Selbstvertrauen, und er wird schließlich wirklich besser. Zwar sind jedem Menschen von Geburt an bestimmte Stärken und Schwächen mitgegeben; sie lassen sich durch spätere Einflüsse jedoch noch nachhaltig verändern.

Solche Entschuldigungen sind freilich hier ohne jede Bedeutung, und der einzige Grund, weshalb ich sie vorbringe, ist der, deutlich zu machen, daß mir damals der Weg, den ich im Leben einschlagen sollte, klar wurde. Es war der Weg der Literatur und Kunst. Und der Augenblick, da diese beiden Möglichkeiten auseinandertreten würden, lag noch in weiter Zukunft.

Der Schein der Glühwürmchen

DER TAG DES SCHULABSCHLUSSES stand vor der Tür. Die Abschlußfeiern folgten damals einer festgelegten – konventionellen, wohlgesitteten, sentimentalen – Ordnung. Zuerst hielt der Direktor eine Rede, in der er den Abgängern mit abgedroschenen Redensarten für die weitere Zukunft Mut zusprach und ihnen Glück wünschte; es folgte eine oberflächliche Grußadresse von einem der Gäste, und dann gab ein Vertreter der Abschlußklasse eine förmliche Erwiderung. Anschließend sangen die Schulabgänger mit Orgelbegleitung:

> »Wir singen Dank unsern Lehrern für ihre Güte,
> die wir geachtet und verehrt ...«

Die Schüler der fünften Klasse folgten sodann mit:

> »Nach Jahren, in denen wir uns täglich wie Brüder und
> Schwestern begegnet sind,
> Geht ihr nun ...«

Und zum Abschluß sangen alle zusammen:

> »Im Schein der Glühwürmchen«

An diesem Punkt würden alle Mädchen zu schluchzen anfangen. Und mitten dazwischen hätte ich als Vertreter der männlichen Schulabgänger meine förmliche Abschiedsrede zu halten.
Unser Lehrer hatte meine Rede selbst geschrieben; er gab sie mir und trug mir auf, sie sauber abzuschreiben und »ordentlich vorzutragen«. Diese Rede entsprach hinsichtlich ihres Inhalts allen Anforderungen, doch sie las sich wie eine Sammlung zusammengestückelter Exzerpte aus einem Lehrbuch der Moral. Ich wußte, daß ich sie niemals mit Gefühl würde

vortragen können. Das rhetorische Lob der uneigennützigen Aufopferung der Lehrer für ihre Schüler war besonders blumig geraten, und ich konnte mich nicht enthalten, aufzublicken und ihn anzusehen, als ich den Text, vor ihm stehend, zum erstenmal durchlas.

Wie erwähnt, hatten dieser Lehrer und ich nichts füreinander übrig. Wie konnte er nur von mir verlangen, dieses ekelerregende Zeug von seiner Güte und von der Traurigkeit zu sagen, die wir nun empfanden, da wir von ihm scheiden müßten? Und was für ein Mensch war das, der all diese Lobeshymnen auf sich selbst schreiben konnte? Meine Haare sträubten sich vor Abscheu, aber ich nahm seine Vorlage und nahm sie mit nach Hause.

Ich dachte mir, das sei wohl so üblich und ich könne daran nichts ändern; also setzte ich mich hin und begann, die Rede auf gutes Papier zu übertragen. Mein Bruder schaute mir über die Schulter, als ich bei der Arbeit war. Er überflog die Zeilen, die ich bereits geschrieben hatte. »Zeig mir das mal«, bat er. Er nahm die Vorlage des Lehrers und las sie, neben mir stehend, durch. Als er zu Ende gelesen hatte, knüllte er sie zu einem kleinen Ball zusammen und warf sie durchs Zimmer. »Akira, du wirst dieses Zeug nicht vorlesen«, befahl er. Ich war sprachlos. »Du brauchst eine Rede«, fuhr er fort. »Ich schreibe dir eine. Du wirst meine vorlesen.«

Ich dachte mir, das sei wohl eine gute Idee, aber ich wußte, daß der Lehrer meine saubere Abschrift seines Redetextes würde sehen wollen. Also erklärte ich meinem Bruder, daß ich damit niemals durchkäme. »Na, dann schreibst du seine Rede eben ab und zeigst sie ihm«, erwiderte er. »Und bei der Feier ziehst du einfach meine heraus und liest sie vor.«

Mein Bruder schrieb eine äußerst scharfe Rede. Er attackierte den Konservatismus und die Unbeweglichkeit der Grundschulerziehung. Er übte beißende Kritik an den Lehrern, die dieses System guthießen und es aufrechterhielten. Wir Schulabgänger hätten bis heute in einem einzigen Alptraum gelebt; nun, da wir die Ketten endlich abschüttelten, sei es uns zum erstenmal vergönnt, glückliche Träume zu haben. Für diese Zeit und dieses Alter war es eine revolutionäre Rede, und sie erfrischte mein Herz.

Leider brachte ich nicht den Mut auf, sie vorzulesen. Hätte ich es getan, so glaube ich heute, hätte dies eine Szene heraufbeschworen, wie sie sich in Gogols *Revisor* ereignet, kurz bevor der Vorhang fällt. Dort vor mir unter den Zuhörern saß mein Vater; in seinem Gehrock wirkte er ausgesprochen majestätisch. Und der Lehrer hatte mich die saubere Abschrift seiner

Rede laut vor ihm lesen lassen, bevor ich aufs Podium ging. Allerdings hatte ich die Rede meines Bruders vorn in meinem Kimono stecken. Es wäre also nicht unmöglich gewesen, sie herauszuholen und vorzulesen.
Als wir nach der Abschlußfeier zu Hause ankamen, sagte mein Vater: »Akira, das war eine schöne Rede, die du heute gehalten hast.« Als mein Bruder das hörte, war ihm wohl klar, was geschehen war. Er warf mir nur kurz einen sarkastischen Blick zu. Ich schämte mich. Ich bin ein Feigling.
Und so ging für mich meine Schulzeit in der Kuroda-Grundschule zu Ende.

Die Keika-Mittelschule

ALS ICH IN DIE KEIKA-MITTELSCHULE eintrat, da lag sie zusammen mit der Keika-Handelsschule (die Uekusa besuchte) im Tokyoter Stadtbezirk Ochanomizu. Sie liegt noch heute dort, eingeklemmt zwischen dem Juntendō-Hospital und einer breiten Straße. Zu meiner Zeit galt die Landschaft von Ochanomizu, was soviel wie »Wasser für Tee« bedeutet – auch das Schullied zeugt davon: »Denk an das Tal des Tees ...« und so weiter – als ebensoschön wie einige berühmte Landstriche in China, aber das wird wohl leicht übertrieben gewesen sein.
Ein Absatz im Klassenbericht meiner Abschlußklasse aus dem Jahre 1927 handelt von der Landschaft um Ochanomizu und zugleich auch von mir, und zwar während meines ersten und zweiten Jahres in der Mittelschule. Da ein damaliger Freund ihn geschrieben hat, möchte ich hier daraus zitieren:

»Das Kanalufer bei Ochanomizu war mit üppigem Gras bewachsen, das einen Duft verströmte, den ich niemals vergessen werde. Die Uferlandschaft hatte etwas unbeschreiblich Melancholisches an sich. Wenn die Schule endlich aus war, ging ich durch das Tor (eigentlich nur ein kleiner Durchlaß, der wie ein Hintereingang aussah) hinaus in die Freiheit, überquerte die breite Straße, auf der die Stadtstraßenbahn bei Hongō Motomachi hielt, wartete dann auf einen günstigen Augenblick, schlüpfte an dem Schild mit der Aufschrift »Betreten verboten« vorbei und ver-

schwand im dichten Gebüsch der Uferböschung. Hier war ich endlich außer Sicht und konnte mir vorsichtig einen Weg die steile Böschung hinunter suchen. Hatte ich dann eine Stelle gefunden, die nicht so steil war, so daß man nicht Gefahr lief, auszurutschen und hinzufallen, warf ich meine Schultasche auf den Boden und streckte mich, die Tasche als Kopfkissen benutzend, im Gras aus.
Ging man weiter hinunter bis ans Wasser, so stieß man auf ein ebenes Stück, das gerade so breit war, daß eine einzelne Person dort entlanggehen konnte. Dort ging ich dann entlang bis in die Nähe von Suidōbashi, wo ich die Böschung wieder hinaufkletterte und auf die Uferstraße zurückkehrte...
Der einzige Grund, weshalb ich das tat, war der, daß ich nicht sofort nach Hause gehen wollte. Ein Freund, dem es genauso ging, war Akira Kurosawa. Zwei- oder dreimal kletterten wir gemeinsam die Uferböschung hinunter. Einmal stolperten wir fast über zwei Schlangen, die sich im Grase paarten. Einander umschlingend, schienen sie fast aufrecht zu stehen und jagten uns einen gehörigen Schrecken ein.
Akira Kurosawa war in allen Fächern schwach, ausgenommen Aufsatz und Kunst. Seine Arbeiten wurden oft in der Schulzeitung veröffentlicht. Eines der dort abgedruckten Bilder, ein Stilleben mit Früchten, hat einen bleibenden Eindruck bei mir hinterlassen. Das Original war gewiß noch eindrucksvoller. Wie ich höre, schenkte ihm unser stürmischer junger Lehrer Gorō Iwamatsu wegen seines Talentes besondere Aufmerksamkeit.
Im Sport waren Kurosawas Fähigkeiten gleich Null. Sollte er einen Klimmzug machen, hing er an der Stange, beide Füße von Anfang bis Ende fest im Sand verwurzelt. Das machte mir große Sorge. Auch seine Stimme war ausgesprochen mädchenhaft. Ich erinnere mich eines seltsam bittersüßen Gefühls, als ich einmal mit ihm die Uferböschung hinabkletterte, mich neben ihm ins Gras legte und dort, Schulter an Schulter mit diesem großen, blassen Jungen, hinauf in den Himmel starrte.«

Wenn ich dies lese, drängt sich mir doch der Schluß auf, daß ich in diesem Alter noch manche weichlichen Züge hatte. Der einzige Trost, den ich darin finden kann, ist der, daß meine »Konbeto-san«-Phase nur einfach süß und sanft gewesen war, während ich damals bereits »bittersüß« erschien – ich darf also annehmen, daß ich bereits ein wenig reifer geworden war.
Eines ist jedenfalls klar: Das Ich, das ich sehe, wenn ich an die Vergangen-

heit zurückdenke, und der Akira Kurosawa, an den andere sich erinnern, sind derartig verschieden, daß es mich schon unangenehm überrascht. Von dem Zeitpunkt an, da ich die stolze Haltung eines jungen Schwertkämpfers übernahm, sah ich mich selbst mit robuster Männlichkeit begabt. Was mag nur den Schreiber der obigen Zeilen veranlaßt haben, meine sportlichen Fähigkeiten bei »Null« einzustufen? Ich fühle den Drang, hier Widerspruch einzulegen.

Daß ich in meinen Armen keinerlei Kraft hatte und schlaff am Reck hing, ist die Wahrheit. Daß ich mich selbst nicht hochziehen konnte, ist gleichfalls wahr. Doch daß ich überhaupt keine sportlichen Fähigkeiten besessen hätte, ist falsch. Vielmehr war ich in all den Sportarten sehr gut, die keine besondere Muskelkraft in den Armen erfordern. Im Kendō-Schwertkampf, von dem oben die Rede war, erreichte ich den obersten Rang. Wenn ich im Baseball schlug, hatten die Fänger Angst vor meinem Ball, und wenn ich nicht schlug, war ich Zwischenspieler, und ich war bekannt für mein Geschick beim Fangen von Innenfeld-Bodenbällen. Beim Schwimmen lernte ich zwei japanische Schwimmstile und später noch den gerade eingeführten australischen Kraulschlag. Ich war nie ein sonderlich schneller Schwimmer, doch noch heute macht das Schwimmen mir keine Schwierigkeiten. Beim Golf ist, wie gesagt, mein Schlag nicht sehr gut, aber aufgegeben habe ich diesen Sport deshalb nicht.

Freilich sollte ich eigentlich nicht erstaunt sein, wenn meine ehemaligen Klassenkameraden mir sportliche Fähigkeiten absprechen. Den Sportunterricht in unserer Klasse erteilte ein ehemaliger Armeeoffizier, und der legte großen Wert auf jene Sportarten, die eine große Muskelkraft in den Armen erfordern. Er hatte ein rotes Gesicht; deshalb nannten wir ihn hinter seinem Rücken »Beefsteak«.

Einmal versuchte Beefsteak es mit einem Trick bei mir. Ich hing, wie gewohnt, kraftlos am Reck, da versuchte er, mich hinaufzuheben. Es gefiel mir gar nicht, daß man mich zwingen wollte, und so ließ ich die Stange los und fiel mit meinem ganzen Gewicht auf Beefsteak, so daß er in den Sand stürzte. Von Kopf bis Fuß mit Sand überzogen, sah Herr Beefsteak wie ein paniertes Kotelett aus.

Am Ende des Quartals gab es einen neuen Schulrekord zu verzeichnen; ich erhielt die Note Null in Leibeserziehung. Es war das erste Mal in der Geschichte der Keika-Mittelschule.

Doch noch etwas passierte mir in Herrn Beefsteaks Unterricht. Wir übten Hochsprung, und wer die Latte riß, mußte ausscheiden – es war ein Wettbewerb, bei dem geklärt werden sollte, wer als letzter übrigblieb,

wenn die Latte immer höher gelegt wurde. Ich kam an die Reihe und lief los; plötzlich brachen alle meine Klassenkameraden in Gelächter aus. Es war ein Gelächter, dem es ganz selbstverständlich war, daß ich die Latte, die nun direkt vor mir war, reißen würde. Doch ich segelte darüber hinweg. Alle schauten verdutzt drein.
Mit jeder Runde wurde die Latte höher gelegt; die Zahl der verbliebenen Wettkämpfer nahm ab, die der am Rande Stehenden wuchs; auch nach zahlreichen Durchgängen war ich noch im Rennen. Die Zuschauer wurden merkwürdig still. Und das Unmögliche geschah: Schließlich war ich als einziger übriggeblieben. Beefsteak und meine Klassenkameraden schauten ungläubig.
Wie war das möglich? Wie sah es aus, wenn ich die Latte anging? Bei den ersten Sprüngen hörte ich stets Kichern; ich muß also auf recht bizarre Weise gesprungen sein. Wenn ich heute daran zurückdenke, kann ich es immer noch nicht begreifen. War es ein Traum? Sollte der Junge, der im Sportunterricht immer wieder ausgelacht wurde, seinen Erfolg schließlich im Traum selbst erfunden haben?
Nein, es war kein Traum. Ich übersprang wirklich die Latte. Und ich tat es noch viele Male, nachdem ich schon als letzter übriggeblieben war. Ein Engel muß sich des Jungen mit der Null in Leibeserziehung erbarmt und ihm für einen Augenblick seine Flügel geliehen haben.

Eine lange rote Ziegelmauer

WENN ICH MEINE ERINNERUNGEN aus der Mittelschulzeit niederschreibe, darf ich die Ziegelmauer, von der die Waffenfabrik umgeben war, nicht auslassen. Jeden Tag ging ich auf meinem Schulweg daran vorbei. Das heißt, anfangs ging ich nicht, ich fuhr mit der Straßenbahn von der Haltestelle in Ōmagari, nicht weit von unserem Haus in Koishikawa Gokenchō, zum Bahnhof Iidabashi, stieg dort um in die Straßenbahn nach Motomachi, und von dort ging ich dann zu Fuß zur Schule. Das tat ich jedoch nur einige Male, denn in dieser Straßenbahn hatte ich ein seltsames Erlebnis, und danach mochte ich nicht mehr damit fahren. Obwohl ich selbst daran schuld gewesen war, hatte ich nun Angst.
Die Morgenbahn war immer sehr voll. Die Menschen überfluteten die Plattform bei der Tür, wo der Schaffnerstand sich befand, und hingen in

Trauben außen an den Seiten der Bahn. Eines Tages hing auch ich dort auf der Fahrt von Ōmagari nach Iidabashi. Aus einem unüberlegten Entschluß heraus – ich hatte das Gefühl, alles im Leben sei töricht, langweilig und nichtig – ließ ich die Griffstange los.
Ich war zwischen zwei Studenten eingezwängt, die gleichfalls außerhalb des Wagens hingen. Wären sie nicht gewesen, wäre ich zu Boden gestürzt. Aber da ich nur mit einem Fuß auf dem Trittbrett stand, begann ich, nach hinten wegzugleiten.
Da stieß einer der Studenten einen Schrei aus und packte mich mit einer Hand bei den Schulterriemen meines Schulranzens. Den Rest des Weges nach Iidabashi hing ich am Arm dieses Studenten wie ein Fisch an der Angel. Ich hielt ganz still und starrte die ganze Zeit in das blasse, schreckerfüllte Gesicht dieses jungen Mannes.
Als wir in Iidabashi ankamen und abstiegen, holten die beiden Studenten tief Luft und fragten: »Was ist denn passiert?« Doch da ich selbst nicht recht verstand, was da eigentlich geschehen war, deutete ich nur rasch mit dem Kopf eine Verbeugung an und lief zu der Haltestelle hinüber, an der ich meine Anschlußbahn erreichen mußte. »Ist alles in Ordnung?« insistierten sie, und es schien, als wollten sie mir folgen. Ich lief, erreichte die Bahn nach Ochanomizu und sprang auf, als sie gerade abfuhr. Ich blickte über die Schulter nach den beiden Studenten zurück; sie standen da und blickten mir verwundert nach; ich selbst muß mich über mich wundern.
Danach vermied ich es, die Straßenbahn zu nehmen. Von meinen langen Fußmärschen zu Ochiais Fechtschule während der Grundschulzeit war ich es gewohnt, zu Fuß zu gehen. Und wenn ich das Fahrgeld sparte, konnte ich überdies einer neuen Leidenschaft frönen, die ich damals gerade entwikkelte: Ich konnte Bücher kaufen.
Ich ging morgens von zu Hause weg und folgte zunächst dem Edogawa bis an den Fuß der Iidabashi-Brücke. Von dort aus nahm ich die Straße, der auch die Straßenbahn folgte, und bog dann rechts ab. Etwas weiter ging es dann links ab, und ich kam an die lange rote Ziegelmauer der Waffenfabrik. Die Mauer schien sich endlos hinzuziehen. Wo sie aufhörte, begann Kōrakuen, der Garten des Tokyoter Wohnsitzes des Grafen Mito. Ging man daran entlang, so kam man nach einer Weile an die Suidōbashi-Kreuzung. In der linken jenseitigen Ecke stand ein riesiges Hinoki-Zypressen-Tor, wie man sie bei Herrenhäusern von Adligen fand. Von dieser Ecke aus ging es in einer leichten Steigung hinauf nach Ochanomizu, und diesen Weg ging ich jeden Tag. Dabei las ich beim Gehen unablässig.
Auf diesen Wegen las ich die japanischen Romanciers Ichiyō Higushi

(1872–1896), Doppo Kunikida (1871–1908), Sōseki Natsume (1867–1916) und den Russen Ivan Turgenev. Die Bücher lieh ich mir bei meinem Bruder oder bei meinen Schwestern, oder ich kaufte sie mir. Ob ich es verstand oder nicht, ich las alles, was ich in die Hände bekam.

Damals verstand ich nicht sonderlich viel von Menschen, aber ich hatte Sinn für Naturbeschreibungen. Eine Passage aus Turgenevs *Das Stelldichein (Aufzeichnungen eines Jägers),* in der die Landschaft beschrieben wird, las ich immer und immer wieder: »Die Blätter rauschten leise über meinem Kopf; schon an ihrem Rauschen konnte man erkennen, welche Jahreszeit war.«

Weil ich damals mit solcher Freude Naturbeschreibungen las, ließ ich mich von ihnen beeinflussen. Später schrieb ich einmal einen Aufsatz, von dem mein Japanischlehrer sagte, er sei der beste seit Gründung der Keika-Mittelgeschule gewesen. Doch wenn ich ihn heute nochmals lese, kommt er mir so geschraubt und prätentiös vor, daß ich vor Scham erröte.

Rückblickend frage ich mich, weshalb ich niemals über diese lange rote Mauer geschrieben habe, die ich morgens zu meiner Linken und nachmittags zu meiner Rechten hatte und an der ich entlangging, als würde ich von einem Strom getragen. Im Winter schütze sie mich vor dem Wind, aber im Sommer litt ich unter der Hitze der gleißenden Sonne, die sie zurückstrahlte. Wenn ich nun heute versuche, von dieser Mauer zu schreiben, dann stelle ich fest, daß ich es nicht mehr kann. Und als das große Erdbeben ganz Kantō erschütterte, stürzte sie um; heute ist kein Stein mehr von ihr zu sehen.

1. September 1923

ES WAR EIN DÜSTERER TAG für mich gewesen, denn tags zuvor waren die Sommerferien zu Ende gegangen. Für die meisten Schüler war der Schulbeginn Anlaß zu großer Freude. Nicht so für mich. Es war auch der Tag, an dem die Feier zur Eröffnung des zweiten Schulquartals stattfand, und diese Feier war mir zuwider.

Als die Feier zu Ende war, machte ich mich auf den Weg ins Kyōbashi-Viertel, wo sich Maruzen, Japans größte Buchhandlung für ausländische Bücher, befand. Meine Schwester hatte mich gebeten, ihr ein Buch in

westlicher Sprache zu besorgen. Doch als ich dort ankam, hatte die Buchhandlung noch geschlossen. Das vergrößerte noch meinen Ärger; ich machte mich auf den Heimweg und nahm mir vor, am Nachmittag nochmals wiederzukommen.
Zwei Stunden später sollte des Maruzen-Gebäude zerstört sein; das erschreckende Photo dieser Ruine ging später um die Welt – als Beleg für die Zerstörung, die das große Kantō-Erdbeben angerichtet hatte. Natürlich frage ich mich, was wohl aus mir geworden wäre, hätte die Buchhandlung an diesem Morgen nicht geschlossen gehabt. Wahrscheinlich hätte ich keine zwei Stunden gebraucht, um nach dem Buch für meine Schwester zu suchen, so daß ich wohl kaum von den Trümmern des einstürzenden Maruzen-Gebäudes begraben worden wäre. Aber wie hätte ich dem schrecklichen Feuer entgehen sollen, das nach dem Erdbeben im Zentrum von Tokyo wütete?
Der Tag des großen Erdbebens hatte mit einer wolkenlosen Dämmerung begonnen. Die drückende Hitze des Sommers hielt noch an und machte jedermann zu schaffen, doch in der Klarheit dieses blauen Himmels kündete sich bereits der Herbst an. Und dann, gegen elf Uhr morgens, kam plötzlich und ohne jede Vorwarnung ein heftiger Wind auf. Er war so stark, daß er meine selbstgemachte, wie ein Vogel geformte Wetterfahne vom Dach fegte. Ich weiß nicht, in welchem Zusammenhang dieser Wind mit dem Erdbeben gestanden haben mag, aber ich erinnere mich noch, daß ich aufs Dach kletterte, um die Wetterfahne wieder anzubringen, daß ich hinauf zum Himmel schaute und dachte: »Wie seltsam.«
Kurz vor dem historischen Beben war ich aus Kyōbashi zurückgekehrt und spielte nun mit einem Freund aus der Nachbarschaft auf der Straße vor unserem Haus. Gegenüber befand sich ein Leihhaus. Wir hockten im Schatten des Lagerschuppens und warfen mit Kieselsteinen nach einer roten koreanischen Kuh, die am Tor unseres Hauses angebunden war. Diese Kuh gehörte unserem Nachbarn; er benutzte sie zum Ziehen seines Karrens, mit dem er Futter für seine Schweinezucht in Higashi Nakano, damals ein ländlicher Vorort von Tokyo, transportierte. Am Abend zuvor hatte er sie aus irgendeinem Grunde in dem engen Durchgang zwischen unseren beiden Häusern angebunden stehenlassen, und sie hatte die ganze Nacht lautstark gemuht. Deshalb hatte ich nicht gut schlafen können und warf nun mit Steinen nach dem verdammten Biest.
In diesem Augenblick hörte ich ein rumpelndes Geräusch, das aus der Erde zu kommen schien. Ich trug die Holzpantinen mit den dicken Sohlen, und da ich nach der Kuh warf, bewegte ich meinen Körper, so daß

ich das Beben der Erde nicht bemerkte. Dagegen bemerkte ich, daß mein Freund, der neben mir gehockt hatte, plötzlich wie ein Pfeil in die Höhe schoß. Als ich zu ihm aufblickte, sah ich, daß die Wand des Lagerhauses hinter ihm wankte und umzustürzen begann – auf uns zu. Auch ich sprang eilends auf.

Da ich die hohen Holzpantinen trug, konnte ich auf dem schwankenden Boden nicht das Gleichgewicht halten; deshalb zog ich sie aus und nahm sie in die Hand. Wie auf einem Schiff bei schwerem Seegang torkelte und lief ich zu meinem Freund hinüber, der sich mit beiden Armen an einen Telegrafenmast klammerte. Ich tat es ihm nach. Auch der Mast schwankte wie verrückt. Und tatsächlich zerriß er die Drähte in tausend Stücke.

Dann begannen die beiden Lagerhäuser, die zu dem Leihhaus gehörten, vor unseren Augen ihre Häute abzuschütteln. Sie erbebten und warfen ihre Dachziegel ab; darauf folgten die dicken Wände. Im Nu standen nur noch die Skelette der hölzernen Rahmen dort. Doch nicht nur den beiden Lagerhäusern erging es so. Auf allen Häusern begannen die Dachziegel zu tanzen, als hätte man sie auf einen Rätter gelegt, und stürzten herunter. In dem dichten Staub kamen die Dachbalken zum Vorschein.

Es ist schon bemerkenswert, wie gut japanische Häuser gebaut sind. In dieser Situation wird das Dach erleichtert und das Haus stürzt nicht ein. Ich weiß noch, daß ich dies dachte, als ich dort an den heftig schwankenden Telegrafenmast geklammert stand. Aber das heißt nicht, daß ich ruhig und gefaßt gewesen wäre. Die Menschen sind schon seltsame Wesen – ist der Schrecken zu groß, so bleibt ein Teil des Gehirns oft gänzlich unberührt davon und denkt Dinge, die in keinerlei Zusammenhang mit der Gefahr stehen. Doch mein armer Verstand, der in diesem Augenblick noch über die japanische Hausarchitektur und deren Erdbebenbeständigkeit nachdachte, wurde schon im nächsten Augenblick von heftigster Sorge um meine Familie ergriffen. Ich machte mich auf einen halsbrecherischen Lauf nach Hause.

Das Eingangstor hatte die Hälfte seines Daches eingebüßt, aber es stand noch fest und kerzengerade. Doch den Steinweg vom Tor zum Eingang unseres Hauses versperrte ein Berg von Dachziegeln, die von den Gebäuden beiderseits des Weges herabgestürzt waren. Ich konnte den Eingang kaum sehen. Die übrigen Mitglieder meiner Familie mußten alle tot sein.

Seltsamerweise war das Gefühl, das mich in diesem Augenblick überkam, keine Trauer, sondern eine tiefe Resignation. Ich war also nun ganz allein in der Welt. Ich blickte mich um und fragte mich, was ich nun tun solle, da sah ich, wie der Freund, den ich eben an der Telegrafenstange zurückgelassen hatte, mit seiner ganzen Familie aus dem Haus stürmte. Sie standen in einer Gruppe mitten auf der Straße. Ich dachte mir, unter diesen Umständen bliebe mir nichts anderes übrig, als bei meinem Freund zu bleiben, und ging zu ihnen hinüber.

Als ich sie erreichte, setzte der Vater meines Freundes an, mir etwas zu sagen, aber plötzlich hielt er inne. Er ging an mir vorbei und starrte in Richtung unseres Hauseinganges. Ich drehte mich um und folgte seinem Blick. Da traten gerade sämtliche Mitglieder meiner Familie aus dem Vordertor heraus. Ich rannte wie besessen. Die ich tot geglaubt hatte, waren nicht nur wohlauf; sie schienen sich auch um meinetwillen geängstigt zu haben. Als ich zu ihnen lief, begrüßten sie mich mit einem deutlichen Zeichen der Erleichterung auf ihren Gesichtern.

Nun sollte man meinen, ich wäre in Tränen ausgebrochen, als ich zu ihnen lief. Doch ich weinte nicht, ja, ich konnte nicht weinen. Es war mir unmöglich zu weinen, denn mein Bruder begann mich sogleich zur Vergeltung auszuschimpfen: »Akira! Was soll das denn bedeuten? Läufst hier barfuß herum – welche Schlampigkeit.« Ich sah hin und stellte fest, daß Vater, Mutter, Bruder und Schwestern sämtlich ihre Holzpantinen an den Füßen trugen. Rasch lief ich zurück, um mir meine Pantinen anzuziehen; ich schämte mich ganz schrecklich. Aus meiner ganzen Familie war ich der einzige, der sich nicht korrekt verhalten hatte. Ich hatte den Eindruck, als wären mein Vater, meine Mutter und meine Schwestern nicht im geringsten verwirrt. Und mein Bruder behielt nicht nur die Ruhe angesichts des großen Kantō-Erdbebens, ihm schien es sogar Spaß zu machen.

Dunkelheit und menschliche Natur

DAS GROSSE ERDBEBEN in Kantō war ein schreckliches Erlebnis, aber auch eine überaus wichtige Erfahrung für mich. Durch dieses Ereignis lernte ich nicht nur die außergewöhnlichen Kräfte der Natur kennen, sondern auch gleichermaßen außergewöhnliche Dinge, die in den Tiefen des menschlichen Herzens schlummern. Zunächst einmal überwältigte mich das Erdbeben, indem es meine Umgebung ganz unvermittelt verwandelte.

Die Straße auf der anderen Seite des Edogawa, auf der die Straßenbahn fuhr, wurde schwer beschädigt und zeigte zahlreiche Risse. Der Boden des Flusses hatte sich gehoben, so daß nun neue Schlamminseln sichtbar waren. Völlig eingestürzte Häuser sah ich in unserem Wohnbezirk nicht; nur hier und da standen einige schief. Das ganze Edogawa-Viertel war in eine tanzende, wirbelnde Staubwolke gehüllt, deren Grau der Sonne eine Fahlheit verlieh, wie man sie sonst nur bei einer Sonnenfinsternis erlebt. Die Menschen, die links und rechts von mir in dieser Szene standen, sahen wahrhaftig aus wie aus der Hölle Geflohene, und die ganze Landschaft nahm ein bizarres, unheimliches Aussehen an. Ich stand dort und hielt mich an einem der jungen Kirschbäume fest, die am Ufer des Flusses gepflanzt waren; ich zitterte immer noch, als ich auf diese Szene starrte, und dachte: »Das muß das Ende der Welt sein.«

Was danach noch an diesem Tage geschah, weiß ich nicht mehr genau. Ich erinnere mich jedoch, daß die Erde unablässig weiter bebte. Und ich erinnere mich, daß schließlich im Osten ein gewaltiger Rauchpilz erschien, sich immer höher auftürmte und bald die Hälfte des Himmels mit dem Rauch von jenem Feuer füllte, das den Stadtkern von Tokyo verschlang.

In dieser Nacht war das auf einem Hügel gelegene Yama-no-te-Viertel, in dem wir lebten und das vom Feuer verschont geblieben war, natürlich wie ganz Tokyo ohne elektrischen Strom. Nirgends waren Lampen zu sehen, doch das Feuer, das in den tiefergelegenen Stadtteilen wütete, tauchte die umliegenden Hänge in ein unerwartetes Licht. In dieser Nacht waren alle Haushalte noch mit Kerzen versorgt, so daß niemand sich wegen der Dunkelheit ängstigte. Schrecken verbreiteten dagegen die Geräusche, die aus der Waffenfabrik drangen.

Das Gelände der Waffenfabrik war, wie erwähnt, von einer langen Mauer aus roten Ziegeln umgeben; darinnen standen in mehreren Reihen die hohen Ziegelbauten der Fabrikgebäude. Dieser Fabrikkomplex wirkte nun unverhofft als Barriere gegen das Feuer, das den Hang heraufzog, und rettete das gesamte Yama-no-te-Viertel. Allerdings wurde die Waffenfabrik selbst, in der ja auch Sprengstoff gelagert war, offenbar von der Hitze der Flammen in Mitleidenschaft gezogen, die ihren Weg von Kanda nach Suidōbashi suchten. Von Zeit zu Zeit entzündete sich wahrscheinlich irgendwelche Munition, und eine Feuersäule schoß aus dem Fabrikgelände empor, begleitet von einem schrecklichen Getöse. Dieser Lärm war es, der die Menschen entnervte.

In unserer Nachbarschaft gab es einen Mann, der behauptete – ob er selbst daran glaubte, weiß ich nicht –, dieser Lärm stamme von Vulkanausbrüchen auf der Halbinsel Izu, die mehr als 150 km südlich von Tokyo gelegen ist. Dies sei der Beginn einer Kette von Eruptionen, die sich nach Norden in unsere Richtung fortsetze. »Wenn es zum Schlimmsten kommt«, erklärte er, »packe ich zusammen, was ich brauche, und mache mich mit dem Ding hier davon.« Dabei zeigte er stolz einen Milchwagen her, den er irgendwo verlassen aufgefunden hatte.

Diese kleine Geschichte hat ihren Reiz und tut letztlich niemandem weh. Wirklich erschreckend ist dagegen, daß die Angst die Menschen in ihrem rechten Tun aus der Bahn zu werfen vermag. Als die Brände unten in der Stadt abgeklungen waren, hatte jedermann seinen Vorrat an Haushaltskerzen verbraucht, und die Welt versank wirklich im Dunkel der Nacht. Menschen, denen diese Dunkelheit Furcht einflößte, ließen sich von den schlimmsten Demagogen verführen und zu unglaublich rücksichtslosem Unrecht hinreißen. Man kann sich gar nicht vorstellen, welch unaussprechlichen Schrecken vollständige Dunkelheit über Menschen zu bringen vermag, die so etwas noch nicht erlebt haben – einen Schrecken, der jegliche Vernunft ausschaltet. Wenn man links und rechts schlechterdings nichts mehr erkennen kann, so führt dies zu einer ernsthaften Demoralisierung und Verwirrung. Ein altes Sprichwort sagt ganz richtig: »Die Angst bevölkert die Dunkelheit mit Ungeheuern.«

Das Massaker an koreanischen Einwohnern von Tokyo, zu dem es im Gefolge des großen Erdbebens kam, wurde von Demagogen ausgelöst, die die Angst der Menschen vor der Dunkelheit geschickt ausnutzten. Mit eigenen Augen habe ich gesehen, wie ein Mob – erwachsene Menschen mit wutverzerrten Gesichtern – in voller Verwirrung wie eine Lawine daherkam; man schrie »Hierher! Nein, hierhier!« Sie machten Jagd auf einen bärtigen Mann, von dem sie wegen des starken Bartwuchses glaubten, er könne kein Japaner sein.

Wir selbst begaben uns auf die Suche nach Verwandten, die durch die Brände im Bezirk Ueno alles verloren hatten. Bloß weil mein Vater einen Vollbart trug, wurde er von einem mit Knüppeln bewaffneten Mob eingeschlossen. Mein Herz schlug mir bis zum Halse, als ich zu meinem Bruder hinüberblickte, der bei ihm war. Auf seinen Lippen spielte ein sarkastisches Lächeln. In diesem Augenblick donnerte mein Vater ärgerlich: »Idioten!« Und unterwürfig zerstreute sich die Menge.

In unserer Nachbarschaft mußte jeder Haushalt eine Person abstellen, die des Nachts Wache stand. Mein Bruder jedoch fand die ganze Idee lächerlich und machte keinerlei Anstalten, sich daran zu beteiligen. Da ich

keinen anderen Ausweg sah, nahm ich mein Holzschwert, und man führte mich zu einem Abflußrohr, durch das selbst eine Katze sich nur mit Mühe hätte hindurchzwängen können. Dort postierte man mich mit der Bemerkung: »Hier könnten sich vielleicht Koreaner einschleichen.«
Ich erinnere mich sogar an einen noch lächerlicheren Vorfall. Man sagte uns, wir sollten das Wasser aus einem der Brunnen in unserer Nachbarschaft nicht trinken. Der Grund für diese Warnung lag in einem merkwürdigen Schriftzug, den jemand mit weißer Kreide auf die Brunnenmauer gemalt hatte. Man hielt ihn für einen koreanischen Kode, der anzeigen sollte, daß dieser Brunnen vergiftet sei. Ich war verblüfft. Die Wahrheit war, daß ich selbst diese Zeichen gekritzelt hatte. Angesichts der Tatsache, daß erwachsene Menschen zu solchem Verhalten fähig sind, konnte ich nur den Kopf schütteln und mich wundern, was es mit uns Menschen wohl auf sich hat.

Ein entsetzlicher Ausflug

ALS DER HOLOCAUST sein Ende gefunden hatte, sagte mein Bruder mir in einem Tonfall, der seine Ungeduld verriet: »Komm Akira, wir sehen uns die Trümmer an.« Ich schloß mich meinem Bruder mit jener Fröhlichkeit an, die man auf einem Schulausflug empfindet. Doch als mir langsam dämmerte, wie entsetzlich dieser Ausflug werden würde, und ich versuchte, einen Rückzieher zu machen, da war es bereits zu spät. Mein Bruder ignorierte mein Zögern und zog mich mit sich fort. Einen ganzen Tag lang führte er mich durch das riesige Gebiet, das vom Feuer zerstört worden war, und während ich vor Angst zitterte, zeigte er mir eine Unzahl von Leichen.
Zunächst sahen wir nur vereinzelt einen verkohlten Körper, doch als wir uns den tiefergelegenen Stadtteilen näherten, wuchs die Zahl rasch an. Mein Bruder nahm mich bei der Hand und ging entschlossen weiter. Soweit das Auge reichte, war die verbrannte Landschaft ringsumher von braunroter Farbe. Die Feuersbrunst hatte alles, was aus Holz gebaut war, in Asche verwandelt, die nun der Wind gelegentlich aufwirbelte. Es sah aus wie eine rote Wüste.
Inmitten dieser gewaltigen Fläche aus ekelerregendem Rot lagen alle nur vorstellbaren Arten von Leichen. Ich sah schwarz verkohlte und halb

verbrannte Leichen, Leichen im Rinnstein, Leichen, die im Fluß trieben, Leichen, die sich auf Brücken zu Bergen türmten, Leichen auf einer Kreuzung, die eine ganze Straße versperrten, Leichen, die jede erdenkliche Todesart für menschliche Wesen aufzeigten. Wenn ich unwillkürlich wegblickte, schalt mein Bruder mich: »Akira, schau dir das jetzt genau an!«

Ich verstand nicht, was mein Bruder damit bezweckte, und konnte ihm nur verübeln, daß er mich zwang, diesen fürchterlichen Anblick zu ertragen. Am schlimmsten war es, als wir am Ufer des rotgefärbten Sumidagawa-Flusses standen und auf die Unmassen von Leichen hinunterblickten, die der Fluß gegen das Ufer drängte. Ich fühlte, wie ich ohnmächtig wurde und meine Knie nachgaben; doch mein Bruder packte mich beim Kragen und zog mich hoch. Und wieder mahnte er: »Akira, schau dir das genau an!«

Es blieb mir nichts anderes übrig, als die Zähne zusammenzupressen und hinzuschauen. Selbst wenn ich versucht hätte, meine Augen zu schließen, hätte diese Szene sich für immer auf der Rückseite meine Augenlider eingebrannt. Als ich mich solcherart selbst davon überzeugte, daß es unvermeidlich sei, fühlte ich mich etwas ruhiger. Aber es ist mir unmöglich, den Schrecken, den ich sah, angemessen zu beschreiben. Ich erinnere mich, daß ich dachte, der See von Blut, den es nach buddhistischer Auffassung in der Hölle gibt, könne beileibe nicht so fürchterlich sein wie dies.

Ich habe geschrieben, der Sumidagawa sei rot verfärbt gewesen, doch es war kein Blutrot, sondern dasselbe helle Braunrot, das auch die übrige Landschaft zeigte, ein mit Weiß durchmischtes Rot wie das Auge eines verfaulten Fisches. Die Leichen, die im Fluß trieben, waren bis zum Bersten aufgeschwollen, und bei allen stand der Anus offen wie ein großes Fischmaul. Selbst Babies, die noch auf den Rücken ihrer Mütter gebunden waren, sahen so aus. Und alle schaukelten sanft und im Gleichklang auf den Wellen des Flusses.

So weit das Auge reichte, kein lebendiges Wesen. Das einzige Leben in dieser Landschaft waren mein Bruder und ich. Und diese beiden Wesen kamen mir so klein vor wie zwei Bohnen in all dieser Weite. Oder wir waren gleichfalls tot und standen vor den Toren der Hölle.

Mein Bruder führte mich anschließend in die weitläufigen Marktbezirke des Textilviertels. Hier hatten während des Erdbebens die meisten Menschen den Tod gefunden. Kein Winkel, der frei von Leichen gewesen wäre. Mancherorts türmten sich die Leichen zu kleinen Bergen auf. Auf

der Spitze eines dieser Berge saß ein verkohlter Leichnam in der Lotusstellung der Zen-Meditation. Die Täuschung war so vollkommen, daß man meinte, eine buddhistische Statue vor sich zu haben. Lange standen wir völlig reglos da und schauten hinauf. Dann sagte meine Bruder leise, als spräche er mit sich selbst: »Großartig, nicht?« Und ich empfand ebenso.
Inzwischen hatte ich so viele Leichen gesehen, daß ich sie zwischen all den verbrannten Dachziegeln und Steinen, die auf dem Boden verstreut lagen, kaum noch auszumachen vermochte. Eine seltsame Apathie hatte sich meiner bemächtigt. Mein Bruder sah mich an und sagte: »Ich glaube, wir gehen besser nach Hause.« Wir gingen zurück über den Sumidagawa und schlugen den Weg ins Ueno-Hirokōji-Viertel ein.
Nicht weit von der Hirokōji-Straße kamen wir auf ein weites, völlig ausgebranntes Areal, auf dem sich zahlreiche Menschen eingefunden hatten. Sie alle suchten emsig in den Trümmern. Mit einem bitteren Lächeln sagte mein Bruder: »Das sind die Reste des Schatzamtes. Akira, sollen wir uns einen goldenen Ring als Andenken mitnehmen?«
Doch ich stand reglos da, denn das Grün auf den Ueno-Hügeln hatte meinen Blick unwiderstehlich angezogen und hielt ihn fest. Wie viele Jahre war es her, seit ich zum letzten Mal einen grünen Baum gesehen hatte? So empfand ich in diesem Augenblick – als wäre ich nach langer Zeit endlich wieder an einen Ort gekommen, wo es Luft zum Atmen gab. Und ich atmete tief ein. Nicht die geringste Spur von Grün hatte es zwischen all den Trümmern gegeben. Bis dahin war mir nicht klar gewesen, wie kostbar Pflanzen sind.
Ich war mir vollkommen sicher, daß ich in der Nacht nach diesem entsetzlichen Ausflug entweder gar nicht würde schlafen können oder, falls es mir denn doch gelänge, mit schrecklichen Alpträumen zu rechnen hätte. Doch kaum hatte ich den Kopf aufs Kissen gelegt, da war es auch schon Morgen. Ich hatte wie ein Murmeltier geschlafen; an schlimme Träume konnte ich mich nicht erinnern. Das erschien mir so seltsam, daß ich meinen Bruder fragte, wie so etwas möglich sei. »Wenn du deine Augen vor einem schrecklichen Anblick verschließt, dann wird dich dieser Anblick am Ende stets ängstigen. Wenn du aber alles geradeheraus anschaust, gibt es gar nichts, wovor du Angst haben müßtest.« Wenn ich heute an diesen Ausflug zurückdenke, wird mir klar, daß er auch für meinen Bruder entsetzlich gewesen sein muß. Es war eine Expedition, auf der es galt, die Angst zu besiegen.

Geachtet und verehrt

AUCH DIE KEIKA-MITTELSCHULE in Ochanomizu war nach dem Erdbeben abgebrannt. Als ich die Trümmer meiner Schule sah, war mein erster Gedanke: »Bestimmt werden die Sommerferien verlängert«, und das freute mich. Wo ich dies niederschreibe, wird mir bewußt, wie gefühllos ich erscheinen muß; aber wenn ich die Gefühle eines nicht sonderlich brillanten Mittelschülers aufrichtig beschreiben soll, kommt eben so etwas heraus; daran läßt sich nichts ändern.

Ich habe mich stets offen zu meinen Fehlern bekannt. Wenn ich in der Schule etwas angestellt hatte und der Lehrer fragte, wer das gewesen sei, hob ich immer anstandslos die Hand. Der Lehrer nahm dann sein Notizbuch heraus und notierte eine Null in Betragen.

Als wir einmal einen neuen Lehrer bekamen, hielt ich es weiterhin ebenso mit meiner Aufrichtigkeit. Ich hob die Hand, als er fragte, wer das gewesen sei. Doch dieser neue Lehrer reagierte anders: Er sagte, es sei alles in Ordnung, weil ich nicht versucht hätte, meine Verantwortung zu leugnen. Er nahm sein Notizbuch heraus und notierte eine Hundert in Betragen.

Ich weiß nicht, welcher von beiden recht hatte, aber ich muß gestehen, der Lehrer, der mir die Hundert gab, gefiel mir besser. Es war derselbe, der einen meiner Aufsätze als den besten »seit Gründung der Keika-Mittelschule« gerühmt hatte: Herr Yōichi Ohara.

Damals hatte die Keika-Mittelschule eine ausgezeichnete Rate an Abgängern zu verzeichnen, die später zur Kaiserlichen Universität Tokyo (heute die Universität Tokyo) zugelassen wurden, und darauf war man sehr stolz. Herr Ohara sagte oft: »Selbst ein Gespenst würde an einer privaten Universität angenommen.« Heute ist das nicht mehr so einfach, aber einem Gespenst mit Geld gelingt es immer noch.)

Ich mochte meinen Japanischlehrer Herrn Ohara sehr, aber mir gefiel auch der Geschichtslehrer Herr Gorō Iwamatsu. Der Klassenbericht spricht davon, daß ich auch bei ihm einen Stein im Brett gehabt hätte. Er war ein wunderbarer Lehrer. Wirklich gute Lehrer wirken nicht wie Lehrer, und genau das traf auf diesen Mann zu. Wenn jemand während des Unterrichts aus dem Fenster schaute oder mit seinem Nachbarn flüsterte, warf Herr Iwamatsu mit einem Stück Kreide nach ihm. Er kam rasch in Rage und warf dann ein Stück nach dem anderen, so daß ihm immer schnell die Kreide ausging. Dann sagte er, ohne Kreide könne er

keinen Unterricht halten, lächelte und begann ein zwangloses Gespräch, und diese weitschweifigen Gespräche waren stets sehr viel lehrreicher, als ein Lehrbuch es jemals sein könnte.
Doch die wahrhaft himmlische Vollkommenheit der Persönlichkeit Herrn Iwamatsus zeigte sich erst in ihrem ganzen Glanze bei den Prüfungen zum Quartalsende. Die Klassenräume, in denen die Prüfungen stattfanden, wurden nacheinander von Lehrern besucht, die mit der Aufsicht betraut waren. Dabei achtete man besonders darauf, daß der aufsichtsführende Lehrer nichts mit dem jeweiligen Prüfungsthema zu tun hatte. Doch wenn Herr Iwamatsu zur Tür hereinkam, erfüllte schallender Beifall den Raum. Der Grund war der, daß Herr Iwamatsu schlechterdings nicht fähig war, etwas so Formelles zu tun, wie die Aufsicht bei einer Prüfung zu führen.
Wenn er sah, daß ein Schüler Kummer mit den Prüfungsfragen hatte, ging er zu ihm hin und schaute ihm über die Schulter. Und dann ereignete sich unausweichlich folgendes: Herr Iwamatsu sagte: »Was ist los? Kannst du das nicht? Paß auf, das geht so.« Und schon war er mitten drin. Dann ging es weiter: »Du hast es immer noch nicht verstanden? Dummkopf!« Daraufhin ging er an die Tafel und schrieb die ganze Lösung auf. »Jetzt hast du es begriffen, oder?« meinte er schließlich, und ohne Frage mußte nach einer so sorgfältigen Erklärung selbst der größte Idiot die Antwort verstanden haben. Ich bin sehr schwach in Mathematik, doch wenn Herr Iwamatsu bei den schriftlichen Prüfungen die Aufsicht führte, erreichte ich stets hundert Prozent.
Am Ende eines Quartals mußte ich einmal eine Geschichtsarbeit schreiben, in der zehn Fragen zu beantworten waren. Mit keiner der Fragen konnte ich etwas anfangen. Natürlich führte nicht Herr Iwamatsu die Aufsicht, da er ja das Fach lehrte, und so war ich schon bereit aufzugeben. Aber dann entschloß ich mich in meiner Verzweiflung doch, es einmal mit einer dieser Fragen zu versuchen: »Gib deine Eindrücke von den drei heiligen Schätzen des kaiserlichen Hofes wieder.«: Ich kritzelte drei Seiten mit irgendwelchem Unsinn voll, etwa in folgender Art: Ich habe schon viel von den drei Schätzen gehört, aber ich habe sie noch nie mit eigenen Augen gesehen, so daß ich nicht über meine Eindrücke schreiben kann. Zum Beispiel der legendäre heilige Yata-no-kagami-Spiegel – er ist so heilig, daß niemand ihn jemals sehen durfte; also kann es durchaus sein, daß er gar nicht rund ist, sondern quadratisch oder dreieckig. Ich kann nur über Dinge sprechen, die ich mit eigenen Augen gesehen habe, und ich glaube nur dann etwas, wenn es dafür einen Beleg gibt.

Es kam der Tag, da Herr Iwamatsu die Arbeiten durchgesehen hatte und sie den Schülern zurückgab. Mit lauter Stimme verkündete er: »Eine Arbeit ist dabei, die ist sehr merkwürdig. Sie beantwortet nur eine von den zehn Fragen, aber diese Antwort ist höchst interessant. Es ist das erste Mal, daß mir eine so originelle Antwort unterkommt. Der sie geschrieben hat, zeigt wirklich vielversprechende Ansätze. Hundert Prozent! Kurosawa!« Und er gab mir die Arbeit zurück. Sogleich wandten sich alle Augen mir zu. Ich wurde knallrot im Gesicht und sank in meinem Stuhl in mich zusammen; noch eine ganze Weile konnte ich mich nicht rühren.

Zu meiner Zeit gab es eine ganze Reihe solcher Lehrer, die einen freiheitlichen Geist und eine reich entfaltete Individualität pflegten. Im Vergleich dazu gibt es heute unter den Lehrern allzu viele Angestelltentypen. Und mehr noch als Angestelltentypen gibt es unter denen, die heute Lehrer werden, zu viele Bürokraten. Die Art von Erziehung, die diese Menschen ihren Schülern zuteil werden lassen, ist es nicht einmal wert, daß man sie verurteilt. Es ist schlechterdings nichts Interessantes daran. Kein Wunder, daß die Schüler ihre Zeit heutzutage lieber mit der Lektüre von Comicheften verbringen.

In der Grundschule hatte ich einen wunderbaren Lehrer in Herrn Tachikawa. In der Mittelschule hatte ich Herrn Ohara und Herrn Iwamatsu, die gleichfalls wunderbare Lehrer waren. Sie verstanden meine individuellen Qualitäten und ermutigten mich, sie zu entfalten. Ich hatte wirklich großes Glück mit meinen Lehrern.

Als ich später in die Welt des Films eintrat, hatte ich das Glück, in »Yama-san« (dem Filmregisseur Kajirō Yamamoto, 1902–1973) einen ausgezeichneten Lehrer zu finden. Wärmste Ermutigung ließ mir auch der Regisseur Mansaku Itami (1900–1945) zukommen, und bei dem ausgezeichneten Produzenten Nobuyoshi Morita erhielt ich eine exzellente Ausbildung. Daneben gibt es noch zahlreiche andere Regisseure, die ich als Lehrer verehre: Yasujirō Shimazu (1897–1945), Sadao Yamanaka (1909–1938), Kenji Mizoguchi, Yasujirō Ozu und Mikio Naruse. Wenn ich an diese Menschen denke, möchte ich am liebsten jenes alte Lied anstimmen: »Wir singen Dank unsern Lehrern für ihre Güte, die wir geachtet und verehrt ...« Doch keiner von ihnen kann es nun mehr hören.

Meine rebellische Phase

IN MEINEM ZWEITEN Mittelschuljahr, nach dem großen Erdbeben, wurde ich zu einem unverbesserlichen Lausbuben, der nichts anderes im Sinn hatte, als Streiche auszuhecken. Da das Gebäude der Keika-Mittelschule niedergebrannt war, zogen wir um in die angemieteten Räume einer Technikerschule nahe Ushigome-Kagurazaka. Zu der Zeit war dies noch eine Abendschule, so daß die Räume tagsüber gewöhnlich ungenutzt waren. Dennoch pferchte man alle vier Klassen des zweiten Schuljahres im Auditorium zusammen, statt sie auf verschiedene Klassenzimmer zu verteilen. Für die Schüler auf den hinteren Plätzen sah der Lehrer auf dem Podium nicht nur wie ein Zwerg aus, auch seine Stimme war kaum noch zu hören. Da ich meinen Platz in einer der hinteren Reihen hatte, verbrachte ich weit mehr Zeit mit Unsinnmachen als mit Lernen.

Als die Schule ein Jahr später an einem anderen Ort in der Nähe von Shirayama wiederaufgebaut worden war, ließ mein Hang zu Lausbübereien dennoch nicht nach, ja, er wurde gar noch stärker. In der Technikerschule waren meine Streiche noch recht unbedeutend und harmlos gewesen. Doch nun, in der neuen Schule, stellte ich Sachen an, die schon alarmierend waren. So mischte ich einmal die Ingredienzien von Dynamit zusammen; die Formel hatten wir im Chemieunterricht gelernt. Im Labor füllte ich dieses Gemisch vorsichtig in eine Bierflasche, die ich dann dem Lehrer aufs Pult stellte. Als er hörte, was da in der Flasche war, wurde er kreideweiß im Gesicht, nahm die Flasche behutsam auf, trug sie hinaus in den Schulgarten und versenkte sie dort im Teich. Soweit ich weiß, ruht sie heute noch friedlich auf dem Grunde des Teiches der Keika-Mittelschule.

Ein andermal dachte ich mir, ein Junge in meiner Klasse, dessen Vater Mathematiklehrer war, der selbst aber in Mathematik recht schlecht dastand, werde die Fragen der Abschlußprüfung wahrscheinlich im voraus erfahren. Ich sammelte ein paar Freunde um mich, und wir führten ihn hinter das Schulgebäude. Zunächst beteuerte er, nichts zu wissen, doch schließlich bekamen wir sämtliche Fragen aus ihm heraus. Wir gaben sie an alle unser Klassenkameraden weiter, und bei der Prüfung erreichte die ganze Klasse einhundert Prozent. Natürlich erregte diese Erfolgsquote den Verdacht des Lehrers, und nun nahm der seinen Sohn ins Gebet. Offenbar hatte er Erfolg damit, denn die ganze Klasse mußte die Prüfung wiederholen. Das Ergebnis dieser zweiten Prüfung war, daß der Sohn des Lehrers durchfiel, und mir erging es genauso.

Als ich erst einmal für meine Streiche bekannt war, wurde ich auch für Dinge verantwortlich gemacht, mit denen ich nichts zu tun hatte. In berechtigter Empörung lief ich mit meinen spikebesetzten Baseballschuhen über sämtliche Pulte im Vortragsraum. Doch das war so extrem, daß ich mich nicht dazu bekannte; anschließend konnte ich überrascht feststellen, daß meine Noten in Betragen sich verbesserten.
Gegen Ende des dritten Mittelschuljahres wurde die militärische Ausbildung regulärer Bestandteil des Lehrplans. Ein echter Hauptmann des Heeres war unserer Schule zugewiesen; zwischen ihm und mir standen die Dinge nicht gut.
Eines Tages zeigte mir ein Freund, der ebenso wie ich gerne Unsinn anstellte, eine Blechdose, die er bei sich hatte. Sie sei vollgefüllt mit Schießpulver aus den Patronen, die wir bei unseren Schießübungen benutzten, erklärte er mir. Er war davon überzeugt, daß es einen wundervollen Lärm machen werde, wenn jemand das Pulver zur Explosion brächte, aber er fand niemanden, der den Mut gehabt hätte, es zu versuchen. Als ich ihm vorschlug, es doch selbst einmal zu versuchen, erwiderte er, er habe auch nicht den Mut dazu, und schlug nun seinerseits vor: »Wie ist es denn mit dir, Kuro-chan?«
Einer solchen Herausforderung konnte ich mich schlecht entziehen. »Gut«, sagte ich und stellte die Büchse an den Fuß des Treppenaufgangs im Schulgebäude. Ich suchte mir einen großen Stein, ging damit in den ersten Stock und ließ ihn auf die Büchse fallen. Der Knall war wahrhaft betäubend – sehr viel lauter, als wir erwartet hatten.
Noch bevor das Echo an den Betonwänden gänzlich verhallt war, stürzte sich der Hauptmann voller Wut auf mich. Ich war kein Soldat; deshalb konnte er mich nicht schlagen, aber er packte mich und schleppte mich zum Büro des Direktors. Dort putzte er mich herunter und überschüttete mich mit einer Flut von Vorwürfen. Am nächsten Tag bestellte man meinen Vater in die Schule. Ich nehme an, daß seine ausgezeichnete militärische Laufbahn in dieser Sache einige Bedeutung hatte. Ich rechnete eigentlich damit, der Schule verwiesen zu werden; doch nichts dergleichen geschah, und auch weitere Disziplinarmaßnahmen blieben aus.
Ich erinnere mich nicht, daß mein Vater mich sonderlich ausgeschimpft hätte. Und obwohl der Direktor anwesend war, als der Hauptmann mich in seinem Büro herunterputzte, schien auch er nicht besonders böse auf mich zu sein. Wenn ich heute darüber nachdenke, komme ich zu dem Schluß, daß mein Vater und der Direktor beide Gegner einer militärischen Ausbildung in der Schule waren.

Es wird zwar gewiß Ausnahmen unter den Lehrern und Soldaten gegeben haben, doch insgesamt besteht ein beträchtlicher Unterschied der geistigen Einstellung zwischen der Meiji-Zeit – die von der militärischen und wirtschaftlichen Elite beherrscht wurde – und der Taishō- sowie der Shōwa-Zeit, die darauf folgten und durch ein hohes Maß an Fanatismus geprägt waren. Mein Vater stand ganz in der soldatischen Tradition der Meiji-Zeit, und er haßte den Sozialismus. Dennoch reagierte er mit Abscheu auf die Ermordung des international bekannten Anarchisten Sakae Ōsugi und anderer durch einen extremistischen Armeeangehörigen im Jahre 1923, und als der Mörder lediglich zu zehn Jahren Haft verurteilt wurde, da schimpfte er: »Dummköpfe! Was denken die sich dabei?«
Mein Verhältnis zu dem Hauptmann an der Keika-Schule ähnelte meiner Beziehung zu dem Nachfolger von Herrn Tachikawa an der Kuroda-Grundschule. Offenbar machte es ihm Spaß, mich vorzurufen und alles, was er uns beibringen wollte, an mir zu demonstrieren. Ich habe mich noch nie zum Modell geeignet, und er hatte Spaß daran, wenn ich etwas verpfuschte und mich lächerlich machte.
Ich dachte lange über diese Situation nach und schrieb schließlich in altmodischer, chinesisch geprägter Prosa eine Mitteilung in das Heft, das für die Korrespondenz zwischen Eltern und Lehrern bestimmt war. Der Text lautete etwa: »Dieses Kind hat ein Lungenleiden; es darf daher keine schweren Gegenstände, z. B. ein Gewehr, tragen.« Ich versah das Schreiben mit dem Stempel meines Vaters und gab es dem Hauptmann. Er machte zwar ein verdrießliches Gesicht, hielt sich aber an die darin mitgeteilte Entschuldigung. Von da an konnte er mich nicht mehr mißhandeln mit Kommandos wie »Ziel voraus. Hinknien und schießen!« oder »Feind von rechts. Hinlegen und schießen!«
Doch wenn ein Gewehr für mich zu schwer war, so mußte ein Säbel doch gerade recht sein. Also machte der Hauptmann sich daran, mich zum Zugführer auszubilden. Auf mein Kommando mußte meine ganze Klasse springen. Allerdings waren meine Befehle oft widersprüchlich, oder sie blieben ganz aus; das Ergebnis war jedesmal ausgesprochen komisch. Meine Klassenkameraden fanden es lustig, und so marschierten sie in die falsche Richtung, auch wenn meine Kommandos korrekt gewesen waren; und wenn ich falsche Befehle gab, machten sie sich einen Spaß daraus, sie demonstrativ auszuführen. Wenn ich z. B. »Vorwärts marsch!« kommandierte, hätten sie eigentlich die Gewehre schultern und losmarschieren müssen; statt dessen gingen sie los und schleiften die Gewehre auf dem Boden hinter sich her.

Besonderen Spaß machte es ihnen, wenn der ganze Zug auf eine Mauer zumarschierte. Geriet ich dann in Panik und befahl nicht zur rechten Zeit, die Richtung zu wechseln, liefen sie vergnügt gegen die Wand und traten lautstark mit den Stiefeln dagegen. In solchen Situationen trat ich dann beiseite und gab auf. Ganz gleich was der Hauptmann sagte, ich tat so, als bemerkte ich das alles nicht, und sagte gar nichts. Wenn meine Klassenkameraden das sahen, machte sie sich nur um so gewissenhafter an die Ausführung meines Befehls, und manche versuchten gar, die Wand hinaufzuklettern. Der Hauptmann stand entgeistert dabei, bis ich einen neuen Befehl gab.
Meine Klassenkameraden behaupteten, sie wollten damit nicht mich in Verlegenheit bringen, sondern den Hauptmann ärgern, weil er so ein gemeiner Kerl war. Das bewiesen sie denn auch überaus deutlich, als einmal der Inspekteur für die militärische Ausbildung in unsere Schule kam und wir vor ihm einen Übungsangriff auszuführen hatten. Während wir darauf warteten, daß wir an die Reihe kämen, sagte ich meinen Klassenkameraden: »Jetzt werden wir dem Hauptmann einmal zeigen, was eine Harke ist. Gerade vor dem Inspektor ist eine große Pfütze. Wenn wir dort sind, gebe ich das Kommando zum Hinlegen, und das machen dann auch alle; in Ordnung?« Alle nickten. Auf mein Kommando »Attacke« stürmten sie los, und als ich unmittelbar vor der Pfütze Hinlegen befahl, warfen sie sich aus vollem Lauf in den Dreck. Eine große Fontäne schoß auf und übergoß uns über und über mit Schlamm.
»Das reicht«, brüllte der Inspekteur. Ich schaute rasch zu unserem Hauptmann hinüber, der in Habachtstellung neben dem Inspekteur stand. Er sah aus, als hätte er in etwas hineingebissen, das er für einen Reiskuchen gehalten hatte, das sich nun aber als Pferdeapfel erwies. Das gespannte Verhältnis zwischen uns hielt bis zu meinem Schulabschluß an.
Heute habe ich den Eindruck, daß diese Beziehung den Kern meiner zweiten Trotzphase bildete. Offenbar konzentrierte ich all meinen jugendlichen Widerstand auf diesen einen Mann. Ich sage das, weil ich damals weder mit meiner Familie noch mit einem anderen Menschen im Streit lag – allein diesen Hauptmann traf die ganze Wucht meiner Feindseligkeit.
Als ich die Mittelschule abschloß, war ich der einzige in meiner Klasse, dem der Abschluß in der militärischen Ausbildung, also die Anwartschaft auf ein Offizierspatent, versagt wurde. Und da ich Angst vor dem hatte, was der Hauptmann mir bei der Abschlußfeier sagen würde, blieb ich zu Hause. Doch als ich später mein Abschlußzeugnis abholte und wieder aus

dem Tor auf die Straße trat, da wartete er dort auf mich. Er kam auf mich zu, stellte sich mir in den Weg und blitzte mich drohend an. »Verräter«, brüllte er. Passanten blieben verwundert stehen und schauten zu uns herüber. Aber ich war auf Beschimpfungen seinerseits vorbereitet und zögerte keinen Augenblick mit meiner Antwort: »Ich bin nicht mehr in der Keika-Schule. Als Offizier, der dieser Schule zugewiesen ist, haben Sie also weder das Recht noch die Pflicht, mir irgend etwas zu sagen. Schluß.« Sein Gesicht wechselte mehrfach die Farben, als wäre er ein Chamäleon. Ich hielt ihm mein aufgerolltes Abschlußzeugnis vor die Nase, kehrte ihm den Rücken und ging davon. Als ich mich nach einer Weile zu ihm umschaute, stand er immer noch bewegungslos da.

Ein fernes Dorf

DIE FAMILIE MEINES VATERS stammt aus Akita im nördlichen Teil von Honshu. Das ist wohl der Grund, weshalb mein Name bei der Tokyoter Landsmannschaft der Präfektur Akita registriert ist. Doch meine Mutter stammt aus Ōsaka, und ich selbst bin im Tokyoter Stadtbezirk Ōmori geboren, so daß ich wirklich nicht das Gefühl habe, daß ich aus der Präfektur Akita stammte oder daß dort in irgendeiner Weise meine Heimat wäre.

Als wäre Japan nicht schon klein genug; jedenfalls ist mir unbegreiflich, warum es notwendig sein soll, bei noch kleineren Einheiten anzufangen, wenn man an unser Land denkt. Ganz gleich, wo ich gewesen bin auf dieser Erde, nirgendwo habe ich mich wirklich fremd gefühlt, obwohl ich keine Fremdsprache beherrsche. Für mich ist die ganze Erde meine Heimat. Wenn alle Menschen so dächten, dann sähen sie vielleicht auch, wie unsinnig internationale Spannungen sind, und machten Schluß damit. Immerhin leben wir in einer Zeit, in der selbst das geozentrische Denken schon fast borniert ist. Die Menschen schießen Satelliten ins All und kleben immer noch an der Erde, den Blick wie streunende Hunde zu Boden gerichtet. Was soll nur aus unserem Planeten werden?

Die Heimat meines Vaters im Hinterland von Akita hat sich auf geradezu grausame Weise verändert. An dem Bach, der mitten durch das Dorf fließt, in dem mein Vater geboren wurde, blühten einstmals die herrlichsten Kräuter und Blumen; heute findet man dort nur noch Abfall:

Teetassen, Bierflaschen, Blechdosen, Gummischuhe und sogar Stiefel. Die Natur achtet auf ihr Aussehen; häßlich wird sie erst durch das Zutun von Menschen.

Als ich die Gegend von Akita in der Mittelschulzeit besuchte, waren die Menschen dort noch wahrhaft einfach. Die Landschaft gehörte nicht gerade zu den malerischsten, die man sich vorstellen kann; nein, sie war ausgesprochen gewöhnlich, und dennoch von einer schlichten Schönheit. Der Genauigkeit halber sei erwähnt, daß das Dorf, in dem mein Vater geboren wurde, Toyokawa heißt und im Bezirk Senboku-gun der Präfektur Akita liegt. Früher konnte man mit der Eisenbahn bis auf acht Kilometer an das Dorf heranfahren und mußte den Rest zu Fuß gehen. Ich erinnere mich, daß es auf der Bahnstrecke zwei Stationen mit seltsamen Namen gab; die eine hieß *Gosannen* (Drei Jahre danach), die andere *Zenkunen* (Neun Jahre davor). Die zweite Bahnstation existiert heute nicht mehr. Offenbar hatte man diese Örtlichkeiten nach berühmten Schlachten des Hachiman-Tarō-Klans benannt, der zur Verwandtschaft der mittelalterlichen Kriegerfamilie der Genji gehörte. Schaute man auf der linken Seite aus dem Zug, konnte man eine Hügelkette sehen, auf der nach der Legende Hachiman Tarō Yoshiie selbst sein Kriegslager aufgeschlagen hatte. Später erfuhr ich, daß diese weit zurückliegenden Ereignisse durchaus eine Beziehung zu mir hatten.

In meinem ganzen Leben habe ich den Geburtsort meines Vaters nur sechsmal besucht. Von diesen Besuchen fallen zwei in meine Mittelschulzeit; ein weiterer folgte in meinem dritten Studienjahr. Aber ich kann mich beim besten Willen nicht erinnern, wann die übrigen Male waren. Auch kann ich mich nicht mehr erinnern, was auf der zweiten Reise geschehen ist – dieses Reise hat sich in meiner Erinnerung unentwirrbar mit der ersten verbunden.

Wenn ich heute darüber nachdenke, dann glaube ich, der Grund liegt darin, daß dieses Dorf sich in all der Zeit zwischen meinen beiden Reisen überhaupt nicht verändert hatte. Die Häuser, Straßen, Bäche und Bäume, ja selbst die Gräser und Blumen waren so sehr dieselben geblieben, daß ich gar nicht die Möglichkeit habe, zwischen den beiden doch unterschiedlichen Erinnerungskomplexen zu unterscheiden. Es war, als wäre die Zeit selbst an den Menschen in diesem Dorf vorübergegangen, ohne irgendwelche Spuren zu hinterlassen, denn auch sie waren in ihrer Abgeschiedenheit völlig unverändert. Viele von ihnen hatten noch niemals »ausländische« Gerichte wie gebratenes Schweinekotelett oder Curryreis gegessen. Bonbons und Plätzchen konnte man in Toyokawa auch nicht kaufen,

denn es gab keinen Laden. Selbst der Grundschullehrer war noch nie in Tokyo gewesen. Er fragte mich einmal, wie die Menschen dort einander begrüßten – als spräche man in Tokyo ganz ohne Zweifel irgendeinen seltsamen, unverständlichen Dialekt.
Mit einem Brief meines Vaters versehen, klopfte ich an einem der Häuser im Dorf an. Der alte Mann, der an die Tür kam und mich nach meinem Begehr fragte, hörte einen Augenblick zu und eilte dann unvermittelt ins Haus zurück. An seiner Stelle erschien eine alte Frau und führte mich mit allergrößter Höflichkeit in das mit Tatami-Matten ausgelegte gute Zimmer, wo sie mich bat, auf dem Ehrenplatz, mit dem Rücken zur Bildernische, Platz zu nehmen. Dann verschwand auch sie.
Schließlich kam der alte Mann zurück; nun trug er seinen formellen schwarzen Kimono mit dem Familienwappen auf dem Rücken und die feierlichen Anlässen vorbehaltenen schwarzen Hakama-Hosen. Er kniete sich hin, verbeugte sich vor mir bis zum Boden, nahm ehrfurchtsvoll den Brief meines Vaters auf und begann zu lesen.
Am Abend desselben Tages saß ich wiederum als Ehrengast auf dem Ehrenplatz vor der Bildernische, und vor mir im Raum saßen alle Ältesten und Erwachsenen des Dorfes. Ein Trinkgelage begann. Ein jeder hielt den Dorftöchtern, die bei diesem Anlaß, aufs feinste herausgeputzt, bedienten, seine Saké-Schale hin. »Auf Tokyo«, sagte der erste und erhob seine Schale. »Tokyo«, sagte der zweite, »Tokyo« der dritte.
Während ich noch darüber nachdachte, was das wohl alles zu bedeuten habe, traten die Mädchen nacheinander auf mich zu, und schon reichte mir die erste ihre Saké-Schale. Ich nahm die Schale in die Hand, und sogleich goß sie Saké hinein. Da ich noch nie zuvor Saké getrunken hatte, betrachtete ich die Schale voller Unbehagen. Doch schon trat das zweite Mädchen heran, reichte mir ihre Schale und goß ein. Als die dritte folgte, gab ich auf und trank.
Es dauerte nicht lange, da trübte sich mein Blick, und die Stimmen, die da »Tokyo«, »Tokyo« sagten, wurden leiser und leiser wie ein Echo. Mein Herz begann wie rasend zu pochen. Ich konnte nicht länger stillsitzen; ich stand auf und wankte hinaus, wo ich in ein Reisfeld fiel.
Später begriff ich, daß »Tokyo« für »Auf den Gast aus Tokyo« stand und daß man mich ehren wollte. Sie hatten sich sicher nichts Schlechtes dabei gedacht, als sie einem Kind Saké zu trinken gaben; hier gab man schon den Babies Saké zu trinken. (Natürlich muß man sie frühzeitig daran gewöhnen.)
Nahe dem Hauptdurchgangsweg des Dorfes konnte man einen großen

Felsblock sehen, auf dem ständig Blumen lagen. Alle Kinder, die daran vorbeikamen, pflückten wilde Blumen und legten sie darauf. Ich wunderte mich darüber und fragte die Kinder, weshalb sie das taten; aber sie wußten es nicht. Als ich später dann einen alten Mann im Dorf danach fragte, erfuhr ich den Grund. Im Bürgerkrieg vor hundert Jahren war dort jemand gefallen. Aus Mitleid mit ihm hatten die Dörfler ihn bestattet, den Stein auf das Grab gesetzt und Blumen darauf niedergelegt. Die Blumengabe wurde zu einem Dorfbrauch, an dem die Kinder festhielten, ohne den Grund zu kennen.

Im Dorf lebte auch ein alter Mann, der Angst vor Gewittern hatte. Zog ein Gewitter auf, verkroch er sich unter einem großen Brett, das er an der Decke aufgehängt hatte und das den Blitz abhalten sollte. Dort hockte er, bis das Gewitter vorüber war.

Während eines Besuchs bei einem Bauern servierte man mir Fisch und Gemüse mit Miso-Bohnenpaste, die man in Muschelschalen gekocht hatte – eine Zubereitungsweise, die man in diesem Teil des Landes als *kaiyaki* bezeichnet. Beim Essen nahm er einen Schluck Saké und sagte mir in seinem breiten Dialekt: »Sie fragen sich vielleicht, was daran schön sein soll, in solch einem Loch zu hausen und solch einen Fraß zu essen. Ich kann's Ihnen sagen: Es ist schön, überhaupt zu leben.«

Was ich damals von der Lebensweise der Menschen in Toyokawa sah und hörte, war von erstaunlicher Schlichtheit, und es strahlte einen Frieden aus, der einen fast traurig stimmen konnte. Wenn ich heute daran zurückdenke, verlieren sich die Erinnerungen an diesen Ort wie das Bild eines Dorfes, das, vom Zugfenster aus betrachtet, immer kleiner und undeutlicher wird.

Der Familienstammbaum

IM DRITTEN MITTELSCHULJAHR schickte man mich während der Sommerferien zu unseren Verwandten in Toyokama, und zwar in die Familie des älteren Bruders meines Vaters. Der war allerdings schon gestorben, und so stand dessen ältester Sohn dem Hause vor.

Sie wohnten in einem ehemaligen Lagerhaus für Reis; das ursprüngliche Wohnhaus hatte man schon zu Großvaters Zeiten an den reichsten Mann in der Gegend verkauft. Als ich dort war, stand davon nicht einmal mehr

der Grundstein. Doch im Garten fanden sich noch manche Spuren der Vergangenheit.
Durch den Garten floß ein herrlich gewundener Bach. Sein Lauf führte ihn mitten durch die Küche und von dort weiter bis zu seiner Einmündung in den großen Bach neben dem Hauptdurchgangsweg. Man erzählte mir, früher habe man Frösche darin fangen können, und sie seien sogar bis in das Becken gekommen, daß den Lauf des Wassers in der Küche hemmte.
Der Bau, der ja einmal ein Reis-Lagerhaus gewesen war, hatte Deckenbalken, die so stark waren wie die tragenden Pfosten bei gewöhnlichen Wohnhäusern. Der Mittelpfosten dieses Hauses und die Pfosten, auf denen der Firstbalken ruhte, waren dick und mächtig, und die Bänder glänzten schwarz.
Mein Vater war auf den Gedanken gekommen, mich dorthin zu schicken. Er war der Ansicht, dies sei der richtige Ort, meine körperliche Schwäche durch Disziplin zu kurieren. In einem Brief an das dortige Familienoberhaupt hatte er meinen täglichen Stundenplan genau festgelegt, und seine Instruktionen waren mit äußerster Strenge auszuführen.
Für ein Stadtkind wie mich war es ein grausames Regime. Ich stand sehr früh am Morgen auf, und nachdem ich mein Frühstück eingenommen hatte, mußte ich sogleich aus dem Haus. Man gab mir ein Essenspaket mit jeweils zwei Mahlzeiten für zwei Personen mit. Diese Mahlzeiten bestanden nur aus Reis, Bohnenpaste und etwas eingelegtem Gemüse. Außerdem erhielt ich noch einen gußeisernen Topf. Draußen traf ich dann einen anderen Jungen, der im sechsten Schuljahr der Grundschule war und den seine Familie gleichfalls zu Verwandten nach Toyokama geschickt hatte. Dieser Junge hatte stets ein riesiges Fischnetz und einen kräftigen Stock bei sich.
Wenn wir außer Reis und Gemüse noch etwas anderes zu Mittag oder Abend essen wollten, mußten wir uns selbst Fische fangen. Der Stock, den der Sechstklässler trug, war eigentlich eher ein Holzstamm, an dessen unteres Ende man ein Querholz genagelt hatte. Mit diesem Brett sollten wir den Bachlauf versperren und dann die Fische mit dem Netz einfangen. Der Junge, der mich begleitete, war ein kräftiger Kerl, der den Stock eher wie einen Strohhalm trug; doch wenn ich den Stamm aufnahm, kam er mir schrecklich schwer vor. Es war schon ein hartes Stück Arbeit, wenn man damit den Bach sperren und Fische fangen wollte. Aber wir wollten auch nicht nur von Reis und Gemüse leben; also bequemten wir uns dazu, ihn – mit freilich mäßigem Erfolg – zu benutzen.

Der Sechstklässler war gerne bereit, das Netz zu handhaben, aber er weigerte sich standhaft, die Arbeit mit dem Stock zu übernehmen. »Keine Anweisung«, sagte er nur. Die Tatsache, daß die Instruktionen meines Vaters selbst in das Gehirn dieses Jungen eingedrungen waren, ließ mich nur staunen, und ich gab es auf, ihn umzustimmen.

Es war Sommer; deshalb aßen wir gewöhnlich im Wald, wo es kühl war. Als erstes suchten wir zwei Y-förmige Äste und steckten sie in den Boden. Dann legten wir eine Querstange darüber, hängten den Topf daran und machten Feuer. Der Topf war aus Gußeisen, aber darin lagen Muschelschalen mit Bohnenpaste, wie es für die Zubereitung von Fisch nach *kaiyaki*-Art üblich ist. Bei den Fischen handelte es sich zumeist um Karpfenarten. Wir gaben noch Kräuter und wildwachsende Gemüse, die wir dort fanden, hinzu. Zum Essen benutzten wir Stäbchen, die wir aus Ästen zurechtschnitten, und unsere Mahlzeiten waren unbeschreiblich delikat.

Fast hätte ich geschrieben, es sei das beste gewesen, was ich je gegessen habe, aber das wäre denn doch übertrieben. Dennoch fiele es mir schwer, zu entscheiden, was nun besser war: diese Mahlzeiten oder die kalten Reisbällchen, die ich sehr viel später, als ich ein begeisterter Bergsteiger geworden war, oben auf dem Gipfel der Berge verzehrt habe.

Zu Abend aßen wir gewöhnlich am Flußufer. Unter einem Himmel, den der Sonnenuntergang verfärbte, und angesichts der leuchtenden Spiegelungen auf dem Fluß schmeckte das Essen ganz anders, obwohl die Zutaten dieselben waren. Nach dem Essen machten wir uns auf den Heimweg und kamen dann bei völliger Dunkelheit zu Hause an. Sogleich nahm ich dann ein Bad, und anschließend wurde ich schläfrig. Wenn ich dann am verlöschenden Herdfeuer noch eine Tasse Tee trank, konnte ich kaum noch die Augen offenhalten und ging rasch ins Bett.

Mit Ausnahme der Regentage verbrachte ich den ganzen Sommer auf solche Weise wie ein Berg-Samurai. Langsam machte ich Fortschritte beim Fischen, und auch der Stock erschien mir bald schon nicht mehr ganz so schwer. Von Mal zu Mal drangen wir tiefer in die Berge ein, und auch unsere Zahl wuchs bald auf drei, vier und schließlich fünf, denn andere Kinder schlossen sich uns an.

Eines Tages kamen wir an einen Wasserfall. Das Wasser schoß aus einem Felstunnel in der Bergwand und stürzte gut zehn Meter in die Tiefe in ein Bassin. Das Bassin war nicht sonderlich groß, und daß Wasser floß von dort weiter den Berg hinab. Ich fragte die anderen Kinder, was am anderen Ende des Tunnels, durch den das Wasser kam, wohl sei. Sie alle

antworteten, das wisse niemand, weil noch niemand dort gewesen sei. »Dann werde ich es mir anschauen«, sagte ich darauf. Alle sahen mich mit Schrecken an und versuchten, mich von meinem Vorhaben abzubringen – schließlich sei nicht einmal ein Erwachsener jemals dort gewesen, darum müsse es wirklich sehr gefährlich sein. Doch mit diesen Einwänden wuchs nur meine Störrigkeit, und ich fühlte, daß ich unbedingt dorthin müsse.
Ich wehrte all die ungestümen Versuche, mich zurückzuhalten, ab und kletterte die Felswand hinauf. Ich kroch in die Öffnung, aus der das Wasser herausschoß; dabei stemmte ich beide Hände über meinem Kopf fest gegen die Tunneldecke und stellte die Füße beiderseits des Wasserstroms. Indem ich nun das Gewicht bei jedem Schritt von der einen auf die andere Seite verlagerte, arbeitete ich mich in Richtung auf das Licht am anderen Ende des Tunnels vor. Sobald ich Hände oder Füße bewegte, drohte ich auf dem feuchten, schlüpfrigen Moos auszurutschen, das die Tunnelwände bedeckte. Das Wasser, das durch den Tunnel strömte, machte einen ohrenbetäubenden, vielfach widerhallenden Lärm, der mich jedoch nicht sonderlich ängstigte.
Doch als ich am anderen Ende des Tunnels ankam, lockerte ich unwillkürlich meinen Griff, und im Nu war ich ins Wasser gefallen. Ich weiß nicht mehr, wie ich zurück durch den Tunnel gelangte, aber bevor ich auch nur einen Gedanken fassen konnte, war ich schon am Tunnelausgang und stürzte kopfüber hinunter in das Bassin. Offenbar blieb ich unverletzt, denn ich kam zurück an die Oberfläche und schwamm ans Ufer, wo die Kinder mich erschrocken, mit Augen so groß wie Untertassen, anstarrten.
Ich war froh, daß mich niemand fragte, wie es denn nun am anderen Ende des Tunnels aussähe, denn obwohl ich bis dorthin gelangt war, hatte ich nicht die Zeit gehabt, mich umzusehen.
Danach machte ich noch eine weitere Dummheit, von der die Dorfjungen sich beeindrucken ließen. Nicht weit vom Dorf floß ein recht großer Fluß namens Tamagawa. An einer Stelle nun bildete die Strömung einen gewaltigen Strudel. Wenn die Dorfkinder schwimmen gingen, waren sie so klug, diese Stelle sorgfältig zu meiden. Ich aber mußte mich wieder einmal hervortun und kündigte an, ich werde genau an dieser Stelle tauchen. Natürlich wurden alle blaß und versuchten, mich davon abzubringen. Aber ebenso natürlich bestärkte mich das nur in meinem Vorhaben, es ihnen zu zeigen.
Schließlich stellten die Jungen eine Bedingung, unter der sie es zulassen

wollten, daß ich den Strudel sprang. Sie wollten sämtliche Kimono-Gürtel zusammenknüpfen und mir dieses Seil um die Hüfte binden. Auf diese Weise konnten sie mich aus dem Wasser ziehen, falls etwas passierte. Doch gerade dieses Gürtelseil hätte mich beinahe das Leben gekostet.
Seit dem Beginn der Mittelschule hatte ich Schwimmunterricht im *kankairyū*-Stil genommen. Zu dieser Ausbildung hatte es gehört, unter einer großen Lasten-Dschunke hindurchzutauchen. Damals war genau das geschehen, was der Lehrer mir vorhergesagt hatte. Als ich unter der Mitte des Schiffsbauchs angelangt war, wurde ich plötzlich gegen die Bodenplanken gezogen. Doch wie der Lehrer es mir gesagt hatte, geriet ich nicht in Panik. Ich drehte mich um – ich war mit dem Rücken gegen die Dschunke gezogen worden –, stieß mich mit allen vieren ab und kam frei.
Nach diesem Erlebnis mit der Dschunke schien mir solch ein Strudel nur eine Kleinigkeit zu sein. Ich sprang hinein und... klebte sogleich am Flußboden. Ich dachte an die Dschunke und wiederholte immer und immer wieder: »Nur keine Panik!« Dann versuchte ich, am Boden des Flusses aus dem Strudel herauszuschwimmen. Doch die Jungen am Ufer zogen mit aller Kraft an dem Seil, das ich um den Bauch gebunden hatte; so kam ich kein Stück von der Stelle. Und ich geriet in Panik. Das brachte mich auch nicht weiter. Es blieb mir keine andere Wahl: ich mußte in die Richtung schwimmen, in die mich das Seil zog – gegen die Strömung. Nach einer unendlich langen Spanne schlimmster Pein und schrecklicher Angst, die mir wie Stunden vorkam, ging es endlich aufwärts. Ein kräftiger Schlag mit den Beinen und ich schoß aus dem Wasser. Wieder einmal standen die Dorfjungen mit blassen Gesichtern da und starrten mich an mit Augen so groß wie Untertassen.
Es gab einen Grund, weshalb ich solche Abenteuer unternahm. Wie erwähnt, schickte man mich in Toyokawa nur an Regentagen nicht gleich nach dem Frühstück, mit meinen beiden Mahlzeiten versehen, aus dem Haus. Mein Leben dort entsprach genauestens dem Spruch: »Bei schönem Wetter arbeiten, bei schlechtem lesen.« Wenn es regnete, las ich Bücher; gelegentlich kümmerte ich mich auch um meine Hausaufgaben, doch auf diesem Gebiet tat ich nicht sonderlich viel. An solchen Tagen hielt ich mich in dem kleinen Raum auf, in dem sich das Bord mit den Shintō-Gottheiten befand. Eines Tages, als ich gerade beim Lesen war, kam das Familienoberhaupt herein und nahm etwas aus dem Schubfach unter dem Bord mit den Götterfiguren, das sich als der Stammbaum der Kurosawa entpuppte.

Als ich mir den Stammbaum ansah, bemerkte ich den Namen Sadatō Abe (1015–1062), der in der Schlacht von Zenkunen, nach der nun keine Bahnstation mehr benannt ist, gefallen war. Von diesem Namen gingen zahlreiche Linien aus, doch die dritte Linie war Jirisaburō Kurosawa. Von dort an folgte nun ein Kurosawa dem anderen. Offenbar war Sadatō Abes dritter Sohn – Kurosawa: »Sohn der dritten Linie«, um den Namen wörtlich zu übersetzen – der Stammvater meiner Familie. Es war das erste Mal, daß ich den Namen Jirisaburō Kurosawa hörte; Sadatō Abe dagegen war mir sehr vertraut. In den Geschichtsbüchern wird er als berühmter nordjapanischer Krieger erwähnt. Sein Vater war der Genji-Krieger Yoritoki und sein jüngerer Bruder Munetō Abe. Er widersetzte sich den Befehlen des kaiserlichen Hofes und zog mit Yoriyoshi Minamoto in den Krieg, wo er den Tod fand. Die Tatsache, daß er als Verräter und überdies auf der Verliererseite starb, war ein wenig enttäuschend, aber er war Jirisaburō Kurosawas Vater, und wenn ich mir einen Ahnen herausgreifen sollte, den ich bewundern konnte, dann machte Sadatō immer noch die beste Figur. Irgendwie machte mich das mutig.

Das Ergebnis dieses neugefundenen Mutes zeigte sich in eben jener Kletterpartie zu dem Tunnel hinauf und dem nachfolgenden Sturz und auch in meinem Sprung in den Strudel. Nicht gerade klug – aber auch wenn ich solche Dummheiten beging, so wurde dieser eine Nachfahre des Sadatō Abe während dieses Ferienaufenthaltes doch um manches robuster.

Meine Tante Togashi

BEVOR ICH DIE PRÄFEKTUR Akita hinter mir lasse, muß ich noch von einem Menschen berichten, und zwar der älteren Schwester meines Vaters, die in die Familie Togashi in Ōmagari, Akita, eingeheiratet hatte. Diese Togashi waren Nachfahren des Hauptmanns der Grenztruppen Togashi, der Benkei in dem berühmten Kabuki-Stück *Kanjinchō,* nach dem ich 1945 meinen Film *Die Männer, die dem Tiger auf den Schwanz traten* gedreht habe, die Einschreibungsliste vorlesen läßt.

Die Togashi besaßen zwar nicht sonderlich viel Land, aber das Haus war außergewöhnlich groß und von einem Graben umgeben. In Holz geschnittene Sumō-Ringkämpfer trugen den Firstbalken, und es hieß, sie stammten von dem legendären frühneuzeitlichen Architekten und Bildhauer Jingorō Hidari. Natürlich heißt es von jeder hölzernen Skulptur, die nur irgendwie nach etwas aussieht, sie stamme von Jingorō Hidari; darum kann ich nicht sagen, ob diese Sumō-Ringkämpfer wirklich von ihm geschaffen worden sind. Außerdem gab es im Hause der Togashi noch ein Kurzschwert, das von dem berühmten Waffenschmied des dreizehnten Jahrhunderts, Masamune Okazaki, stammen sollte; jedenfalls sagte man das; aber ich habe es noch nicht gesehen. Auf alle Fälle konnte man die gesellschaftliche Position der Familie Togashi an der Konstruktion ihres Hauses ablesen. Für mich allerdings zeigte sich die gesellschaftliche Position dieser Familie eher im Auftreten meiner Tante.

Meine Tante Togashi war eine wahrhaft ehrfurchtgebietende, majestätische Erscheinung, die alle um sie her klein und unbedeutend wirken ließ. Aber sie hatte mich in ihr Herz geschlossen, und auch ich mochte sie besonders gern. Wenn sie meinen Vater in Tokyo besuchte, behandelten wir sie stets mit ausgesuchter Höflichkeit. Dann gab es oft Aal zum Essen – ein Gericht, das damals schrecklich teuer war und das wir darum eigentlich nie aßen. Meine Tante ließ stets die Hälfte ihrer Portion unberührt und gab sie mir, wenn sie fertig war.

Wenn sie einen Besuch machte, begleitete ich sie. Sie war damals schon in sehr vorgerücktem Alter und trug ihr weißes Haar kurzgeschnitten; die Zähne hatte sie geschwärzt, wie es in der Feudalzeit für verheiratete Frauen üblich war. Sie sah aus wie diese mit Zauberkraft begabten alten Männlein im No-Theater. Auf der Straße trug sie einen Überkimono, und beim Gehen steckte sie die Hände in die Ärmel. Damit will ich nicht sagen, daß sie etwa die Arme in bequemer oder lässiger Manier in den Ärmeln verschränkt hätte; nein, sie ergriff die Ärmelenden von innen und zog sie seitwärts nach außen, so daß sie beim Gehen einem Huhn oder einem Reiher ähnelte, die ihre Flügel ausbreiten, um sich in die Luft zu schwingen. Ich fühlte mich immer ein wenig verlegen, wenn ich sie begleitete, aber es war ein ganz besonderes Gefühl.

Beim Gehen sprach meine Tante kein Wort. Waren wir dann dort angelangt, wo sie ihren Besuch machen wollte, wandte sie sich mir zu, gab mir ein in Papier eingewickeltes Fünfzig-Sen-Stück und sagte: »Saraba« – im Dialekt des Nordens ein Ausdruck für »Auf Wiedersehen«. Damals waren fünfzig Sen eine Menge Geld für ein Kind. Aber nicht des Geldes wegen machte es mir Spaß, meine Tante zu begleiten. Vielmehr übte das Wort »Saraba« einen Reiz auf mich aus, der mich erschauern ließ.

In der Art, wie meine Tante »Saraba« sagte, lag unendlich viel Wärme und Zuneigung.
Nach ihrer körperlichen Verfassung zu urteilen, hätte Tante Togashi eigentlich mindesten hundertundzehn Jahre alt werden müssen. Doch ein törichter Arzt war der Ansicht, sie könne sogar noch älter werden, wenn sie so merkwürdige Dinge wie Kiefernnadeln und Baumwurzeln äße. Darum starb sie noch vor dem neunzigsten Lebensjahr.
Als sie auf dem Sterbebett lag, ging ich etwas früher zu ihr als mein Vater, damit ich als sein Vertreter dort sei, falls sie sterben sollte, bevor er kommen konnte. Meine Tante lag ruhig da, als ich mich neben ihrem Kopfkissen niederließ. Dann sagte sie: »Akira? Schmerzen. Dein Vater?« Ich erklärte ihr, daß mein Vater aufgehalten worden sei, daß er mich vorausgeschickt habe, daß er aber gleichfalls auf dem Wege sei. Ich verließ den Raum. Aber sie rief mich immer wieder zu sich und fragte: »Akira, ist er noch nicht da?« Schließlich traf mein Vater aus Tokyo ein, und ich machte mich auf den Rückweg. Ein paar Tage später starb meine Tante.
Was mich angeht, so kann ich diesem Arzt nicht verzeihen, daß er sie dazu verleitete, so seltsame Dinge zu essen. Am liebsten würde ich ihm den Mund mit Kiefernnadeln vollstopfen.

Der Schößling

GEWÖHNLICH MEINT MAN, Kinder sollten ihre Kindheit wohlbehütet wie Schößlinge in einem Gewächshaus verbringen. Und dringt dennoch einmal durch einen Spalt etwas Wind oder Regen aus der realen Welt ein, so sollte das Kind nicht ernstlich Schaden nehmen durch Schnee und Hagelschlag. Auch ich habe solch eine wohlbehütete Kindheit gehabt; das einzige Mal, daß die Stürme des Lebens mich trafen, war beim großen Erdbeben in Kantō. Ereignisse wie der Erste Weltkrieg, die Russische Revolution oder die Wirren und Umwälzungen, die damals die japanische Gesellschaft erschütterten, kannte ich nur vom Hörensagen, ganz wie den Wind und den Regen außerhalb des Gewächshauses. Als ich die Mittelschule verließ, war es, als hätte man mich zum erstenmal ins Freie gepflanzt. Damals begann ich den Wind und den Regen des Weltgeschehens auf der eigenen Haut zu spüren.

In meinem vierten Mittelschuljahr – das war 1925 – begann man in Japan mit der Ausstrahlung von Radiosendungen. Selbst wenn ich gar nichts hätte hören wollen von all dem, was in der Gesellschaft vor sich ging, hätte ich es nicht vermeiden können. Wie erwähnt, war dies auch die Zeit, da man die militärische Ausbildung in den Schulen einführte, und die Welt war voller Unrast und Kälte. Wenn ich heute an meine frühen Jahre zurückdenke, dann habe ich das Gefühl, daß der Sommer in Akita die letzte sorglose Zeit in meiner Kindheit gewesen ist.

Das mag natürlich bloße Sentimentalität sein. In meinem vierten und fünften Mittelschuljahr, also etwa mit sechzehn Jahren, fummelte ich immer noch an einem Detektorradio herum. Sonntags lieh ich mir die Dauerkarte meines Vaters aus (warum er die hatte, weiß ich wirklich nicht) und ging auf die Pferderennbahn nach Meguro, wo ich den ganzen Tag den Pferden zuschaute, die ich von Kindheit an geliebt hatte. Und meine Eltern kauften mir einen Satz Ölfarben; so konnte ich dann in die Umgebung Tokyos hinausfahren und die ländlichen Szenen malen, die ich dort sah. Es war eine schöne Zeit.

In diesen Jahren zog meine Familie von Koishikawa nach Meguro und von dort nach Ebisu in der Nähe von Shibuya – und natürlich immer noch innerhalb Tokyos. Jedesmal zogen wir in ein kleineres, weniger gut gebautes Haus. Damals begriff ich nicht, was das bedeutete: daß nämlich die wirtschaftliche Situation meiner Familie immer schlechter wurde. Immer noch war ich fest entschlossen, nach dem Abschluß der Mittelschule Maler zu werden.

An diesem Punkt nun zwang man mich, darüber nachzudenken, wie ich meinen Lebensunterhalt in dem von mir gewählten Beruf verdienen wollte. Mein Vater hatte die Kalligraphie stets sehr geliebt; so war er denn meinen Plänen nicht ganz abgeneigt; jedenfalls wandte er sich nicht dagegen. Doch wie alle Eltern es in jenen Tagen wohl getan hätten, sagte er mir, ich müsse die Kunstakademie besuchen. Als Verehrer von Cézanne und Van Gogh erschien mir der Weg über die Kunstakademie freilich als bloße Zeitverschwendung. Auch hatte ich keine Lust, mich nochmals einer Aufnahmeprüfung zu stellen. Ich war zwar recht zuversichtlich, daß ich den praktischen Teil der Prüfung würde bestehen können, doch hinsichtlich des akademischen Lehrstoffs fühlte ich mich unsicher. Ich ließ mich auf die Prüfung ein und fiel durch.

Gewiß war es bitter, meinen Vater solcherart zu enttäuschen, aber immerhin konnte ich auf diese Weise meine Studien frei fortsetzen, und ich war sicher, daß ich ihn auf irgendeine andere Art würde trösten können. Im Jahr nach dem Abschluß der Mittelschule – ich war damals achtzehn – wurde eines meiner Gemälde für die nationale Nitten-Ausstellung angenommen. Mein Vater war glücklich. Danach aber nahm mein Lebensweg einen recht gewundenen Verlauf und blieb auch nicht mehr von Wind und Schnee verschont.

Das Labyrinth

DAS JAHR, in dem ich achtzehn wurde, also 1928, erlebte die Massenverhaftung der Mitglieder der Kommunistischen Partei während der »Vorfälle vom 15. März« und die Ermordung des mandschurischen Oberbefehlshabers Chang Tso-lin durch Offiziere der japanischen Armee. Das folgende Jahr brachte die weltweite Wirtschaftskrise. Als der Sturm der Weltwirtschaftskrise über Japan dahinfegte und das Land bis in die Grundfesten seiner Wirtschaft erschütterte, da lebten allenthalben, und auch im Bereich der schönen Künste, proletarische Bewegungen auf. Auf dem Gegenpol entwickelte sich in der Kunst eine Bewegung, die für einen Rückzug aus den schmerzlichen Realitäten der schlimmen Zeiten eintrat; sie nannte sich – gewissermaßen in einem japanischen Pidgin-English – »eroguro nansensu« (erotic-grotesque nonsense).
Inmitten all dieses gesellschaftlichen Aufruhrs konnte ich unmöglich ruhig vor der Staffelei sitzen. Zudem waren Leinwand und Malartikel so teuer, daß ich meine Eltern angesichts ihrer finanziellen Lage kaum bitten konnte, mir meinen gesamten Bedarf zu kaufen. Da es mir dadurch verwehrt war, mich voll und ganz auf die Malerei zu verlegen, erkundete ich daneben auch Literatur, Theater, Musik und Film.
Um diese Zeit herum erlebten die »Yen-Bücher«, so genannt, weil sie nur einen Yen kosteten, einen Boom, und der Markt war geradezu überschwemmt von Sammlungen japanischer Literatur und Übersetzungen ausländischer Werke. In den Antiquariaten waren diese Bücher für fünfzig und manchmal sogar für nur dreißig Sen zu haben, so daß selbst ich so viele kaufen konnte, wie ich nur wollte. Für jemanden wie mich, der seine Zeit nicht mit akademischen Studien verbringen mußte, war es leicht möglich, nach Lust und Laune zu lesen. Ich las unterschiedslos klassische und zeitgenössische, ausländische und japanische Literatur. Ich las des Nachts im Bett; ich las beim Gehen auf der Straße.

Ich ging ins Theater und sah mir Stücke des Shinkokugeki, des neuen japanischen Theaters, an, das an die Stelle des Kabuki-Theaters der Meiji-Zeit treten sollte. Mit größter Bewunderung erlebte ich damals auch Aufführungen in den Tsukiji-Kammerspielen, dem Zentrum der damaligen Theaterrevolution, die von dem Regisseur und Theaterautor Kaoru Osanai geleitet wurden.
Ein Freund von mir, der Musik liebte, besaß einen Phonographen und eine Plattensammlung. Bei ihm hörte ich hauptsächlich Aufzeichnungen klassischer Musik. Oft ging ich auch zu den Proben des Neuen Symphonieorchesters, das unter der Leitung des Komponisten und Dirigenten Hidemaro Konoe stand.
Als angehender Maler sah ich mir natürlich alle Bilder an, die nur erreichbar waren, gleich ob japanischer oder westlicher Herkunft. Damals waren Kunstbände und gedruckte Monographien über Maler noch nicht sonderlich verbreitet, doch von dem, was es gab, kaufte ich, was immer ich mir leisten konnte. Die Bücher, die ich mir nicht leisten konnte, sah ich mir in den Buchhandlungen immer und immer wieder an, bis die Bilder sich mir vollkommen eingeprägt hatten. Die meisten der Bücher, die ich damals gekauft habe, sind zusammen mit meinen übrigen Büchern im Zweiten Weltkrieg bei Luftangriffen auf Tokyo verbrannt. Doch einige wenige habe ich heute noch. Die Rücken sind gebrochen und ausgefranst, Umschläge und Seiten sind durcheinandergeworfen und voller Fingerabdrücke – von denen einige offensichtlich von farbverschmierten Fingern herrühren. Wenn ich mir diese Bücher heute ansehe, drängen sich mir dieselben Gefühle auf wie damals, als ich sie das erste Mal studierte.
Auch das Kino faszinierte mich damals. Mein älterer Bruder, der zu Hause ausgezogen war und nun von einer Pension in die nächste zog, war süchtig nach russischer Literatur. Doch zugleich schrieb er unter diversen Pseudonymen für Filmprogramme, und zwar vor allem über die ausländische Filmkunst, die nach dem Ersten Weltkrieg in Japan besonders gefördert wurde.
Was den Film und die Literatur angeht, verdanke ich dem Urteilsvermögen meines Bruders sehr viel. Jeden Film, den mein Bruder empfahl, sah ich mir an. Schon in der Grundschulzeit ging ich den weiten Weg nach Asakusa, um einen Film zu sehen, der nach dem Urteil meines Bruders gut sein sollte. Ich weiß nicht mehr, was ich damals in Asakusa gesehen habe, aber ich weiß noch, daß es im Operntheater war. Ich erinnere mich, wie ich nach den verbilligten Karten für die Nachtvorstellung anstand

und daß mein Vater meinen Bruder schrecklich ausschimpfte, als wir nach Hause kamen.

Ich habe versucht, eine Liste der Filme zusammenzustellen, die mich damals beeindruckt haben, und diese Liste umfaßt nahezu einhundert Filmtitel.*

* Es ist lange her; deshalb fiel es mir sehr schwer, mich an die genauen Daten zu erinnern. Bei den ausländischen Filmen mußte ich mich auf die Produktions- und Uraufführungsdaten in den jeweiligen Herkunftsländern beziehen; in einigen Fällen kamen diese Filme erst mit einer Verzögerung von zwei oder drei Jahren in die japanischen Kinos.

1919 (Taishō 8). AK 9 Jahre alt. *Das Kabinett des Dr. Caligari,* Regie: Robert Wiene; *Rausch,* Regie: Ernst Lubitsch; *Shoulder Arms* (Gewehr über!), Regie: Charles Chaplin; *Male and Female* (Mann und Weib), Regie: Cecil B. DeMille; *Broken Blossoms* (Gebrochene Blüten), Regie: D. W. Griffith.

1920 (Taishō 9). AK 10 Jahre alt. *Von morgens bis mitternacht,* Regie: Karl Heinz Martin; *Die Bergkatze,* Regie: Ernst Lubitsch; *The Phantom Carriage* (Die Geisterkutsche), Regie: Victor Sjöström; *The Last of the Mohicans* (Der letzte Mohikaner), Regie: Maurice Tourneur; *Humoresque* (Humoreske), Regie: Frank Borzage.

1921 (Taishō 10; Premierminister Hara ermordet). AK 11 Jahre alt. *Way Down East* (Weit unten im Osten), Regie: D. W. Griffith; *The Kid* (Der Vagabund und das Kind), Regie: Charles Chaplin; *The Three Musketeers* (Die drei Musketiere), Regie: Fred Niblo; *Over the Hill to the Poor House* (Über den Hügel), Regie: Harry Millarde; *The Four Horsemen of the Apocalypse* (Die vier apokalyptischen Reiter), Regie: Rex Ingram; *Fool's Paradise* (Paradies der Narren), Regie: Cecil B. DeMille.

1922 (Taishō 11; Gründung der Kommunistischen Partei Japans). AK 12 Jahre alt; erstes Jahr in der Keika-Mittelschule. *Dr. Mabuse, Der Spieler,* Regie: Fritz Lang; *Das Weib des Pharaohs,* Regie: Alfred Green; *Blood and Sand* (Blut und Sand), Regie: Fred Niblo; *The Prisoner of Zenda* (Der Gefangene von Zenda), Regie: Rex Ingram; *Pay Day* (Zahltag), Regie: Charles Chaplin; *Foolish Wives* (Närrische Weiber), Regie: Erich von Stroheim; *Orphans of the Storm* (Waisen des Sturms), Regie: D. W. Griffith; *Smilin' Through* (Lächelnd durch), Regie: Sidney Franklin.

1923 (Taishō 12; das Große Erdbeben in Kantō). AK 13 Jahre alt; zweites Mittelschuljahr. *The Pilgrim* (Der Pilger), Regie: Charles Chaplin; *The Thief of Bagdad* (Der Dieb von Bagdad), Regie: Raoul Walsh; *La Roue* (Das Rad), Regie: Abel Gance; *Kick in* (Schieß ein!), Regie: George Fitzmaurice; *The Covered Wagon* (Der Planwagen), Regie: James Cruze; *Kean, ou désordre et génie* (Kean oder Unordnung und Genie), Regie: Alexander Volkoff; *A Woman of Paris* (Eine Frau aus Paris), Regie: Charles Chaplin; *Cyrano de Bergerac,* Regie: Augusto Genina.

1924 (Taishō 13). AK 14 Jahre alt; drittes Mittelschuljahr. *The Iron Horse* (Das eiserne Pferd), Regie: John Ford; *He Who Gets Slapped* (Er, der geschlagen wird), Regie: Victor Sjöström; *Die Nibelungen,* Regie: Fritz Lang; *The Marriage Circle* (Der Heiratskreis), Regie: Ernst Lubitsch.

1925 (Taishō 14; Gesetz zur Friedenssicherung verabschiedet; erste Ausstrahlung von Radiosendungen). AK 15 Jahre alt; viertes Mittelschuljahr. *The Gold Rush* (Goldrausch), Regie: Charles Chaplin; *Du skal aere din hustru* (Du sollst deine Frau ehren), Regie: Carl Th. Dreyer; *Feu Mathias Pascal* (Mathias Pascal), Regie: Marcel L'Herbier; *Beau Geste* (Drei Fremdenlegionäre), Regie: Herbert Brenon; *Greed* (Gier), Regie: Erich von Stroheim; *Lady Windermere's Fan* (Lady Windermeres Fächer), Regie: Ernst Lubitsch; *The Big Parade* (Die große Parade), Regie: King Vidor; *The Salvation Hunters* (Die nach Rettung jagen), Regie: Josef von Sternberg; *Der letzte Mann,* Regie: F. W. Murnau; *Die freudlose Gasse,* Regie: G. W. Pabst; *Nana,* Regie: Jean Renoir; *Varieté,* Regie: E. A. Dupont.

1926 (Taishō 15; Landarbeiterpartei gegründet; Kaiser Taishō gestorben). AK 16 Jahre alt; fünftes Mittelschuljahr. *Three Bad Men* (Drei Halunken), Regie: John Ford; *So This Is Paris* (Drei Matrosen in Paris), Regie: Ernst Lubitsch; *Das Panzergewölbe,* Regie: Lupu Pick; *Tartuffe,* Regie: F. W. Murnau;

Selbst ich bin erstaunt, wie viele Filme ich damals gesehen habe, die in die Filmgeschichte eingegangen sind. Und das verdanke ich meinem Bruder.

Mit neunzehn Jahren, im Jahre 1929, überkam mich eine gewisse Unzufriedenheit mit meinem Dasein als Maler von Landschaftsbildern und Stilleben, wo doch in der Welt um mich her so vieles geschah. Ich entschloß mich, in die »Liga proletarischer Künstler« einzutreten. Als ich meinem Bruder von meiner Absicht berichtete, sagte er: »Das ist gut. Aber die proletarische Bewegung ist im Augenblick wie eine Grippe. Das Fieber wird sehr schnell wieder zurückgehen.« Dieser Kommentar ärgerte mich ein wenig.

Damals hatte mein Bruder einen großen Schritt voran getan. Er schrieb nicht mehr nur – als großer Freund des Kinos – Programmhinweise für Filme; er betätigte sich inzwischen auch beruflich als Stummfilmerzähler. Die Erzähler vermittelten nicht nur die Geschichte des betreffenden Films, sie steuerten auch die Stimmen und Sound-Effekte bei und beschrieben das Geschehen und die Bilder, die auf der Leinwand zu sehen

Faust, Regie: F. W. Murnau; *Metropolis,* Regie: Fritz Lang; *Bronenosec Potemkin* (Panzerkreuzer Potemkin), Regie: Sergej Eisenstein; *Mat* (Die Mutter), Regie: W. I. Pudowkin.

1927 (Shōwa 2; Bankenzusammenbruch; der Schriftsteller Ryūnosuke Akutagawa begeht Selbstmord; Abrüstungskonferenz eröffnet). AK 17 Jahre alt; Abschluß der Mittelschule. *Seventh Heaven* (Der siebente Himmel), Regie: Frank Borzage; *Wings* (Flügel), Regie: William Wellman; *Barbed Wire* (Stacheldraht), Regie: Rowland V. Lee; *Underworld* (Unterwelt), Regie: Josef von Sternberg; *Sunrise* (Sonnenaufgang), Regie: F. W. Murnau; Slapstick-Komödien mit Harold Lloyd, Buster Keaton, Harry Langdon, Wallace Beery, Raymond Hatton, Chester Conklin, Roscoe Arbuckle, Sidney Chaplin; *Chuji tabi nikki* (Reisetagebücher von Chuji), Regie: Daisuke Ito.

1928 (Shōwa 3; Ermordung des Chang Tso-lin in der Mandschurei; Unterdrückung der kommunistischen Bewegung bei den Vorfällen vom 3. März). AK 18 Jahre alt. *The Docks of New York* (Die Docks von New York), Regie: Josef von Sternberg; *The Dragnet* (Polizei), Regie: Josef von Sternberg; *Thérèse Raquin* (Therese Raquin – Du sollst nicht ehebrechen), Regie: Jacques Feyder; *Potomok Cingis-Chana* (Sturm über Asien), Regie: W. I. Pudowkin; *The Wedding March* (Der Hochzeitsmarsch), Regie: Erich von Stroheim; *La petite marchande d'allumettes* (Die kleine Streichholzverkäuferin), Regie: Jean Renoir; *Verdun, Visions d'histoire* (Verdun), Regie: Léon Poirier; *La Chute de la maison Usher* (Der Untergang des Hauses Usher), Regie: Jean Epstein; *La Passion de Jeanne d'Arc* (Die Passion der Jeanne d'Arc), Regie: Carl Th. Dreyer; *La Coquille et le Clergyman* (Die Muschel und der Priester), Regie: Germaine Dulac; *Shinpan Ōoka Seidan*, Regie: Daisuke Ito; *Rōningai* (Viertel der Ronin), Regie: Masahiro Makino.

1929 (Shōwa 4; Unterdrückung der kommunistischen Bewegung bei den Vorfällen vom 16. April; der Zeppelin kommt nach Japan; Gold-Embargo; Tokyoter Straßenbahnkrieg; Beginn der Weltwirtschaftskrise). AK 19 Jahre alt. *Der blaue Engel,* Regie: Josef von Sternberg; *Asphalt,* Regie: Joe May; *Un Chien Andalou* (Ein andalusischer Hund), Regie: Luis Buñuel; *Les Mystères du Château de Dés* (Das Geheimnis des Château de Dés), Regie: Man Ray; *Rien que les heures* (Nichts als die Stunden), Regie: Alberto Cavalcanti; *Kubi no za,* Regie: Masahiro Makino; *Kaijin* (Aschenreste), Regie: Minoru Murata.

waren – ähnlich den Erzählern im Bunraku-Puppentheater. Die populärsten unter ihnen waren echte Stars und jeweils für ein bestimmtes Filmtheater tätig. Unter der Führung des berühmten Erzählers Musei Tokugawa entstand eine gänzlich neue Bewegung. Er und eine Gruppe gleichgesinnter Erzähler bemühten sich um eine qualitativ hochstehende Kommentierung guter ausländischer Filme. Mein Bruder schloß sich ihnen an, und obwohl es sich nur um ein Drittaufführungskino handelte, nahm er eine feste Stelle als Erzähler in einem Filmtheater im Vorort Nakano an.

Ich dachte anfangs, mein Bruder hätte wegen seines beruflichen Erfolges eine snobistische Haltung zur Politik entwickelt und spräche darum so leichtfertig von Dingen, die mir sehr ernst waren. Doch es zeigte sich, daß meine proletarischen Gefühle bald schwanden, wie mein Bruder es vorausgesagt hatte. Ich wollte jedoch nicht zugeben, daß er recht hatte; daher hielt ich noch mehrere Jahre an meiner Verbindung zur proletarischen Bewegung fest. Den Kopf vollgestopft mit Wissen über Kunst, Literatur, Theater, Musik und Kino, wanderte ich weiterhin umher und suchte vergeblich nach einer Möglichkeit, all dieses Wissen sinnvoll anzuwenden.

Militärdienst

1930 WURDE ICH zwanzig Jahre alt und erhielt den Musterungsbescheid. Die Musterung sollte in der Grundschule in Ushigome stattfinden.

Ich stand in Habachtstellung vor dem Offizier; er fragte mich: »Sind Sie der Sohn von Yutaka Kurosawa, der an der Toyama-Akadamie studiert und später dort als Armeeoffizier gelehrt hat?« »Jawohl«, erwiderte ich. »Geht es Ihrem Vater gut?« fragte er. »Jawohl.« »Er war mein Lehrer. Bitte grüßen Sie ihn von mir.« »Jawohl.« »Was wollen Sie werden?« fragte der Offizier. »Ich bin Maler.« (Ich sagte nicht »proletarischer Künstler«.) »Aha« sagte der Offizier. »Es gibt viele Wege neben dem Militärdienst, dem Land zu dienen. Nur zu!« »Jawohl« versetzte ich. »Aber Sie sind recht schwächlich«, fuhr der Offizier fort. »Und Sie haben eine schlechte Haltung. Sie sollten ein paar Übungen zur körperlichen Ertüchtigung machen. Damit können Sie Ihren Rücken strecken und diese schlechte Haltung korrigieren.« Er stand auf und begann, mir eine ganze Übungsreihe zu demonstrieren. Offenbar sah ich auch damals noch

wie ein Schwächling aus. Vielleicht hatte der Offizier auch nur zu lange an seinem Pult gesessen und brauchte diese Bewegung.
Zum Abschluß meiner Musterung mußte ich vor einem Urkundsbeamten erscheinen, auf dessen Pult Stapel von Formularen lagen. Er musterte mich mit einem finsteren Blick und sagte: »Sie haben in der Armee nichts zu suchen.« Und damit sollte er recht behalten. Ich wurde erst kurz vor der Niederlage Japans im Pazifik-Krieg eingezogen. Das war, als die amerikanischen Luftangriffe Tokyo bereits in ein ausgebranntes Trümmerfeld verwandelt hatten und ich bereits Filmregisseur geworden war. Da dies meinen einzigen unmittelbaren Kontakt mit dem Militärdienst darstellte, kann ich eigentlich auch hier davon berichten.
Die meisten der Männer, die zu diesem Zeitpunkt noch eingezogen wurden, waren entweder körperlich untauglich, oder sie hatten einen Nervenzusammenbruch hinter sich. Wir alle mußten für den Fall des Gestellungsbefehls ständig unsere Marschausrüstung bereithalten (einen Sack mit all den Dingen, die im Militärdienst gebraucht wurden). Diese Marschausrüstung wurde inspiziert, und als der Offizier meine Ausrüstung überprüfte, sagte er: »Der Mann hat alles dabei.« Das war zu erwarten gewesen, denn den Sack mit meiner Ausrüstung hatte mein Regieassistent gepackt, der seinen Militärdienst schon abgeleistet hatte. Ich stand da in Habachtstellung und dachte noch über die Wahrheit dieser Feststellung nach, als der inspizierende Offizier mir zuraunte: »Salutieren! Salutieren!« Rasch riß ich mich zusammen und salutierte. Er erwiderte den Gruß und ging zum nächsten Mann in der Reihe. Ich war etwas traurig, daß er den ordentlichen Zustand meiner Marschausrüstung lobte und mich dann im nächsten Augenblick schalt. Doch während ich dies noch dachte, hörte ich ihn losbrüllen: »Wo zum Teufel ist denn Ihr Ausrüstungssack geblieben?« Aus den Augenwinkeln konnte ich sehen, daß der Offizier den Mann neben mir anfunkelte. Der Mann hatte ein Paar abgenutzter Unterhosen zu einem Beutel verknotet; der Knoten saß wie ein Kaninchenschwanz auf dem Gesäßteil der Hose. Er blickte den Offizier verblüfft an und fragte: »Was ist ein Ausrüstungssack?« Der Militärpolizist, der hinter dem inspizierenden Offizier stand, schoß vor und schlug den Mann mit dem Kaninchenschwanz.
Genau in diesem Augenblick heulten die Luftschutzsirenen los. Das war der Beginn des Flächenbombardements von Yokohama. Und es war das Ende meiner Bekanntschaft mit dem Militärdienst.
Ich frage mich oft, was wohl geschehen wäre, wenn man mich tatsächlich eingezogen hätte. Die militärische Ausbildung in der Mittelschule hatte

ich erfolglos hinter mich gebracht, weshalb die Offizierslaufbahn mir verschlossen war. Ich hätte keine Chance gehabt, mich in der Armee über Wasser zu halten. Zudem hätte es gewiß mein Ende bedeutet, wäre ich jemals diesem Offizier in die Hände gefallen, der in der Keika-Mittelschule für die militärische Ausbildung verantwortlich gewesen war. Nur daran zu denken läßt mich heute noch erschauern. Ich kann nur jenem Offizier dankbar sein, der mich bei der Musterung für untauglich erklärte. Oder vielleicht sollte ich meinem Vater danken.

Ein Feigling und Schwächling

ZUNÄCHST NAHM ICH 1928 Kontakt zum Forschungsinstitut für proletarische Kunst in Shiina-chō im Bezirk Toshima auf. Auf den Ausstellungen dieses Instituts zeigte ich meine Bilder und Plakate. Doch die Liga proletarischer Künstler, der ich 1929 beitrat, vertrat eine Art von Realismus, die in meinen Augen eher dem Naturalismus nahekam und weit von jener realistischen Intensität entfernt war, wie sie in Courbets Werk zum Ausdruck kommt. Es gab ein paar ausgezeichnete Maler in dieser Gruppe, doch im allgemeinen kann nicht davon die Rede sein, daß es sich um eine künstlerische Bewegung gehandelt hätte, die im ureigensten Bereich der Malerei verwurzelt gewesen wäre; vielmehr bemühte man sich, unerfüllte politische Ideale direkt auf die Leinwand zu bringen – eine »linke« Bewegung also, wie es sie damals nicht nur in der Malerei, sondern auch im Film gab. Mir freilich kamen mit der Zeit immer stärkere Zweifel an dieser Bewegung, und schließlich verlor ich die Lust am Malen.
Um diese Zeit war meine Enttäuschung über die Liga proletarischer Künstler so groß geworden, daß ich mich entschloß, mich auf direktere, illegale politische Aktion einzulassen. Die proletarische Presse war in den Untergrund gegangen; ihre Parolen schrieb sie nun in lateinischer Schrift und verbarg sie überdies noch durch Muster aller Art, in die sie die Schrift einbettete. Bei einer dieser Organisationen wurde ich Mitglied in einer der unteren Ränge. Wer solche Aktivitäten entfaltete, lief Gefahr, verhaftet und eingesperrt zu werden. Schon als Mitglied der Liga proletarischer Künstler hatte ich Bekanntschaft mit dem »Kittchen« machen müssen; doch wenn man mich diesmal fassen sollte, würde ich nicht mehr so leicht freikommen wie damals.

Allein der Gedanke an das Gesicht, das mein Vater machen würde, wenn er erführe, daß ich verhaftet worden sei, bereitete mir unendliche Pein. Ich sagte meinen Eltern, daß ich zu meinem Bruder zöge, und ging von zu Hause weg. Ich zog von einem Zimmer ins andere und fand gelegentlich Unterkunft bei kommunistischen Sympathisanten.
Anfangs hatte ich hauptsächlich die Aufgabe, den Kontakt zu Mitgliedern außerhalb herzustellen. Die Unterdrückung war jedoch so schlimm, daß der, den ich treffen sollte, oft nicht am vereinbarten Treffpunkt erschien; er war unterwegs verhaftet worden und verschwand auf Nimmerwiedersehn.
Eines kalten Wintertages war ich auf dem Weg zu solch einem Treffen in der Nähe des Bahnhofs von Komagome. Ich öffnete die Tür zu der Kaffeestube und erstarrte. Drinnen waren fünf oder sechs Männer, die alle zugleich aufstanden, als sie mich sahen. Auf den ersten Blick erkannte ich, daß es sich um Geheimpolizisten handelte; ihnen allen war diese seltsam reptilienhafte Erscheinung gemein.
In dem Augenblick, da sie aufstanden, rannte ich auch schon los. Ich hatte mir angewöhnt, mir für alle Fälle stets einen Fluchtweg zu suchen, bevor ich zu einem Treffen ging. Diesmal zahlte es sich aus. Ich bin kein sonderlich guter Läufer, doch ich war jung, und da ich meinen Fluchtweg im voraus festgelegt hatte, konnte ich sie abschütteln.
Einmal lief ich auch der Kempeitai-Militärpolizei in die Arme, aber der Militärpolizist war sehr nett. Ich sagte ihm, ich müsse auf die Toilette, und er gestattete es, ohne mich vorher zu durchsuchen. Er hielt sogar für mich die Tür zu, während ich drinnen hastig die Papiere verschluckte, die ich bei mir trug. Kurz danach ließ man mich wieder frei.
Ich glaube, dieses gefährliche Leben reizte mich; jedenfalls hatte ich viel Spaß daran. Ständig veränderte ich mein Aussehen, trug diverse Brillen und dachte mir neue Verkleidungen aus. Doch die Verhaftungen nahmen von Tag zu Tag zu, und die proletarische Zeitung hatte Schwierigkeiten, neue Mitarbeiter zu finden. So dauerte es nicht lange und man machte mich, obwohl ich ein Neuling war, zum Redaktionsassistenten. »Du bist kein Kommunist, oder?« fragte mich der zuständige Mann. Und damit hatte er recht.
Ich hatte versucht, *Das Kapital* und theoretische Arbeiten über den dialektischen Materialismus zu lesen, aber vieles davon war mir unverständlich geblieben. Darum war es mir unmöglich, die japanische Gesellschaft aus dieser Perspektive zu analysieren und zu deuten. Eigentlich empfand ich nur die vage Unzufriedenheit und Abneigung, die mir die

japanische Gesellschaft einflößte, und um mit diesem Gefühl fertig zu werden, schloß ich mich der radikalsten Bewegung an, die ich finden konnte. Aus heutiger Sicht erscheint mir mein damaliges Verhalten reichlich frivol und leichtsinnig.

Dennoch hielt ich bis Frühjahr 1932 an der proletarischen Bewegung fest. Der vorangegangene Winter war besonders kalt gewesen. Die Geldzuwendungen, die ich gelegentlich zum Ausgleich für meine Aktivitäten innerhalb der Bewegung erhielt, waren gering genug und drohten ständig ganz auszubleiben. An vielen Tagen reichte es nur für eine Mahlzeit, und oft aß ich gar nichts. Natürlich war das Zimmer, das ich gemietet hatte, nicht geheizt; ein wenig Wärme konnte ich mir nur verschaffen, indem ich ein öffentliches Bad besuchte, bevor ich ins Bett ging.

Ein anderer Kurier, der aus der Arbeiterklasse stammte, erklärte mir einmal, wie er wirtschaftete. Wenn er seine Zuwendung erhielt, zählte er zunächst einmal die Tage bis zum nächsten Zahlungstermin. Dann teilte er den Geldbetrag durch die Anzahl der Tage und errechnete so das Tagesbudget, das ihm für die Ernährung zur Verfügung stand. Mir war es ganz unmöglich, so vorzugehen. Um meinen leeren Magen zu füllen, gab ich gleich all mein Geld aus. Wenn ich dann keines mehr hatte und keine weiteren Aufträge auszuführen waren, kroch ich unter die Decke und versuchte, Hunger und Kälte zu überstehen. Als es immer schwieriger wurde, die Zeitung herauszubringen, nahm auch die Zahl solcher Tage beträchtlich zu.

Ein Ausweg blieb mir freilich noch – ich konnte meinen Bruder um Hilfe bitten. Doch dazu war ich zu stolz.

Ich lebte in einem winzigen, vier Matten großen Raum, in den kein Tageslicht drang; das Zimmer lag über einem Mah-Jongg-Spielsaal in der Nähe von Suidobashi. Einmal hatte ich eine fürchterliche Erkältung, und das Fieber war so hoch, daß ich mich buchstäblich nicht rühren konnte. Wenn ich den Kopf auf das Kissen drückte, drang das Klappern der Mah-Jongg-Steine, die unten hin- und hergeschoben wurden, seltsam fluktuierend – mal laut und sehr nah, mal leise und fern – an mein Ohr. Zwei Tage lang horchte ich auf diese auf- und abebbenden Geräusche, dann schöpfte der Vermieter Verdacht. Er schaute herein und war zutiefst besorgt wegen des Schweißgeruchs in meinem Zimmer und der Schweißperlen auf meinem Gesicht. Er sagte, er werde sogleich einen Arzt rufen, doch ich lehnte entschieden ab. Ich wußte nicht, ob meine Erkältung wirklich schlimm war, aber ich wußte, daß es schlimm werden würde, wenn der Arzt käme, denn ich hatte kein Geld, um ihn zu

bezahlen. Der Vermieter hörte mir zu und ging dann hinaus, ohne ein Wort zu sagen.
Etwas später erschien die Tochter des Vermieters mit einer Schale Reisschleim. Bis ich wieder gesund war, kam sie nun jeden Tag dreimal und brachte mir eine Schale Reisschleim. Ich habe vergessen, wie sie aussah; aber ihre Freundlichkeit werde ich nie vergessen.
Während meiner Krankheit hatte ich meine Verbindung zu den Mitarbeitern der proletarischen Zeitung vollkommen verloren. Aus Angst vor Verhaftungen hatten wir dafür gesorgt, daß niemand vom anderen wußte, wo er wohnte. Wenn wir uns irgendwo trafen, legten wir jeweils Ort und Zeitpunkt des nächsten Treffens fest. Hatte man ein Treffen versäumt, gab es keine Möglichkeit mehr, den anderen ausfindig zu machen.
Ich glaube allerdings, wenn ich sie wirklich hätte wiederfinden wollen, wäre mir das schon gelungen. Doch von der Krankheit geschwächt und umnebelt, brachte ich einfach nicht die Kraft dazu auf. Genauer gesagt: Ich benutzte die Tatsache, daß ich keine Verbindung zu ihnen aufnehmen konnte, als Vorwand, um mich dieser mühsamen, illegalen politischen Arbeit zu entziehen. Es war nicht so, daß meine Gefühle für die linke Bewegung abgekühlt, daß das Fieber gesunken wäre; vielmehr war mein Fieber wohl nie sonderlich hoch gewesen.
Gerade von meiner Krankheit genesen, ging ich auf noch recht wackligen Beinen einen Weg, den ich schon als Mittelschüler oft gegangen war: den Weg von Suidobashi nach Ochanomizu. Ich durchquerte Ochanomizu, ging Richtung Hijiribashi-Brücke, von dort dann linker Hand den Berg hinunter, bog in Sudachō ab und kam zum Filmpalast. Ich hatte den Namen meines Bruders in Zeitungsanzeigen des Filmpalast-Kinos gesehen. Wäre ich die gewundene Straße, die ich gerade heruntergekommen war, wieder hinaufgegangen, hätte ich ihn besuchen können.
Während ich dies schreibe, kommt mir ein Gedicht von Kusadato Nakamura in den Sinn:

> Ich komme den gewundenen Pfad herab,
> Da – die Frühlingsstimme des schreienden Kalbs.

Eine Gasse in der fließenden Welt

AN EINER ECKE auf dem Weg von Ushigome-Kagurazaka zum Pfahlwerk gibt es ein Gäßchen, das immer noch so aussieht wie einst in der Feudalzeit. In dieser Gasse standen drei Mietshäuser, die in jeder Hinsicht so erhalten waren, wie sie seit Jahrhunderten dagestanden hatten – nur daß man inzwischen Glastüren eingesetzt hatte. In einem dieser Häuser lebte mein Bruder mit einer Frau und deren Mutter. Als ich von meiner Krankheit genesen war und mein Zimmer verlassen konnte, zog ich in dieses Haus.

Mein Erscheinen damals hinter der Bühne des Filmpalast-Kinos hatte meinen Bruder bestürzt. Er starrte mich mit unverblümter Verwunderung an und fragt: »Akira, ist etwas nicht in Ordnung? Bist du krank?« Ich schüttelte den Kopf und erwiderte: »Nein, ich bin nur ein wenig müde.« Mein Bruder sah mich nochmals an, zuckte die Achseln und meinte: »›Ein wenig‹ ist wohl etwas untertrieben. Komm mit mir nach Hause.«

So kam es, daß ich denn doch noch von der Gastfreundschaft meines Bruders Gebrauch machte. Gut einen Monat später zog ich in ein Zimmer ganz in der Nähe, doch auch danach verbrachte ich jeden wachen Augenblick bei meinem Bruder. Als ich zu Hause auszog, hatte ich meinem Vater gesagt, ich würde bei meinem Bruder wohnen; nun wurde aus dieser Lüge Wahrheit.

Das Haus und die Gasse, in denen mein Bruder wohnte, ähnelte jenen Orten, an denen die Rakugo-Geschichtenerzähler seit Generationen ihre Geschichten ansiedeln. Es gab kein fließendes Wasser, sondern nur einen Brunnen, aus dem die Anwohner ihr Wasser bezogen. Die Bewohner waren sämtlich waschechte »Edokko«, das sind die ursprünglichen Tokyoter. Mein Bruder spielte in dieser Umgebung die Rolle eines herrenlosen Samurai, ähnlich jenem aus Kriegsromanzen bekannten, von zahlreichen Schlachten gezeichneten Krieger Yasuhei Horibe. Man begegnete ihm mit Hochachtung und Respekt.

Die Häuser waren so unterteilt, daß sie jeweils aus einem Zwei-Matten-Eingangsraum (ungefähr 1,20 × 1,20 m) und einem Sechs-Matten-Wohnraum mit Küche und Toilette im hinteren Teil bestanden. Die Räume waren winzig. Anfangs konnte ich nicht begreifen, warum mein Bruder sich bei seinem Einkommen solch eine Wohnung genommen hatte. Doch mit der Zeit lernte ich die besonderen Vorzüge dieser Lebensweise zu schätzen.

Unter den Menschen, die dort wohnten, waren Bauarbeiter, Zimmerleute, Putzer und dergleichen. Doch bei den meisten Bewohnern war nicht auszumachen, wovon sie lebten oder welchen Beruf sie ausübten. Dennoch herrschte bei ihnen ein derart enger Gemeinschaftsgeist, daß ihr Leben nicht, wie man erwartet hätte, schrecklich schwierig, sondern erstaunlich optimistisch erschien und bei vielen Anlässen sogar durch eine überaus humorvolle Haltung geprägt war. Selbst die Kinder verstanden sich auf die Kunst, witzige Bemerkungen zu machen.
Eine Unterhaltung zwischen Erwachsenen mochte etwa so ablaufen: »Heut morgen lag ich auf der Veranda und ließ mir die Sonne auf den Bauch scheinen. Da kommt doch aus der Nachbarstür eine zusammengerollte Matte geflogen; sie rollt sich auf, und mein Nachbar selbst kommt daraus hervor. Seine Frau ist wirklich rücksichtslos, wenn's um den Hausputz geht.« Worauf ihm dann erwidert wurde: »Ich denke eher, sie ist besonders rücksichtsvoll. Sie wickelt ihn ein, damit er sich nicht verletzt.«
Selbst in so eng aneinandergezwängten Häusern wie diesen gab es manchmal noch Speicherräume, die man vermieten konnte. In einem dieser vermieteten Dachzimmerchen wohnte ein junger Mann, der seinen Lebensunterhalt mit dem Verkauf von Fischen bestritt. Jeden Morgen stand er noch vor Tagesanbruch auf, nahm seinen Blechkasten und ging hinunter an den Fluß, wo er seine Ware kaufte. Einen ganzen Monat lang arbeitete er wie ein Wilder, und dann, am Ende des Monats, zog er seine besten Kleider an, ging aus und kaufte sich eine Prostituierte – als gewänne die ganze Plackerei dadurch einen Sinn.
Für mich war das Leben dort so interessant, als wäre ich mitten unter den Gestalten des ausgehenden achtzehnten Jahrhunderts in den Geschichten von Sanba und Kyoden. Ich lernte eine Menge. Die alten Männer in der Nachbarschaft lebten von Gelegenheitsarbeiten; sie bewachten die Schuhe vor den Sälen der Geschichtenerzähler in Kagurazaka oder verrichteten Hilfsarbeiten für die Kinos der Umgebung. Es gehörte zu ihren Privilegien, daß sie eine Dauerkarte für ihre jeweiligen Häuser besaßen, die sie ihren Nachbarn für ein sehr geringes Entgelt überließen. Auch ich machte davon Gebrauch und verbrachte während meiner Zeit dort jeden Tag und jeden Abend im Kino oder bei den Geschichtenerzählern.
Damals konnte Kagurazaka sich zweier Kinos rühmen, des Ushigomekan für ausländische und des Bunmeikan für japanische Filme. Dazu gab es drei Säle für Geschichtenerzähler, das Kagurazaka Enbujō und zwei weitere, deren Namen ich vergessen habe. Aber ich sah mir nicht nur in

den beiden Kinos in Kagurazaka Filme an. Mein Bruder machte mich mit Freunden in anderen Kinos bekannt, und so konnte ich ins Kino gehen, so oft ich nur wollte. Was die Kunst des Geschichtenerzählens angeht, so konnte ich sie wohl nur deshalb wirklich schätzen lernen, weil ich in dieser Gasse in der Nähe von Kagurazaka lebte. Ich hatte natürlich keine Ahnung, welche Rolle diese Volkskünste des Geschichtenerzählens und Singens in meiner Zukunft spielen sollten; ich genoß sie einfach, ohne darüber nachzudenken.

Neben den Darbietungen bekannter Künstler konnte ich auch die Vorstellungen von Clowns und Komödianten besuchen, die gelegentlich die Säle der Geschichtenerzähler mieteten. Ich erinnere mich noch an eine dieser Darbietungen mit dem Titel »Sonnenuntergang eines Irren«. Es war eine Pantomime; ein Irrer stand da und starrte in den Abendhimmel, und die Vögel flogen heim in ihre Nester. Alles schien sehr einfach, doch die Kunst, mit der dieser Mann die Heiterkeit und Erhabenheit der Szene heraufzubeschwören verstand, erfüllte mich mit Bewunderung.

Um diese Zeit erschienen die ersten Tonfilme in den Kinos; einige von ihnen haben sich meinem Gedächtnis fest eingeprägt: *All Quiet on the Western Front* (Im Westen nichts Neues) von Lewis Milestone, *Die letzte Kompagnie* von Kurt Bernhardt, *Westfront 1918* von G. W. Pabst, *Hell's Heroes* (Helden der Hölle) von William Wyler, *Sous les toits de Paris* (Unter den Dächern von Paris) von René Clair, *Der blaue Engel* von Josef von Sternberg, *The Front Page* (Die Titelseite) von Lewis Milestone, *Street Scene* (Straßenszene) von King Vidor, *Morocco* (Marokko) und *Shanghai Express* von Josef von Sternberg, *City Lights* (Lichter der Großstadt) von Charles Chaplin, *Die Dreigroschenoper* von G. W. Pabst und *Der Kongreß tanzt* von Erik Charell.

Der Siegeszug des Tonfilms bedeutet das Ende des Stummfilms. Und mit dem Stummfilm verschwand auch der Bedarf nach den Stummfilmkommentatoren. Das versetzte dem Lebensmut meines Bruders einen schlimmen Schlag. Dabei schien es anfangs noch recht gut zu stehen, denn mein Bruder war inzwischen zum ersten Kommentator in einem Erstaufführungskino, dem Taikatsukan in Asakusa, avanciert und hatte seine eigene Anhängerschaft. Der Wandel vollzog sich in kleinen Schritten und fiel mit meiner Entdeckung zusammen, daß dieses heitere, fröhliche Leben in unserer Straße auch seine Schattenseiten hatte. Das gilt wohl für das menschliche Leben schlechthin – unter einem heiteren Äußeren verbirgt sich eine düstere Realität. Doch ich sah diese Realität zum erstenmal und war gezwungen, darüber nachzudenken.

Häßliche Dinge geschahen hier, wie sie wohl überall geschahen. Ein alter Mann vergewaltigte seine kleine Enkelin. Eine Frau sorgte in der ganzen Straße allnächtlich durch ihre Selbstmorddrohungen für Aufregung. Eines Abends versuchte sie vergeblich, sich zu erhängen; als alle Welt sie nur auslachte, sprang sie in einen Brunnen und ertrank. Dann gab es da die Geschichten von geschlagenen Stiefkindern, ganz wie in den Märchen, die einen so traurig stimmen. Von einer dieser Geschichten will ich hier berichten.
Was könnte der Grund sein, weshalb eine Stiefmutter ihr Stiefkind mißhandelt? Die Behauptung, ihr Verhalten gegenüber dem Kind sei im Haß auf die frühere Frau ihres Mannes begründet, trägt nicht. Die einzige Erklärung für solch verbrecherisches Tun ist wohl die Dummheit. Menschen, denen es Freude macht, wehrlose Kinder oder kleine Geschöpfe zu quälen, sind in Wirklichkeit krank. Schrecklich ist nur, daß diese Menschen, die im privaten Bereich als Irre gelten müssen, oft in der Öffentlichkeit einen gänzlich unschuldigen, sanften Eindruck zu erwecken verstehen.
Es gibt eine alte, in Senryu-Versform erzählte Geschichte von einem Stiefkind, das auf Geheiß der grausamen Stiefmutter selbst den Moxa-Brennkegel besorgen muß, der dann auf seiner Haut verbrannt werden soll. Ein Vorfall machte die Beschreibung des Gesichtes dieses Kindes, das man ausschickte, damit es selbst das Werkzeug der eigenen Folter kaufe, für mich noch eindrucksvoller. Eines Tages, als ich mich in der Wohnung meines Bruders aufhielt, kam die Nachbarin von nebenan heftig weinend zu mir. Sie weinte so sehr, daß ich es kaum ertragen konnte; sie hatte beide Hände gegen die Brust gepreßt und zitterte haltlos. Als ich nach dem Grund fragte, erklärte sie mir, daß ihre Nachbarin gerade wieder einmal ihr Stiefkind quäle. Sie hatte die schrecklichen Schreie des kleinen Mädchens gehört und es schließlich nicht mehr ausgehalten. Sie schaute durch das Küchenfenster ihrer Nachbarin und sah das Kind, das an einen Pfosten gebunden war; die Stiefmutter verbrannte gerade eine beträchtliche Menge Moxe auf dem entblößten Unterleib des Mädchens. Plötzlich hielt meine Nachbarin in der Beschreibung dieser Szene inne, warf einen Blick nach draußen und verstummte.
Eine Frau mit leichtem Make-up ging vorüber. Mit freundlichem Lächeln verbeugte sie sich und ging weiter Richtung Hauptstraße. Die Nachbarin, die nun ihr Herz ausgeschüttet hatte, blickte der Frau nach und schwor: »Noch vor zwei Minuten sah sie aus wie eine wütende Furie, und jetzt tut sie so sanft wie ein Lämmchen. Hexe!«

Die Frau, die gerade vorbeigegangen war, war also jene Stiefmutter gewesen, die eben noch das kleine Mädchen mißhandelt hatte. Ich konnte es kaum glauben, aber die Nachbarin wandte sich zu mir und flehte: »Akira, bitte. Bitte geh und hilf dem Kind, solange sie weg ist.« Ich wußte nicht, was ich sagen sollte; halb glaubend, halb zweifelnd folgte ich ihr.
Ich schaute durch das Fenster, von dem die Nachbarin gesprochen hatte, und sah das Kind, mit dem Gürtel eines Männerkimonos an einen Pfosten gebunden. Das Fenster war offen, also kletterte ich wie ein Dieb in die fremde Wohnung. Ich beeilte mich, den Gürtel zu lösen, mit dem das Kind an den Pfosten gebunden war. Doch das Mädchen fuhr mich wütend an: »Was machen Sie da? Niemand hat Sie um Ihre Hilfe gebeten.« Verblüfft starrte ich sie an. »Wenn sie zurückkommt und ich bin nicht mehr gefesselt, dann quält sie mich wieder.« Es war, als hätte mir jemand einen Schlag ins Gesicht versetzt. Selbst wenn ich sie losband, konnte sie nicht der Situation entkommen, die sie an diesen Pfosten fesselte. Für sie war das Mitgefühl anderer Menschen völlig wertlos. Mitleid wäre lediglich zur Quelle neuer Qualen geworden. »Binden sie mich schnell wieder fest«, warf sie mir mit solcher Wildheit zu, daß ich Angst hatte, sie werde mich beißen. Ich tat, wie sie mir befohlen hatte. Das geschah mir recht.

Eine Geschichte, die ich nicht erzählen möchte

DA ICH NUN SCHON eine Geschichte erzählt habe, die mich traurig stimmt, kann ich auch von etwas schreiben, an das ich lieber nicht mehr gerührt hätte – den Tod meines Bruders. Es ist sehr schmerzvoll, darüber zu schreiben, doch wenn ich nicht davon spreche, komme ich nicht weiter.
Als sich mir auch die dunkle Seite des Lebens in unserer Gasse aufgetan hatte, kam mir plötzlich der Wunsch, zu meinen Eltern zurückzukehren. Inzwischen war klar geworden, daß in Zukunft alle ausländischen Filme Tonfilme sein würden, und die Filmtheater, die sie spielten, kamen zu dem Schluß, daß sie die Kommentatoren nicht mehr bräuchten. Die Erzähler wurden reihenweise entlassen, und als die übrigen davon erfuhren, traten sie in einen Streik. Mein Bruder hatte als Anführer der Streikenden eine sehr schwere Zeit durchzumachen. Es wäre nicht richtig von mir gewesen, wenn ich ihn weiterhin in Anspruch genommen hätte. Also ging ich nach Hause.

Meine Eltern, die nichts von dem Leben wußten, das ich in den letzten Jahren geführt hatte, begrüßten mich, als wäre ich von einem längeren Zeichenausflug zurückgekehrt. Mein Vater wollte alles über die Malerei wissen, die ich studiert hatte; so konnte ich gar nicht anders, als die Wahrheit zu verschweigen und allerlei passende Lügen zu erzählen. Als ich sah, wieviel Hoffnung mein Vater immer noch in meine Malerkarriere setzte, hatte ich das Gefühl, ich sollte von neuem damit beginnen. Und tatsächlich begann ich wieder zu zeichnen.
Ich wollte auch in Öl malen. Aber der gesamte Haushalt lebte von der Unterstützung meiner älteren Schwester, die einen Lehrer an der Militärakademie Morimura Gakuen geheiratet hatte. Ich brachte es nicht über mich, um Farbe und Leinwand zu bitten. Also zeichnete ich.
In dieser Zeit nun erfuhren wir eines Tages, daß mein Bruder versucht hatte, sich das Leben zu nehmen. Ich glaube, der Grund lag in seiner unglücklichen Position als Führer des gescheiterten Streiks der Stummfilmerzähler. Meinem Bruder war offenbar klar gewesen, daß man die Kommentatoren nicht mehr benötigen werde, wenn der Tonfilm sich im Zuge des Fortschritts der Filmtechnik durchsetzte. Da er wußte, daß man auf verlorenem Posten kämpfte, muß es für ihn überaus qualvoll gewesen sein, die Führung der Streikenden zu übernehmen.
Der Versuch meines Bruders, der Pein seines Lebens ein Ende zu setzen, warf wieder einmal einen düsteren Schatten auf unsere Familie. Ich suchte verzweifelt nach irgend etwas, das alle ein wenig aufgeheitert hätte. Und ich verfiel auf die Idee, mein Bruder solle die Frau heiraten, mit der er zusammenlebte. Ich hatte sie fast ein Jahr lang abgeklopft, hatte in ihrem Charakter nichts Beanstandenswertes gefunden und stand inzwischen mit ihr in einem Verhältnis, als wäre sie wirklich meine Schwägerin. Die Formalisierung ihrer Beziehung herbeizuführen erschien mir als eine recht natürliche Aufgabe.
Meine Mutter, mein Vater und meine ältere Schwester hatten keine Einwände gegen diese Idee. Seltsamerweise jedoch konnte ich meinen Bruder nicht zu einer offenen Antwort auf meinen Vorschlag bewegen. Ich führte seine Zurückhaltung auf die Tatsache zurück, daß er arbeitslos war.
Eines Tages sagte meine Mutter zu mir: »Ich frage mich, ob mit Heigo alles in Ordnung ist.« »Was meinst du damit?« gab ich zurück, und sie erklärte mir ihre Befürchtungen: »Hat er nicht immer gesagt, er werde noch vor seinem dreißigsten Jahr sterben?« Damit hatte sie recht; genau das hatte mein Bruder immer gesagt. Er behauptete, jenseits des dreißig-

sten Jahres würden alle Menschen nur häßlicher und gemeiner und er habe nicht die Absicht, es ihnen gleichzutun. Er war ein großer Verehrer der russischen Literatur und pries Michail Arcybasevs Roman *Die letzte Linie* als das beste Buch der Welt; stets hatte er ein Exemplar davon bei der Hand. Ich war allerdings stets der Überzeugung gewesen, das Eintreten meines Bruders für das Credo eines »schicksalhaften« Todes, wie es der Protagonist des Romans, Naumov, verkündete, sei nicht mehr als eine übertriebene Emotion – keinesfalls aber die Vorahnung seines eigenen Todes, als die es sich letztlich erwies. Als meine Mutter mir ihre Besorgnis mitteilte, tat ich sie daher lachend ab und sagte: »Menschen, die vom Sterben reden, sterben nicht.«

Ich hatte die Worte meines Bruders nicht ernst genommen, doch wenige Monate, nachdem ich die Befürchtungen meiner Mutter solcherart abgetan hatte, war mein Bruder tot. Wie er angekündigt hatte, starb er noch vor dem dreißigsten Lebensjahr. Mit siebenundzwanzig nahm er sich das Leben.

Drei Tage vor seinem Selbstmord hatte er mich zum Essen eingeladen. Seltsamerweise kann ich mich nicht erinnern, wo wir aßen, sosehr ich mich auch bemühe. Sein Tod war wohl solch ein Schock für mich, daß mir zwar die letzten Worte, die wir miteinander gewechselt haben, mit größter Klarheit in Erinnerung geblieben sind, nicht aber die Dinge, die davor oder danach geschahen.

Wir nahmen am Bahnhof von Shin Ōkubo Abschied voneinander. Es war in einem Taxi. Als mein Bruder ausstieg, um in den Bahnhof zu gehen, sagte er mir, ich solle mit dem Taxi nach Hause fahren. Doch als der Wagen wieder anfuhr, kam er die Stufen der Eingangstreppe herunter und bedeutete dem Fahrer anzuhalten. Ich stieg aus, ging zu ihm und fragte: »Was ist denn?« Er blickte mich einen Augenblick lang streng an und sagte dann: »Nichts. Du kannst jetzt gehen.« Damit drehte er sich um und stieg die Stufen hinauf.

Das nächste Mal, das ich ihn sah, war ein blutiges Laken über ihn gezogen. Er war in ein Gasthaus mit einer heißen Quelle auf der Halbinsel Izu gefahren und hatte dort in einem abgelegenen Gästehaus Selbstmord begangen. Als ich in der Tür zu seinem Zimmer stand, war ich plötzlich unfähig, mich zu rühren. Ein Verwandter, der mit meinem Vater und mir herausgefahren war, um die Leiche meines Bruders abzuholen, warf mir ärgerlich zu: »Akira, was tust du?« Ja, was tat ich? Ich sah auf meinen toten Bruder. Ich sah auf den Körper meines Bruders, dem einst dasselbe Blut in den Adern geflossen war, der es aus seinem Körper hatte herausfließen

lassen, den ich verehrt hatte und der für mich unersetzlich war. Er war tot. Was tat ich? Verflucht!
»Akira, hilf mir!« sagte mein Vater sehr leise. Dann begann er mit großer Anstrengung den Körper meines Bruders in das Laken einzuwickeln. Der Anblick meines Vaters, sein Stoßen und Zerren, berührte mich zutiefst, und endlich war ich auch fähig, den Raum zu betreten.
Als wir die Leiche meines Bruders in den Wagen legten, mit dem wir aus Tokyo gekommen waren, ließ der Körper einen tiefen Seufzer. Die Beine, die fest gegen die Brust gedrückt waren, mußten die Luft aus seinem Mund gepreßt haben. Der Fahrer des Wagens begann zu zittern, aber es gelang ihm, die Leiche in das Krematorium zu bringen und in Asche zu verwandeln. Den Weg zurück nach Tokyo fuhr er wie ein Irrer und nahm dabei allerlei merkwürdige Nebenstraßen.
Meine stoische Mutter ertrug den Selbstmord meines Bruders in völligem Schweigen und vergoß keine einzige Träne. Obwohl ich wußte, daß sie nicht den mindesten Groll gegen mich empfand, erlebte ich ihr Schweigen als Vorwurf. Ich konnte nicht anders, ich mußte mich bei ihr dafür entschuldigen, daß ich die Worte meines Bruders so leichtgenommen hatte, als sie zu mir kam und mich um Rat fragte. Aber sie sagte nur: »Was meinst du damit, Akira?« Der Verwandte, der »Was tust du?« gefragt hatte, als ich vom Anblick meines toten Bruders gelähmt dastand, hatte mich nicht beunruhigen können; aber was ich meiner Mutter gesagt hatte, das konnte ich mir selbst nicht verzeihen. Und wie schrecklich waren die Folgen für meinen Bruder gewesen. Was bin ich doch für ein Dummkopf.

Negativ und Positiv

WAS WÄRE, WENN ...? Noch heute frage ich mich das manchmal. Wenn mein Bruder sich nicht das Leben genommen hätte, wäre er dann zum Film gegangen, wie ich es getan habe? Er wußte sehr viel vom Kino, und er hatte mehr als genug Talent, um das Filmemachen zu verstehen; überdies hatte er in der Welt des Films zahlreiche Freunde, die ihn schätzten. Er war noch jung; ich bin sicher, er hätte sich einen Namen machen können, wenn er nur gewollt hätte.
Doch wahrscheinlich hätte niemand meinen Bruder von seinem Weg

abbringen können, nachdem er sich einmal dazu entschlossen hatte. Seine erste Niederlage bei der Aufnahmeprüfung zur Ersten Mittelschule hatte ihn überwältigt. Damals entwickelte er eine weise, aber pessimistische Lebensphilosophie, die in allem menschlichen Streben nur eitles Bemühn erblickte, einen Tanz auf dem Grabe. Als er dem Helden begegnete, der diese Philosophie in *Die letzte Linie* entfaltete, da festigte dies seine Überzeugung. Überdies war mein Bruder, der so anspruchsvoll in allen Dingen war, nicht der Mann, der sich angesichts früherer Behauptungen in Unverbindlichkeiten geflüchtet hätte. Offenbar sah er sich bereits durch die weltlichen Dinge beschmutzt und auf dem Wege, eben jener häßliche Mensch zu werden, den er so verachtete.

In späteren Jahren, als ich als erster Regieassistent an Kajirō Yamamotos *Tsuzurikata kyōshitsu* (Aufsatzunterricht, 1938) mitwirkte, spielte der berühmte Stummfilmkommentator Musei Tokugawa die Hauptrolle. Eines Tages sah er mich mit einem langen, neugierigen Blick an und meinte:

»Du bist genau wie dein Bruder. Aber er war negativ, und du bist positiv.« Ich dachte, das bezöge sich auf die Tatsache, daß mein Bruder mir im Leben vorangegangen war, und so verstand ich auch Museis Bemerkung. Aber er fuhr fort und erklärte, wir glichen einander aufs Haar, nur sei im Gesichtsausdruck meines Bruders ein dunkler Schatten zu bemerken gewesen, und auch seiner Persönlichkeit habe etwas Düsteres angehaftet. Meine Persönlichkeit und mein Gesicht dagegen seien sonnig und herzlich.

Auch Keinosuke Uekusa hat von mir gesagt, mein Charakter sei wie eine Sonnenblume; es muß also etwas daran sein an der Behauptung, ich sei lebhafter, als mein Bruder es war. Ich sehe in meinem Bruder jedoch lieber den Negativfilm, der meiner Entwicklung als positives Bild zugrunde gelegen hat.

Ich war dreiundzwanzig, als mein Bruder starb, und ich war sechsundzwanzig, als ich in die Welt des Films eintrat. In den drei Jahren dazwischen ereignete sich nichts Berichtenswertes in meinem Leben. Das einzige bedeutsame Ereignis liegt noch vor dem Selbstmord meines Bruders – die Nachricht nämlich, daß mein ältester Bruder, von dem wir seit langem nichts mehr gehört hatten, an einer Krankheit gestorben war. Nach dem Tod meiner beiden älteren Brüder war ich nun der einzige Sohn, und ich begann, mich für meine Eltern verantwortlich zu fühlen. Dadurch wuchs denn auch meine Unzufriedenheit mit meiner eigenen Ziellosigkeit.

Doch damals war es noch weit schwerer als heute, als Künstler Erfolg zu haben. Und ich hatte begonnen, an meinem eigenen Talent als Maler zu zweifeln. Wenn ich mir eine Monographie über Cézanne angesehen hatte und dann hinausging, erschien mir alles – Häuser, Straßen, Bäume – wie auf einem Bild von Cézanne. Und hatte ich mir ein Buch mit Bildern von Van Gogh oder Utrillo angesehen, so verwandelte sich das Aussehen der realen Welt entsprechend. Sie erschien mir dann gänzlich anders, als ich sie sonst mit meinen eigenen Augen sah. Anders gesagt: Ich besaß – und besitze auch heute noch – keine gänzlich persönliche, eigenständige Art, die Dinge zu sehen.
Diese Entdeckung überraschte mich nicht sonderlich, ist es doch nicht leicht, eine persönliche Sicht zu entwickeln. Als jungem Mann jedoch bereitete mir dieser Mangel Unzufriedenheit, ja Unbehagen. Ich hatte das Gefühl, ich müsse meine eigene Sichtweise entwickeln und wurde noch ungeduldiger. Jede Ausstellung, die ich besuchte, schien mir zu beweisen, daß jeder Maler in Japan seinen eigenen persönlichen Stil und seine eigene persönliche Sicht besäße. Und ich zweifelte immer stärker an mir selbst.
Wenn ich heute auf die damalige Kunstszene zurückblicke, ist mir klar, daß nur ganz wenige Maler, deren Arbeiten ich sah, wirklich einen eigenen Stil und eine eigene Sicht besaßen. Die meisten zeigten lediglich eine Menge bemühter Technik, und das Ergebnis war bloße Exzentrik. Ich weiß nicht mehr, wer es geschrieben hat, aber es gab ein Lied über jemanden, der nicht vorbehaltlos zu sagen vermochte, daß etwas Rotes rot sei; erst im Alter fand er endlich Gewißheit. Und so ist es in der Tat. In der Jugend ist der Wunsch nach einem Ausdruck des eigenen Ich so übermächtig, daß viele Menschen am Ende den Sinn für ihr wahres Ich verlieren. Ich bildete da keine Ausnahme. Ich verstieg mich beim Malen zu technischen Gewaltakten – die Bilder, die dabei herauskamen, zeigten nur meine Selbstverachtung. Mehr und mehr verlor ich das Vertrauen in meine Fähigkeiten, und schließlich wurde mir das Malen zu einer Qual.
Und schlimmer noch: Um das Geld für Leinwand und Farben zu verdienen, mußte ich langweilige Auftragsarbeiten übernehmen: Illustrationen für Magazine, visuelle Ausbildungshilfen für Kochschulen über die richtige Art, Riesenrettiche zu schneiden, und Cartoons für Baseball-Magazine. Und während ich meine Zeit auf eine Malerei verwandte, für die ich keinerlei Begeisterung empfand, schwand meine Lust am wirklichen Malen nur um so unwiderruflicher.
Ich begann über andere Berufsmöglichkeiten nachzudenken. Tief in mir

fühlte ich, daß mir alles recht gewesen wäre; alles, was ich wollte, war, daß meine Mutter und mein Vater sich keine Sorgen machten. Dieses Gefühl ziellosen Umherirrens verstärkte sich noch durch den plötzlichen Tod meines Bruders. Da ich mich bis dahin vorbehaltlos der Führung meines Bruders anvertraut hatte, brachte mich sein Selbstmord völlig ins Trudeln. Ich glaube, dies war ein sehr gefährlicher Wendepunkt in meinem Leben.

Bei alledem jedoch bemühte mein Vater sich unverzagt darum, mir Halt zu geben. Immer wieder sagte er mir, wenn ich in Panik geriet: »Keine Panik! Es gibt keinen Grund, sich aufzuregen.« Wenn ich nur in Ruhe abwarte, werde mein Lebensweg sich ganz von selbst vor mir öffnen. Ich weiß nicht genau, welche Anschauung ihn veranlaßte, so etwas zu sagen; vielleicht sprach er aus eigener Lebenserfahrung. Jedenfalls sollten seine Worte sich überraschend als wahr erweisen.

Eines Tages – es war 1935 – las ich gerade die Zeitung, da fiel mein Blick auf eine Anzeige. Die P.C.L.-Filmstudios (man nannte immer nur die Abkürzung; sie steht für »Photo Chemical Laboratories«) suchten Regieassistenten. Bis dahin hatte ich noch nie daran gedacht, in die Filmbranche zu gehen, doch diese Anzeige weckte mein Interesse. Darin hieß es, der erste Test für die angehenden Angestellten bestehe in einer schriftlichen Ausarbeitung über die grundlegenden Mängel des japanischen Films. Man sollte Beispiele anführen und Vorschläge machen, wie den Problemen abzuhelfen wäre.

Das nun fand ich sehr interessant. Schon diese Fragestellung zeigte mir etwas von der jugendlichen Kraft der neugegründeten P.C.L.-Filmgesellschaft. Die Frage nach den grundlegenden Mängeln des japanischen Films und nach Möglichkeiten, sie zu überwinden, gab mir etwas, mit dem ich mich wirklich ernsthaft auseinandersetzen konnte, und zugleich appellierte sie an meinen eigensinnig schalkhaften Mutwillen. Wenn die Mängel grundlegend waren, konnte man sie wohl kaum korrigieren. So begann ich denn meine Ausarbeitung in einem leicht mokanten Ton.

Ich weiß nicht mehr, was ich damals im einzelnen geschrieben habe; aber ich hatte unter fachkundiger Führung meines Bruders zahlreiche ausländische Filme gesehen, und als Kinofan fand ich am japanischen Kino so manches, das mir nicht gefiel. Ohne Zweifel ließ ich all die Kritik einfließen, die sich im Laufe der Jahre angesammelt hatte, und es machte mir viel Spaß. Neben der Ausarbeitung mußten die Bewerber noch einen Lebenslauf und eine Abschrift des Familienstammbuchs einreichen. Da ich mich darauf vorbereitet hatte, jede Arbeit anzunehmen, die sich mir bieten sollte, lagen diese Dinge natürlich schon in meiner Schublade bereit. Ich fügte sie der Ausarbeitung bei und schickte alles an P.C.L. Ein paar Monate später erhielt ich eine Einladung zur zweiten Prüfungsrunde. Man teilte mir mit, ich solle mich an einem bestimmten Tag zu einer bestimmten Uhrzeit in den P.C.L.-Studios einfinden. Ich hatte das Gefühl, ein Fuchs hätte mich verzaubert, damit ich diese Ausarbeitung schriebe, und in diesem Gefühl machte ich mich auf den Weg ins P.C.L.-Studio.

In einer Filmzeitschrift hatte ich einmal ein Photo der P.C.L.-Studios gesehen. Es zeigte ein weißes Gebäude mit Palmen davor; deshalb dachte ich, sie müßten draußen an der Küste in der Präfektur Chiba, viele Kilometer von Tokyo entfernt, liegen. In Wirklichkeit befanden sie sich in einem südwestlichen Vorort der Stadt, in einer recht prosaischen Gegend. Wie wenig ich doch von den Realitäten der japanischen Filmindustrie wußte, zumal ich nie daran gedacht hatte, jemals dort zu arbeiten. Aber ich fand den Weg zu den P.C.L.-Studios, und dort traf ich den besten Lehrer, dem ich je begegnet bin: »Yama-san«, den Regisseur Kajirō Yamamoto.

Auf der Paßhöhe

DA ICH DIES NUN schreibe, kann ich nicht umhin zu denken, wie seltsam das alles war. Es war ein reiner Zufall gewesen, der mich da auf den Weg zu den P.C.L.-Studios und damit auf den Weg, Regisseur zu werden, geführt hatte; und dennoch schien alles, was ich bis dahin getan hatte, geradezu notwendig darauf hinauszulaufen. Ich hatte mich begierig auf Malerei, Literatur, Theater, Musik und andere Künste gestürzt und meinen Kopf mit Dingen vollgestopft, die in der Filmkunst zusammenfließen. Dennoch war mir nie in den Sinn gekommen, daß ja gerade das Kino das Gebiet war, auf dem ich von all dem Wissen, das ich gesammelt hatte, würde Gebrauch machen müssen. Ich kann mich nur wundern, welches Schicksal mich so gut für den Weg vorbereitet hat, den ich dann schließlich einschlagen sollte. Ich kann nur sagen, daß dieser Vorbereitung auf meiner Seite keinerlei bewußte Absicht zugrunde lag.

Der Innenhof der P.C.L.-Studios war voller Menschen. Später erfuhr ich, daß mehr als fünfhundert Bewerber auf die Zeitungsanzeige geantwortet

hatten. Offenbar hatte die Gesellschaft gut zwei Drittel der Bewerber bereits auf der Grundlage der Ausarbeitung ausgeschieden, aber im Innenhof drängten sich immer noch 130 Bewerber, die an der zweiten Prüfungsrunde teilnehmen durften. Ich wußte, daß davon nur fünf angestellt werden würden. Nun war mir gar nicht mehr wohl zumute.
Inzwischen aber war ich wirklich neugierig geworden, wie solch ein Filmstudio aussah. Also sah ich mich fleißig um. Offenbar wurde gerade kein Film gedreht, und niemand, der wie ein Schauspieler aussah, war in Sicht. Nur einer der Bewerber trug einen Cut. Es ist schon verrückt, daß ich mich ausgerechnet daran noch erinnere, aber sooft ich an diesen Mann denke, der zu einer Einstellungsprüfung im Frack erschien, muß ich den Kopf schütteln.
Der erste Teil der Prüfung bestand im Entwurf eines Drehbuchs. Wir wurden in Gruppen eingeteilt und erhielten ein Sujet, über das wir schreiben sollten. Das Thema wurde der Gruppe gestellt, aber schreiben mußte jeder für sich allein. Danach sollte eine mündliche Prüfung stattfinden. Meine Gruppe erhielt als Thema eine Zeitungsmeldung über das Verbrechen eines Fabrikarbeiters in Kotōchi, der sich in eine Tänzerin aus Asakusa verliebt hatte. Ich hatte keine Ahnung, wie man ein Drehbuch schreibt; ich saß ratlos da und wagte schließlich einen verstohlenen Blick zu meinem Nachbarn hinüber. Der schrieb mit atemberaubender Geschwindigkeit, als wäre es für ihn die alltäglichste Sache der Welt. Ich hatte wirklich nicht die Absicht abzugucken, doch ich konnte nicht anders, ich mußte einfach hinüberschauen. Anscheinend legte man zunächst einmal fest, wo die Geschichte spielen sollte, und beschrieb dann diese Umgebung. Als mir das klar geworden war, begann ich zu schreiben. Als angehender Maler entschloß ich mich, einen Gegensatz zwischen der öden Welt der Fabrik und der bunten Garderobe eines Revuetheaters herzustellen; deshalb beschrieb ich das Leben des Arbeiters ganz in Schwarz und das der Tänzerin in Rosa. So begann ich damals meine Geschichte; wie sie weiterging, habe ich allerdings vergessen.
Nachdem ich das fertige Drehbuch abgegeben hatte, mußte ich eine ganze Weile warten, bis die mündliche Prüfung an die Reihe kam. Der Morgen war über dem Schreiben bereits vergangen, und da ich lediglich vor dem Aufbruch zum Studio mein übliches Frühstück eingenommen hatte, war ich nun schrecklich hungrig. Im Studio gab es eine Cafeteria, aber da ich nicht wußte, ob wir dort essen durften, fragte ich meinen Nebenmann. Der erwies sich als recht umtriebig; er kannte jemanden, der im Studio arbeitete und der uns zum Essen einladen könne. Der Freund, den er nun

anschleppte, lud mich zu einem Curryreis-Gericht ein. Danach mußte ich dann noch lange warten; es war schon beinahe dunkel, als man mich zur Befragung hereinbat.
Natürlich waren die Prüfer mir alle unbekannt. Aber unsere Unterhaltung war sehr erfreulich und umfaßte ein breites Spektrum von der Malerei bis hin zur Musik. Da das Bewerbungsgespräch bei einer Filmgesellschaft stattfand, sprachen wir natürlich auch über Filme. Ich weiß nicht mehr, worum es dabei im einzelnen ging, aber ein paar Jahre später schrieb Yama-san einen Zeitschriftenartikel über mich, und darin sagte er, daß ich Van Gogh, die japanischen Maler Tessai und Sōtatsu und die Musik von Haydn liebe. Als ich diesen Artikel las, erinnerte ich mich, daß wir in dem Bewerbungsgespräch über diese vier Künstler gesprochen hatten. Überhaupt haben wir eine Menge geredet.
Plötzlich bemerkte ich, daß es draußen dunkel wurde. Ich entschuldigte mich und erinnerte daran, daß draußen noch viele Bewerber auf ihr Bewerbungsgespräch warteten. Yama-san erwiderte darauf: »Oh, das stimmt«, und nickte mir mit einem freundlichen Lächeln zu. Er sagte mir sogar noch, daß ich direkt vor dem Studio in den Bus einsteigen könne, wenn ich Richtung Shibuya fahren wolle. Das tat ich dann auch; während der ganzen Fahrt nach Shibuya schaute ich aus dem Fenster, doch soviel ich auch schaute, das Meer konnte ich nicht sehen.
Etwa einen Monat später erhielt ich eine Einladung zu einer dritten Einstellungsprüfung vom P.C.L. Es sollte die letzte Prüfung sein; deshalb waren auch der Studioleiter und der Direktor anwesend. Bei diesem Einstellungsgespräch begann der Geschäftsführer mich ausgiebig über meine Familie auszufragen. Plötzlich konnte ich nicht mehr an mich halten und brach heraus: »Soll das ein Verhör sein?« Der Studioleiter (damals war das Iwao Mori) kam herein und versuchte, mich zu besänftigen. Danach jedoch war ich sicher, daß man mich nicht nehmen würde.
Eine Woche später kam dann dennoch das Angebot. Aber der Geschäftsführer und das abschließende Einstellungsgespräch hatten mich wirklich verdrossen gemacht, und beim Anblick der vielen Schauspielerinnen mit ihrem dicken Pfannkuchen-Make-up, die ich am selben Tag gesehen hatte, war mir fast übel geworden. Ich zeigte das Stellenangebot meinem Vater und erklärte ihm, daß ich nun, da man mir die Stelle anbot, gar nicht mehr sonderlich darauf erpicht war, das Angebot anzunehmen. Mein Vater erwiderte mir, ich könne ja immer noch kündigen, falls mir die Arbeit nicht zusagte. Die Erfahrung sei den Versuch gewiß wert; deshalb solle ich einen Monat oder wenigstens eine Woche daransetzen und sehen,

wie es mir gefiele. Das schien mir ein guter Gedanke, und so trat ich bei der P.C.L.-Filmgesellschaft ein.
Man hatte mir zwar gesagt, daß nur fünf Leute eingestellt würden, aber als ich mich zum Arbeitsantritt meldete, fand ich mich unter zwanzig Neueingestellten. Das kam mir recht seltsam vor, bis man mir erklärte, daß man auch an anderen Tagen noch Einstellungsprüfungen abgehalten und neben den fünf Regieassistenten noch jeweils fünf Kamera-, Aufnahme- und Verwaltungsassistenten eingestellt hatte. Mit Ausnahme der Verwaltungsassistenten erhielten alle ein Monatsgehalt von 28 Yen (nach heutigem Geld etwa 1 500,- DM). Die Verwaltungsassistenten erhielten wegen der geringeren Aufstiegsmöglichkeiten 30 Yen (etwa 1 600,- DM) im Monat. Das erklärte uns derselbe Geschäftsführer, der mir beim letzten Einstellungsgespräch so unsympathisch gewesen war.
Der Geschäftsleiter wurde später Generaldirektor. In der Zeit, da er diese Position innehatte, wurde einer der Regieassistenten, die mit mir zusammen eingetreten waren, von einem herabstürzenden Scheinwerfer getroffen. Dabei brach er sich sechs Rippen, und der Schock verursachte eine Darmverschlingung, die später zu einer Blinddarmentzündung führte. Als diese Komplikation auftrat, äußerte der Geschäftsleiter die Ansicht, die gebrochenen Rippen gingen zwar auf das Konto der Gesellschaft, nicht aber die Blinddarmentzündung. Als nach dem Krieg die Betriebsgewerkschaft der P.C.L gegründet wurde, wählte man ihn zum bestgehaßten Manager des Studios.
Nach den ersten Aufgaben, die ich als neuer Regieassistent zugewiesen erhielt, war ich entschlossen zu kündigen. Mein Vater hatte gesagt, jede Erfahrung sei einen Versuch wert, doch alles, was ich dort tun mußte, erwies sich als etwas, das ich unter keinen Umständen ein zweites Mal tun wollte. Die älteren Kollegen unter den Regieassistenten taten ihr Bestes, um mich zum Bleiben zu bewegen. Sie versicherten mir, nicht alle Filme seien so wie der, an dem ich gerade arbeitete, und nicht alle Regisseure seien so wie der, mit dem ich es gerade zu tun hatte.
Ich hörte auf sie, machte einen zweiten Versuch und kam schließlich zu Yama-san. Sie hatten recht gehabt. Ich lernte, daß es viele Arten von Filmen und viele Arten von Regisseuren gab. Die Arbeit im Yamamoto-Team machte wirklich Spaß. Danach wollte ich mit niemand anderem mehr arbeiten. Es war wie der Wind, der einem auf der Paßhöhe eines Berges übers Gesicht weht. Ich meine diesen wunderbar erfrischenden Wind nach einer anstrengenden Kletterpartie. Dieser Wind sagt einem, daß man die Paßhöhe bald erreicht hat. Und dann steht man oben und

schaut hinunter über die Landschaft, die sich vor einem ausbreitet. Wenn ich hinter Yama-sans Regisseurstuhl direkt neben der Kamera stand, dann hatte ich genau dieses Gefühl – »Nun habe ich es geschafft.« Seine Arbeit war von der Art, wie auch ich sie machen wollte. Ich stand auf der Paßhöhe, und der Ausblick, der sich mir auf der anderen Seite eröffnete, zeigte einen einzigen geraden Weg.

P.C.L.

»SIE ARBEITEN FÜR eine Firma, die Luftschiffe baut?« fragte mich einmal ein Barmädchen, das nicht sonderlich helle war. Sie sah dabei auf die Anstecknadel auf meiner Brust, die ein Objektiv in Seitenansicht und die Buchstaben P.C.L. trug. Je nach Blickwinkel konnte das Objektiv schon wie ein Luftschiff erscheinen.

P.C.L. steht für »Photo Chemical Laboratory«, und tatsächlich wurde die Firma ursprünglich als Forschungsinstitut für Tonfilme gegründet. Erst später baute man das Studio und begann mit der Produktion von Spielfilmen. Aus diesem Grunde unterschied sich die Atmosphäre dort beträchtlich von dem Klima, das in anderen, etablierten Studios herrschte; sie war von jugendlicher Frische.

Es gab nur wenige Regisseure, doch die meisten waren progressiv und voller Energie. Kajirō Yamamoto, Mikio Naruse, Sotoji Kimura, Shū Fushimizu – sie alle waren jung und frei von dem Geruch, der Filmemachern sonst anhängt. Auch ihre Filme unterschieden sich von den japanischen Filmen, die ich gesehen hatte. Sie hatten etwas von jenen Haiku-Frühlingsgedichten, die mit Titeln wie »Junges Grün«, »Frischer Wind« oder »Frühlingsdüfte« daherkommen. Die Frische und Kraft dieser Regisseure zeigte sich am besten in Werken wie Naruses *Tsuma yo bara no yō ni* (Meine Frau, sei wie eine Rose), Yamamotos *Wagahai wa neko de aru* (Ich bin eine Katze), Kimuras *Ani imōto* (Älterer Bruder und jüngere Schwester) und Fushimizus *Fūryū enkatai* (Moderne Troubadoure).

Zur Hälfte bestand dieses Phänomen freilich in einer Tendenz, Aspekte einer nationalen Identität zu verschleiern oder abzutun. Während Japan kopflos in dunkle Zeiten hineinschlidderte – Austritt aus dem Völkerbund; Ermordung von Kabinettsmitgliedern durch junge fanatische Armeeangehörige, denen die Regierungspolitik zu gemäßigt war (Vorfälle vom 26. Februar), Abschluß des deutsch-japanischen Anti-Kommintern-Paktes –, machten wir Filme, die so sorglos waren wie ein Lied über einen Spaziergang durch die duftende Blütenpracht des Hibiya-Parks. Tatsächlich trat ich unmittelbar nach den Vorfällen vom 26. Februar 1936 bei den P.C.L.-Studios ein. Von den heftigen Schneefällen dieses schrecklichen Tages türmten sich noch die Schneemassen im Schatten des Studiogebäudes.

Bedenkt man, was damals alles in der Welt geschah, kann man sich nur wundern, daß es P.C.L. gelang, sich zu behaupten. Die intellektuellen Führer dieser Firma waren ebenso jugendliche wie ausgebuffte Filmleute, denen ein junger, kraftvoller Geist eigen war; sie verschrieben sich einer neuen Politik und setzten sie mit Verve in die Wirklichkeit um. Das Studiopersonal bestand noch aus einer Ansammlung von Amateuren. Doch die schwankende, oft recht unbedarfte Qualität der dort geleisteten Arbeit war den zusammenhanglosen Filmen unserer Tage dank ihrer Naivität, ihrer Aufrichtigkeit und ihrer Reinheit weit überlegen. Jedenfalls war P.C.L. ein Filmstudio, das wirklich den Namen »Traumfabrik« verdiente.

Dank der Auswahlkriterien der Firma bildeten die neueingestellten Regieassistenten eine wirklich eindrucksvolle Gesellschaft. Mit Ausnahme eines einzigen von ihnen kamen sie alle von den besten Universitäten: von den kaiserlichen Universitäten in Tokyo und Kyoto sowie von den Universitäten Keiō und Waseda. Die Ausnahme mit dem recht verqueren Lebenslauf war Akira Kurosawa. Wir waren wie junge Fische, die man im Fluß ausgesetzt hatte und die nun kraftvoll zu schwimmen begannen.

Nach den Vorstellungen der P.C.L.-Geschäftsleitung waren die Regieassistenten Kadetten, die später einmal Manager und Regisseure werden sollten. Daher erwartete man von ihnen, daß sie sich in allen Bereichen der Filmproduktion ein solides Wissen aneigneten. Wir mußten in der Entwicklungsanstalt helfen, wir trugen am Gürtel einen Beutel Nägel, einen Hammer und eine Wasserwaage, wir halfen beim Drehbuchschreiben und beim Filmschnitt. Gelegentlich mußten wir sogar für Schauspieler einspringen und die Abrechnung für Außenaufnahmen erledigen.

Der Präsident der Gesellschaft reiste nach Amerika, um sich anzusehen, wie man in Hollywood Filme machte; dabei war er besonders beeindruckt von der Bedeutung des ersten Regieassistenten für die Arbeit an den einzelnen Filmen und von der Energie, mit der er seine Aufgabe erfüllte. Deshalb ließ er nach seiner Rückkehr mitten im Studio ein großes Schild anbringen, auf dem stand: »Den Anweisungen des ersten Regieas-

sistenten ist so zu folgen wie denen des Präsidenten.« Das führte natürlich zu einer Menge Widerstand und Ressentiment in allen Abteilungen des Studios. Um die Situation unter Kontrolle zu halten, mußten wir uns schon sehr anstrengen. Als erster Regieassistent fand man sich des öfteren in einer Lage, in der man sagen mußte: »Wenn Sie sich beklagen wollen, kommen Sie doch mal mit hinter's Entwicklungslabor.« Das führte zu heftigen Auseinandersetzungen mit den Kameraleuten, den Beleuchtungstechnikern, den Requisiteuren und Bühnenbildnern.
Doch auch wenn manches von dem etwas extrem war, glaube ich dennoch, daß der Grundgedanke, im Regieassistenten einen angehenden Manager zu sehen, und die zugehörige Ausbildungsmethode durchaus nicht falsch waren. Heute kommen Regieassistenten in große Schwierigkeiten, wenn sie zum erstenmal die Regie bei einem Film übernehmen sollen. Wer nicht jeden Aspekt und jede Phase der Produktion eines Filmes kennt, der kann kein Regisseur sein. Der Regisseur ähnelt einem befehlshabenden Offizier an der Front. Er muß jeden einzelnen Zweig des Produktionsprozesses genauestens kennen, und wenn er nicht jede dieser Abteilungen zu leiten versteht, kann er auch nicht das Ganze leiten.

Eine lange Geschichte: Teil 1

IM AUGUST 1974 erhielt ich die Nachricht, daß Yama-san – mein Lehrer Kajirō Yamamoto – erkrankt sei und daß die Aussichten auf eine Genesung nicht gut standen. Ich wollte gerade in die Sowjetunion reisen, um die Arbeit an meinem Film *Dersu Uzala* (Uzala, der Kirgise) aufzunehmen. Ich wußte, daß die Dreharbeiten mehr als ein Jahr in Anspruch nehmen würden. Sollte Yama-san in dieser Zeit etwas zustoßen, wäre es mir unmöglich gewesen, nach Japan zurückzukehren. In diesem Bewußtsein besuchte ich ihn zu Hause.
Sein Haus lag auf einem Hügel in Seijō, einem nördlichen Vorort von Tokyo. Ein steiler Betonpfad führte vom Tor zum Eingang hinauf. Auf einem Streifen in der Mitte dieses Betonweges hatte Yama-sans Frau ein sorgfältig gepflegtes Blumenbeet angelegt. In der düsteren Stimmung, in der ich mich befand, erschienen mir die Farben der Blumen zu intensiv.
Yama-san hatte durch seine Krankheit soviel Gewicht verloren, daß seine außergewöhnlich große Nase noch größer wirkte. Ich sprach ihm in den

üblichen Wendungen mein Bedauern über seine Krankheit aus und wünschte ihm rasche Besserung. Er antwortete mit sehr dünner, leiser Stimme: »Danke fürs Kommen, obwohl Sie so beschäftigt sind.« Doch dann kam sogleich die Frage: »Wie ist der russische Regieassistent?« Als ich ihm erwiderte: »Er ist ein guter Mann. Er schreibt alles auf, was ich sage«, da lachte er laut auf. »Ein Regieassistent, der nur aufschreibt, kann nicht gut sein.« Genau das hatte ich auch gedacht, doch ich wollte so etwas nicht sagen, um Yama-san nicht zu beunruhigen. Also log ich ein wenig: »Er ist schon in Ordnung. Vielleicht ist er ein wenig zu nett, aber seine Arbeit macht er gut.« »Wenn das so ist, ist es ja in Ordnung«, meinte Yama-san darauf und wechselte das Thema.

Er erzählte mir von einem Restaurant, wo es ein Sukiyaki gab, das noch wie in alten Zeiten schmeckte. Er drängte mich, einmal dorthin zu gehen, und erklärte mir genauestens den Weg. Dann sprach er von dem Restaurant, in das wir in alten Zeiten gern gingen, und vom Duft der Speisen dort. Er sagte mir, er habe nun gar keinen Appetit mehr; um so mehr erstaunte es mich, daß er noch mit soviel Begeisterung davon sprechen konnte. Wahrscheinlich wollte er mich mit unbeschwerten Erinnerungen nach Rußland entlassen.

In Moskau erhielt ich dann die Nachricht von seinem Tode. Es mag seltsam erscheinen, daß ich bei meinem Bericht über Yama-san mit dem Totenbett beginne, doch das hat seinen Grund. Ich wollte zeigen, daß sein erster Gedanke selbst dann noch den Regieassistenten gehörte, als er bereits wußte, daß es mit ihm zu Ende ging.

Ich glaube kaum, es hat jemals einen anderen Regisseur gegeben, der seinen Regieassistenten soviel Aufmerksamkeit geschenkt hätte wie er. Wenn ein Regisseur die Arbeit an einem Film aufnimmt, stellt er zunächst einmal sein Team zusammen. Yama-san dachte immer erst darüber nach, welche Regieassistenten er nehmen sollte. Dieser Mann, der in allen Dingen stets auf Flexibilität bedacht war, der einen legeren Arbeitsstil pflegte und in allem sehr offen war, zeigte eine erstaunliche Gründlichkeit bei der Auswahl seiner Assistenten. Wenn ein neuer Mann in diese Position aufgerückt war, prüfte Yama-san ihn so lange, bis er wußte, welchen Charakter und welches Temperament der Betreffende hatte. War er jedoch erst einmal zu einem Urteil gelangt, behandelte er alle seine Assistenten ohne Rücksicht auf das Dienstalter und fragte alle gleichermaßen nach ihrer Meinung. Dieses offene und freimütige Verhältnis war das Kennzeichen des Yamamoto-Teams.

Die wichtigsten Filme, an denen ich als Regieassistent und Mitglied des

Yamamoto-Teams mitgewirkt habe, waren die Streifen, in denen der Komiker Ken'ichi Enomoto die Hauptrolle spielte: *Chakkiri Kinta* (Kinta Chakkiri, 1937), *Senman chōja* (Der Millionär, 1936), *Bikkuri jinsei* (Das Leben ist eine Überraschung, 1938), *Otto no teisō* (Ein keuscher Gatte, 1937), *Tōjurō no koi* (Tojuros Liebe, 1938), *Tsuzurikata kyōshitsu* (Aufsatzklasse, 1938) und *Uma* (Pferde, 1941). In diesem Zeitraum stieg ich vom dritten zum ersten Regieassistenten auf; ich leitete Second-Unit-Arbeiten, machte Filmschnitt und Vertonung. Tatsächlich dauerte es vier Jahre, bis ich diese Stufe erreicht hatte, doch mir schien es, als eilte ich in großen Sprüngen, und ohne Atem zu holen, einen steilen Berg hinauf. Im Yamamoto-Team war jeder Tag voll angenehmster Erfahrungen. Ich konnte frei äußern, was immer ich dachte; ich hatte viel zu tun und war mit Begeisterung bei der Arbeit.

Freilich war dies auch die Zeit, da P.C.L. durch Abwerbung von Regisseuren und Stars bei anderen Gesellschaften seine Position zu festigen strebte und sich zur Tōhō-Filmgesellschaft entwickelte. Um mit den übrigen Produzenten am Markt konkurrieren zu können, verwandte man auf jedes einzelne Bild allergrößte Mühe. Wir arbeiteten unter extrem harten Bedingungen, und ganz gleich, was wir taten, es war nie eine gewöhnliche Arbeit. Ich sage nicht, schon deshalb könne man sich keine bessere Schule vorstellen, aber eines ist gewiß: Zu einem guten Nachtschlaf kam ich in all dieser Zeit eigentlich nie.

Der größte Wunsch aller Mitglieder eines Filmteams war es damals, einmal richtig ausschlafen zu können. Doch während die übrigen Mitglieder des Teams zumindest ein wenig Nachtruhe fanden, mußten wir Regieassistenten die Szenen für den nächsten Tag vorbereiten. Für uns gab es keine Ruhepause, und immer wieder hatte ich denselben Tagtraum: ein riesiger, ganz und gar mit Schlafmatten ausgelegter Raum. Mein innigster Wunsch war es dann, mich mitten auf diese Matten zu werfen und zu schlafen. Doch wenn uns solche Gedanken kamen, strichen wir uns ein wenig Speichel in die Augen, um klarer sehen zu können, und machten weiter. Wir gaben unsere letzte Kraft in der Hoffnung, den Film noch etwas besser zu machen.

Ein gutes Beispiel für solche Energie war »Honda, Mokume no kami« (Honda, der Hüter der Maserung), eigentlich Inoshirō Honda, der Regisseur, der *Godzilla* inszeniert und 1980 mit mir an meinem Film *Kagemusha* zusammengearbeitet hat. Er war damals zweiter Regieassistent, doch wenn den Bühnenbildnern die Arbeit über den Kopf wuchs, legte er auch hier Hand an. Er achtete stets genauestens darauf, daß man das Holz für die falschen Pfosten und Wandtäfelungen mit der Maserung strich und daß man dort, wo sie fehlte, eine Maserung aufmalte; daher sein Spitzname »Hüter der Maserung«. Der Grund, weshalb er so sehr auf die Maserung achtete, war einfach der Wunsch, Yama-sans Filme um eben diesen Aspekt besser zu machen. Wahrscheinlich meinte er, diese Sonderanstrengung unternehmen zu müssen, um Yama-sans Vertrauen weiterhin zu verdienen. Das Vertrauen, das Yama-san in uns legte, brachte uns zu dieser Einstellung. Und natürlich übernahmen wir sie auch in unsere eigene Arbeit.

Auch meine Einstellung zur Arbeit wurde durch Yama-sans Vertrauen geprägt. Als ich zum ersten Regieassistenten aufstieg, verband sich diese Einstellung mit meiner angeborenen Halsstarrigkeit zu einer außergewöhnlichen Zähigkeit. Ich erinnere mich an einen Vorfall bei den Dreharbeiten zu *Chūshingura* (Die getreuen Gefolgsleute, 1939). Diese Rachegeschichte aus der Feudalzeit wurde in zwei Teilen erstellt, wobei Eisuke Takizawa den ersten und Yama-san den zweiten Teil inszenierte. Wir hatten nur noch einen Drehtag, wenn wir den Uraufführungstermin halten wollten, und immer noch war der Höhepunkt des Films, die Angriffsszene, nicht im Kasten. Yama-san und die Geschäftsleitung hatten bereits aufgegeben, doch ich hatte noch Hoffnung und ging mir das Freigelände ansehen. Das Vordertor, das Hintertor und die Gärten waren fertig, doch von dem Schnee, der für die Szene unverzichtbar war, fehlte jede Spur. Ich nahm mir einen Eimer Salz, kletterte auf das Dach des Hintertores und begann, ein »schneebedecktes« Torhaus herzustellen.

Der Chef-Bühnenbildner, ein schwieriger Mann namens Inagaki, der stets den Underdog hervorkehrte, kam herbei und sah zu mir herauf. »Was machen Sie da?« fragte er. »Was ich hier mache? An dem Tag, als die siebenundvierzig treuen Gefolgsleute ihre Rache nahmen, hatte es stark geschneit. Wenn wir keinen Schnee haben, können wir nicht drehen«, erwiderte ich ihm und fuhr fort, Salz auf das Dach zu häufen. Inagaki schaute noch eine Weile zu mir hoch, dann ging er zurück in die Werkstatt und murmelte etwas vor sich hin. Als er zurückkam, hatte er eine ganze Gruppe Arbeiter bei sich. »Schnee. Ich will hier Schnee haben«, bellte er ärgerlich.

Ich kletterte vom Dach herunter und ging in den Aufenthaltsraum des Yamamoto-Teams; dort fand ich Yama-san in einem Sessel schlafend und weckte ihn auf. »Das Hintertor ist schon fast vollständig mit Schnee bedeckt. Sie könnten dort mit dem Drehen beginnen. In dieser Zeit sorge ich dafür, daß das Vordertor mit Schnee versehen wird, und beginne mit den Dreharbeiten dort. Sie können dann vorne weitermachen, sobald Sie hinten fertig sind, und ich sorge dafür, daß der Garten fertiggemacht wird, und fange dann dort mit dem Drehen an. Und wenn Sie dann vorne fertig sind, können Sie...« Yama-san rieb sich die Augen und nickte schläfrig. Langsam stand er auf und verbarg dabei nicht, wie erschöpft er war.

Es war ein strahlender Sonnentag mit einem herrlich blauen Himmel. Für die Aufnahme des Angriffs auf das Haus des Lehnsherrn Kira nahmen wir einen Rotfilter, um Nachtaufnahmen vorzutäuschen; der pechschwarze Himmel bildete einen wunderbaren Kontrast zu dem strahlend weißen Schnee. Doch als wir die Gartenszenen drehten, hüllte uns wirkliche Dunkelheit ein; und als wir dann endlich die letzte Szene im Kasten hatten, war es tiefe Nacht. Nach all diesen Anstrengungen stellten wir uns gemeinsam auf, um ein Erinnerungsphoto zu machen; da erschien der Studioleiter und sagte, er habe zwar nicht viel zusammenbringen können, aber er lade uns alle zu einem Umtrunk in die Kantine ein.

Dort fanden wir die Tische gedeckt mit Saké und Fisch. Wir nahmen unsere Plätze gegenüber den Herren von der Geschäftsleitung ein, doch angesichts der extremen Übermüdung aller Teammitglieder fand niemand rechte Lust daran, einen Toast auszubringen. Wir konnten keinen Bissen herunterbekommen. Alles, was wir wollten, war endlich schlafen. Während die Herren ihre Reden hielten und für die Einhaltung des Terminplans dankten, hörten wir mit hängenden Köpfen zu, als handelte es sich um eine Totenwache. Als die Reden zu Ende waren, standen die Beleuchtungstechniker geschlossen auf, verbeugten sich und gingen, ohne ein Wort zu sagen, hinaus. Die Kameraleute, die Tontechniker und alle übrigen Gruppen des Teams folgten ihnen ebenso wortlos. Nach ein paar Minuten waren nur noch die Herren von der Geschäftsleitung, Yama-san und die Regieassistenten im Raum. Das muß schon einen gewissen Eindruck auf die Herren gemacht haben; auf mich jedenfalls tat es das.

Yama-san wurde niemals ärgerlich. Selbst wenn er wütend war, zeigte er es nicht. Da er es nicht tat, übernahm ich es, den Leuten klarzumachen, daß er wütend war. Viele von den Stars, die man anderen Filmgesellschaften abgeworben hatte, waren egozentrisch und verwöhnt und erschienen zu spät zu den Dreharbeiten. Geschah das mehrere Tage hintereinander, dann wurde zwar nicht Yama-san ärgerlich, aber das Team wurde zusehends wütender. Da die Arbeit darunter litt, mußte etwas getan werden.

Bei solchen Gelegenheiten rief Yama-san das ganze Team zusammen und erklärte, was geschehen sollte. Erschien dann der Star wiederum zu spät, rief Yama-san: »Das war's für heute. Ihr könnt zusammenpacken.« Und alle verließen den Drehplatz. Der Star und sein Betreuer blieben allein zurück. Wir wußten, daß der Star oder sein Betreuer nachher im Aufenthaltsraum des Yamamoto-Teams erscheinen würde; deshalb bat ich Yama-san, ein möglichst grimmiges Gesicht aufzusetzen. Wie erwartet, erschien dann gewöhnlich auch einer der beiden und fragte ängstlich: »Haben Sie die Dreharbeiten heute abgesetzt, weil ich (oder Herr soundso) heute zu spät gekommen bin?« »Wahrscheinlich« erwiderte ich dann und blickte zu Yama-san hinüber. Der Betreffende blickte dann gewöhnlich recht verlegen drein, aber ich fuhr fort, ihn abzukanzeln: »Schließlich machen wir den Terminplan nicht, damit Sie zu spät kommen.« Vom nächsten Tag an erschien der Star natürlich pünktlich.

Ich habe nie erlebt, daß Yama-san einen seiner Regieassistenten angefahren hätte. Bei einer Außenaufnahme vergaßen wir einmal, einen der beiden Hauptdarsteller aufzurufen. Ich konsultierte rasch den ersten Regieassistenten Senkichi Taniguchi – später inszenierte er nach meinen Drehbüchern die Filme *Ginrei no hate* (Über den silbernen Gipfeln, 1947), *Jakoman to Tetsu* (Jakoman und Tetsu, 1949) und *Akatsuki no dassō* (Flucht im Morgengrauen, 1950). »Sen-chan« zögerte keinen Augenblick; er ging zu Yama-san und erklärte ihm die Situation: »Yama-san, X kommt heute nicht.« Yama-san schaute ihn verwundert an und fragte, warum. »Weil wir vergessen haben, es ihm zu sagen«, erwiderte Sen-chan in einem anmaßenden Ton, als trüge Yama-san die Schuld an dem Versehen. Dieser Ton war eine Spezialität von Sen-chan, die ihm niemand bei P.C.L. nachmachen konnte. Yama-san nahm daran jedoch keinen Anstoß und sagte nur: »In Ordnung. Ich habe verstanden.« Er machte weiter, und irgendwie brachte er es fertig, an diesem Tag mit dem Hauptdarsteller auszukommen, der anwesend war. Er sagte ihm, er solle beim Weggehen zurückschauen und über die Schulter rufen: »Wo bleibst du denn? Beeil dich!«

Als der Film fertig war, lud Yama-san Sen-chan und mich zu einem Drink nach Shibuya ein. Wir kamen an einem Kino vorbei, in dem unser Film gegeben wurde, und Yama-san blieb davor stehen. »Wollen wir einen Blick hineinwerfen?« fragte er. Wir gingen hinein und sahen uns den ganzen Film an. Als die Stelle kam, die wir ohne den zweiten Hauptdarsteller gedreht hatten, sahen wir, wie der verbliebene Hauptdarsteller zurückschaute und über seine Schulter rief: »Wo bleibst du denn? Beeil dich!« Yama-san wandte sich zu uns und fragte: »Was wohl dieser andere Kerl macht? Vielleicht ist er beim Würfelspiel hängengeblieben.« Sen-chan und ich standen beide auf in diesem dunklen Kino, verbeugten uns und sagten: »Wir bitten um Verzeihung.« Die übrigen Zuschauer drehten sich erstaunt um und starrten auf diese beiden großen Männer, die da plötzlich aufstanden und sich verbeugten.

So war Yama-san. Selbst wenn ihm nicht gefiel, was wir von Second-Unit-Dreharbeiten mitbrachten, nahm er es stets auf. War der Film dann fertig und kam in die Kinos, nahm er uns mit, damit wir ihn uns ansähen. Er zeigte uns, was wir gedreht hatten, und sagte: »Wäre es nicht besser gewesen, man hätte das so gemacht«, und geduldig erklärte er, warum er dies meinte. Er war der Ansicht, die Schulung seiner Regieassistenten sei es wert, den eigenen Film zu opfern. Jedenfalls scheint mir dies die einzig sinnvolle Deutung.

Dennoch schrieb eben dieser Yama-san, der sich in so außergewöhnlicher Weise um unsere Ausbildung bemüht hatte, später einmal in einer Zeitschrift: »Alles, was ich Kurosawa jemals gelehrt habe, war, zu denken.« Wie kann man einem derart selbstlosen Menschen danken? Ich habe von ihm so viel über Filme und über die Arbeit des Regisseurs gelernt, daß ich es hier gar nicht alles beschreiben könnte. Er war fraglos ein hervorragender Lehrer. Der beste Beweis dafür liegt in der Tatsache, daß die Arbeit keiner seiner »Schüler« (Yama-san haßte diesen Ausdruck) der seinen gleicht. Er war stets darum bemüht, seinen Regieassistenten keine Beschränkungen aufzuerlegen, sondern sie zur Entfaltung ihrer eigenen Fähigkeiten zu ermuntern. Und er tat dies ohne den geringsten Anflug von Strenge, wie sie für das Bild des »Lehrers« ansonsten typisch ist.

Doch auch dieser wunderbare Yama-san hatte seine furchterregenden Augenblicke. Einmal waren wir bei Außenaufnahmen für einen Film der Edo-Zeit. Ich habe vergessen, was es war, aber an einem Laden hing ein Schild mit ein paar Schriftzeichen darauf. Einer der Schauspieler fragte mich, was auf dem Schild stehe. Ich konnte es auch nicht lesen und wußte nicht, welche Waren dort feilgeboten wurden; ich riet einfach und sagte, es seien wahrscheinlich Arzneimittel. Plötzlich hörte ich etwas, das nur sehr selten zu vernehmen war: Yama-sans ärgerliche Stimme, die »Kurosawa!« rief. Verwundert blickte ich ihn an; ich hatte ihn noch nie so ärgerlich gesehen. Im selben wütenden Ton fuhr er fort: »Auf dem Schild wird Kleidung feilgeboten. Sie sollten nicht so unverantwortliches Zeug reden. Wenn sie es nicht wissen, sagen Sie es.« Darauf wußte ich keine

Antwort. Diese Worte haben sich mir eingeprägt; noch heute kann ich sie nicht vergessen.
Yama-san verstand es, Konversation zu betreiben, und ich lernte von ihm eine Menge über Alkoholika. Er war ein Mann von vielseitigen Interessen; besonders viel verstand er vom Essen – jedenfalls genug, daß man ihn einen wahren Gourmet nennen darf. Von ihm habe ich viel über die internationale Küche gelernt. »Menschen, die beim Essen nicht einmal zwischen dem, was gut, und dem, was schlecht schmeckt, unterscheiden können, disqualifizieren sich damit selbst als Mitglieder der menschlichen Rasse« – so lautete eine seiner Lieblingstheorien. Da er das Essen so sehr liebte, hatte ich auf diesem Gebiet zu mancherlei Studien Gelegenheit.
Auch mit Antiquitäten, vor allem mit antiken Gebrauchsgegenständen, kannte er sich gut aus. Er liebte die Volkskunst; von ihm habe ich gelernt, diese Dinge zu schätzen. Dank meines Hintergrundes als Maler ging ich ihnen dann noch intensiver nach als Yama-san.
Wenn wir im Zug zu Außenaufnahmen unterwegs waren, spielte Yama-san mit uns Regieassistenten gerne ein Spiel, mit dem wir die Zeit totschlagen konnten. Wir suchten uns ein sehr offenes Thema und schrieben dann alle eine kurze Geschichte dazu. Das war nicht nur eine gute Übung fürs Drehbuchschreiben und für die Regie; es war auch für sich schon ein interessantes Spiel. So schrieb Yama-san einmal eine Geschichte über das Thema »Hitze«: Ort der Handlung ist der obere Raum eines Sukiyaki-Restaurants. Es ist Hochsommer; die geschlossenen Fenster und die Shōji-Schirme vermögen die Hitze der gleißenden Nachmittagssonne kaum zu mildern. In dem winzigen Raum setzt ein Mann alles daran, eine der Bedienerinnen zu verführen, und achtet dabei nicht auf den Schweiß, der ihm in Strömen den Körper hinab läuft. Da kocht mit brodelndem Geräusch der Sukiyaki auf; der Duft von gebratenem Fleisch verbreitet sich im Zimmer.
Diese kurze Geschichte läßt, meine ich, nichts an einer vollen Entfaltung des Themas zu wünschen übrig; das Bild des schwitzenden Mannes ist so lebendig, daß man es unmittelbar vor Augen hat. Sämtliche Regieassistenten zogen spontan den Hut vor Yama-san..

Eine lange Geschichte: Teil 2

WENN YAMA-SAN UND ICH zusammenarbeiteten, tranken wir nach der Arbeit meist noch etwas, und oft lud er mich zum Essen zu sich nach Hause ein. War ein Film fertig, brannte er darauf, den nächsten zu beginnen; dabei zog er mich oft zur Beratung hinzu. Ich erinnere mich an einen Tag nach der Uraufführung von *Tōjurōs Liebe;* wir hatten schrecklich hart an diesem Film gearbeitet, doch die Kritiken waren gar nicht günstig. Enttäuscht begannen Yama-san und ich schon am Morgen zu trinken. Ich werde nie dieses bittere Gefühl vergessen, als ich schweigsam mit ihm in der Morgensonne in einer Bar in Yokohama saß und beim Trinken hinunter auf die Schiffe im Hafen schaute.

Nachdem ich in einer Reihe von Filmen als erster Regieassistent für Yama-san gearbeitet hatte, übertrug er mir die Aufgabe, Drehbücher zu schreiben. Er selbst hatte ursprünglich als Drehbuchautor begonnen, und sein Talent auf diesem Gebiet war unübertrefflich. Einmal sagte ihm der nicht zu beeindruckende Senkichi Taniguchi direkt ins Gesicht: »Sie sind ja ein erstklassiger Drehbuchautor, aber als Regisseur sind Sie nicht so berauschend.« Das war natürlich ein ausgezeichnetes Beispiel für Sen-Kichis Unverschämtheiten, aber in der Tat konnte kein Zweifel daran sein, daß Yama-san ein erstklassiger Drehbuchautor war. Das kann ich aufgrund der Kritiken und Überarbeitungsvorschläge bezeugen, die er mir bei meinen späteren Drehbüchern zukommen ließ. Kritisieren kann jeder; doch nur ein außergewöhnliches Talent kann seine Kritik auch mit konkreten Vorschlägen untermauern, die wirklich eine Verbesserung bringen.

Das erste Drehbuch, das ich unter Yama-sans Aufsicht schrieb, basierte auf Nariyoshi Fujimoris Erzählung *Mizuno Jūrozaemon*. Im Original gibt es eine Szene, in der der titelgebende Held seinen Kameraden aus der Shiratsuka-Bande von einem Erlaß erzählte, den er auf einem Anschlagbrett vor einer Edo-Burg gesehen hatte. Ich folgte dem Original sehr eng und ließ Mizuno zurück zu seinen Freunden gehen und ihnen berichten, was er gesehen hatte. Yama-san las das und sagte, für eine Erzählung sei es ja ganz schön, für ein Drehbuch jedoch zu schwach. Rasch notierte er ein paar Zeilen und zeigte sie mir. Nun war die Sache tatsächlich nicht mehr so langweilig wie zuvor; Mizuno kam nicht mehr daher und erzählte etwas; in Yama-sans Version riß er das Brett samt Pfosten aus dem Boden, schulterte es und kehrt damit zu seinen Genossen zurück. Er pflanzt es vor seinen Kumpanen auf und sagt: »Seht euch das an!« Ich war begeistert.

Von da an entwickelte ich ein neues Verhältnis zur Literatur – eine Veränderung, um die ich mich sehr bewußt bemühte. Ich begann, sehr sorgfältig zu lesen; ich fragte mich, was der Autor sagen wolle und wie er es auszudrücken versuche. Ich begann beim Lesen zu denken, und ich machte mir Notizen über Passagen, die in emotionaler Hinsicht eine besondere Saite in mir anschlugen oder die ich aus irgendeinem Grunde für wichtig hielt. Wenn ich auf diese neue Weise Dinge las, die ich in der Vergangenheit schon einmal gelesen hatte, merkte ich, wie oberflächlich meine Lektüre früher gewesen war.

Nicht nur die Literatur, sondern alle Künste überhaupt, erschließen sich einem in immer tieferen und subtileren Schichten, wenn man reifer wird. Das ist natürlich ein Gemeinplatz, doch für mich war es damals eine Offenbarung, und dieses Erlebnis verdankte ich Yama-san. Vor meinen Augen griff er zum Stift und verbesserte mein Drehbuch, noch während er es las. Ich war nicht nur beeindruckt von seinen Fähigkeiten und motiviert, mich selbst umzuerziehen; ich hatte auch etwas von den Geheimnissen des schöpferischen Prozesses verstanden.

Yama-san sagte: »Wer Filmregisseur werden will, der sollte zunächst einmal Drehbücher schreiben.« Ich hatte das Gefühl, daß er recht hatte; deshalb machte ich mich mit großer Energie ans Drehbuchschreiben. Wer behauptet, die Arbeit als Regieassistent lasse ihm keine freie Zeit zum Schreiben, ist nur ein Feigling. Vielleicht schafft man nur eine Seite am Tag, doch wenn man jeden Tag soviel schreibt, dann hat man am Ende eines Jahres 365 Seiten beisammen. In diesem Geiste begann ich zu schreiben und setzte mir das Ziel, jeden Tag eine Seite zu schaffen. An den vielen Nächten, die ich durcharbeiten mußte, konnte ich nichts ändern, aber wenn ich Zeit zum Schlafen fand, dann schrieb ich, selbst wenn ich schon unter die Decke gekrochen war, zwei oder drei Seiten. Als ich mich erst einmal zum Schreiben entschlossen hatte, fiel es mir sehr viel leichter, als ich erwartet hatte, und ich schrieb eine ganze Reihe von Drehbüchern. Eines der Drehbücher, die ich damals abschloß, war *Darumadera no doitsujin* (Ein Deutscher im Daruma-Tempel); die Geschichte basierte auf dem Leben des Architekten Bruno Taut. Auf Yama-sans Empfehlung wurde es von der Filmzeitschrift *Eiga hyōron* zur Veröffentlichung angenommen. Das führte leider zu einer unangenehmen Verwicklung. Yama-san vertraute das einzige Exemplar dieses Skripts einem Kritiker der Filmzeitschrift an, damit es dort in der nächsten Ausgabe erscheinen konnte. Dieser Kritiker nun ging zunächst einmal etwas trinken und vergaß das Manuskript im Zug. In berechtigter Empörung beschwerte Yama-san sich über solch ein Verhalten und verlangte, daß der Mann eine Zeitungsanzeige aufgebe, um das Manuskript wiederzubeschaffen. Doch eine Anzeige erschien nicht. Natürlich wollte ich diese Chance, mir einen Namen zu machen, nicht ungenutzt lassen und machte mich daran, das Manuskript nochmals zu schreiben. Ich arbeitete drei Nächte hintereinander durch und zermarterte mir das Gehirn, um die ursprüngliche Fassung wiederherzustellen, und als ich fertig war, brachte ich das Manuskript selbst in die Druckerei, in der die *Eiga hyōron* gedruckt wurde. Dort traf ich den Mann, der das Original verloren hatte. Der dachte freilich nicht daran, sich bei mir zu entschuldigen; statt dessen trug er eine Miene zur Schau, als wollte er sagen: »Sie können dankbar sein, daß wir Sie überhaupt drucken.« Wahrscheinlich wußte der Kerl es nicht anders – das jedenfalls ist noch die freundlichste Erklärung, die ich für sein Verhalten habe; und damals sagte ich mir das auch; aber ehrlich gesagt kochte ich innerlich. Noch heute empfinde ich Abscheu und Zorn, wenn ich an diesen Kritiker denke.

Als ich im Drehbuchschreiben eine gewisse Fertigkeit entwickelt hatte, sagte Yama-san mir, ich solle nun mit dem Filmschnitt beginnen. Ich wußte bereits, daß man kein Regisseur werden kann, wenn man das Schneiden nicht beherrscht. Erst beim Schneiden erhält der Film den letzten Schliff; ja, eigentlich erweckt erst der Schnitt den Film zum Leben. Das war mir schon klar gewesen, bevor Yama-san mir diese Arbeit zuwies; deshalb hatte ich schon einige Zeit im Schneideraum verbracht.

Oder besser gesagt: ich hatte dort schon Verheerungen angerichtet. Ich hatte mich an Yama-sans ungeschnittene Filmrollen, an die geschnittenen und die geklebten Partien herangemacht. Als der Cutter das merkte, geriet er außer sich vor Zorn. Yama-san verstand sich ausgezeichnet aufs Schneiden; er schnitt seine Filme stets selbst, und zwar mit erstaunlicher Geschwindigkeit, so daß dem Cutter nur übrigblieb, ihm zuzusehen und an den vorgegebenen Stellen zu kleben. Ich nehme an, der Cutter konnte es nicht vertragen, daß ein Regieassistent sich in seine Arbeit einmischte. Zudem war dieser Cutter ein schrecklich penibler Mensch; er nahm sämtliche ungenutzten Filmstreifen, säuberte sie sorgfältig und legte sie ordentlich in einer Schublade ab. So war es ihm natürlich ein Greuel, mich so sorglos an seinen Filmen herumschneiden zu sehen. Ich weiß gar nicht mehr, wie oft er mir beinahe den Kopf

abgerissen hätte. Es mag rücksichtslos erscheinen, aber ich muß gestehen, daß ich mich nach Kräften bemühte, ihn zu ignorieren, und ungerührt weitermachte.
Schließlich gab der Cutter auf. Ich weiß nicht, ob ihm die Kraft ausging oder ob es ihn denn doch beruhigte, daß ich nach dem Schneiden alles wieder so zurechtlegte, wie ich es vorgefunden hatte. Später schien er sogar stillschweigend zu billigen, daß ich mir in seinem Schneideraum zu schaffen machte. Und als ich dann selbst Filme machte, wirkte er bis zu seinem Tode als Chefcutter an allen meinen Filmen mit.
Yama-san brachte mir eine Menge über das Schneiden bei; am wichtigsten erscheint mir dabei die Einsicht, daß man beim Schneiden so klug sein muß, die eigene Arbeit objektiv zu betrachten. Den Film, den Yama-san gerade erst mit der allergrößten Sorgfalt aufgenommen hatte, schnitt er nun zusammen, als wäre er ein totaler Masochist. In den Schneideraum kam er stets mit einem freudigen Ausdruck im Gesicht und sagte dann: »Kurosawa, ich habe letzte Nacht darüber nachgedacht, wir können Szene soundso schneiden«, oder »Kurosawa, ich habe letzte Nacht darüber nachgedacht; ich möchte, daß Sie heute die erste Hälfte von Szene soundso schneiden.« »Wir können schneiden.« »Schneiden Sie!« »Schnitt!« Im Schneideraum war Yama-san regelrecht ein Massenmörder. Manchmal fragte ich mich sogar, weshalb wir soviel drehten, wenn wir den Film dann doch so kräftig zusammenschnitten. Auch ich hatte bei den Dreharbeiten mein Äußerstes gegeben; deshalb fiel es mir schwer, mitanzusehen, wie nun ein Großteil der Schere zum Opfer fiel.
Doch wieviel Arbeit der Regisseur, der Regieassistent, der Kameramann oder die Beleuchtungstechniker in einen Film gesteckt haben, kann das Publikum gar nicht erkennen. Man muß ihm etwas zeigen, das vollständig ist und nichts Überflüssiges hat. Natürlich filmt man bei den Dreharbeiten nur Dinge, die man auch für notwendig hält. Aber oft merkt man erst hinterher, daß man etwas eigentlich gar nicht bräuchte. Und was man nicht braucht, das braucht man nicht. Der Mensch neigt dazu, den Wert einer Sache nach der Arbeit zu bemessen, die man hineingesteckt hat. Beim Schneiden eines Films ist diese Neigung jedoch die gefährlichste Falle, in die man tappen kann. Man hat gesagt, die Kunst des Filmemachens sei die Kunst des Umgangs mit der Zeit; Zeit die keinem Zweck dient, verdient es jedoch, vergeudet genannt zu werden. Unter all den Lehren, die Yama-san mir über die Kunst des Schneidens vermittelt hat, war dies wohl die wichtigste.
Ich habe nicht die Absicht, ein Handbuch zur Technik des Filmemachens

zu schreiben; deshalb will ich diese Erörterungen hier nicht vertiefen. Doch von einem Erlebnis, das in diesen Zusammenhang gehört, möchte ich noch berichten. Es war bei den Schneidearbeiten zu dem Film *Uma* (Pferde); am Drehbuch zu diesem Film hatte ich mitgearbeitet, und den Schnitt hatte Yama-san vollständig in meine Hände gelegt. Es gibt eine Stelle in der Geschichte, da wird das Fohlen verkauft und die Mutter sucht verzweifelt nach ihrem Jungen. In höchster Erregung zertrümmert sie die Stalltür und versucht, sich unter dem Zaun hindurchzuzwängen. Ich schnitt die Sequenz mit größter Sorgfalt, in der Absicht, Ausdruck und Tun des Pferdes möglichst dramatisch erscheinen zu lassen.

Als wir die fertige Szene durch den Projektor laufen ließen, kam von dem beabsichtigten Gefühl freilich überhaupt nichts herüber. Die Angst und der Schmerz der Stute blieben irgendwie flach hinter der Leinwand. Yama-san war bei den Schneidearbeiten stets dabeigewesen, aber er hatte nie ein Wort gesagt. Wenn er nicht »Das ist gut« sagte, wußte ich, daß es schlecht war. Ich wußte nicht weiter, und in meiner Verzweiflung bat ich ihn schließlich um Rat. Er sagte: »Kurosawa, diese Sequenz hat keine Dramatik. Sie ist *mono-no-aware.*« *Mono-no-aware,* »Trauer um den Fluß der Dinge«, wie das süße nostalgische Gefühl beim Anblick der fallenden Kirschblüten – als ich diesen alten poetischen Ausdruck hörte, kam mir plötzlich die Erleuchtung; es war, als wachte ich aus einem Traum auf. »Natürlich«, rief ich und machte mich daran, die ganze Sequenz neu zu schneiden.

Ich hängte nur die Totalen aneinander. So entstand eine Sequenz, die nur noch die winzige Silhouette der Stute zeigte, die mit flatternder Mähne und fliegendem Schweif durch die mondhelle Nacht galoppierte. Und das war vollauf genug. Selbst ohne Ton meinte man das schmerzerfüllte Rufen der Mutter und die traurige Melodie des Windes zu hören.

Es versteht sich von selbst, daß man als Regisseur in der Lage sein muß, Schauspieler zu führen. Der Regisseur hat die Aufgabe, ein Drehbuch in etwas Konkretes umzusetzen und dies dann auf den Film zu bannen. Dazu muß er allen Beteiligten entsprechende Instruktionen geben: den Kameraleuten, den Beleuchtern, den Tontechnikern, den Bühnen-, Kostüm- und Maskenbildnern. Und er muß die Schauspieler anleiten.

Um seinen Regieassistenten die Gelegenheit zu geben, Erfahrungen mit der Führung von Schauspielern zu sammeln, betraute Yama-san sie oft mit der Verantwortung für Second-Unit-Dreharbeiten. Manchmal drehte er auch eine Szene bis zu einer bestimmten Stelle, ging dann nach Hause und überließ den Rest uns. Nur wer allergrößtes Vertrauen zu seinen Regieassistenten hat, kann so etwas tun. Andererseits fiel den Regieassistenten dadurch eine große Verantwortung zu. Sollten wir uns der Situation nicht gewachsen zeigen, verlören wir nicht nur Yama-sans Vertrauen, sondern auch das der Schauspieler und des ganzen Teams. Wir mußten also unser Bestes geben. Ich bin sicher, daß Yama-san unterdessen irgenwo bei einem Schnäpschen saß und sich diebisch freute. Doch diese Erfahrungen, die überraschend angesetzten Klassenarbeiten in der Schule ähnelten, gaben uns die beste Gelegenheit, unsere eigenen Regiefähigkeiten zu entwickeln.

Bei den Dreharbeiten zu *Pferde* kam Yama-san zwar zu den Außendrehorten, doch gewöhnlich blieb er nur eine Nacht; dann sagte er: »Übernehmen Sie das hier«, und fuhr zurück nach Tokyo. So hatte ich, noch bevor ich selbst Regisseur wurde, Gelegenheit, den Umgang mit dem Team und den Schauspielern zu erlernen.

Yama-san konnte gut mit Schauspielern umgehen. Er hatte nicht die gewichtige Würde von Regisseuren wie Yasujīrō Ozu und Kenji Mizoguchi; aber dafür eine gelassene Klugheit. Oft sagte er: »Wenn Sie als Regisseur einen Schauspieler mit aller Macht dorthin zu zwingen versuchen, wo Sie ihn haben wollen, dann schafft er bestimmt nur den halben Weg. Drängen Sie ihn in die Richtung, in die er selbst gehen wollte, und sehen Sie zu, daß er doppelt so weit geht, wie er eigentlich vorhatte.« Das Ergebnis dieser Einstellung ist in Yama-sans Filmen zu besichtigen: Die Schauspieler wirken entspannt, und alles erscheint spielerisch. Ein gutes Beispiel für diese leichtfüßige Art ist der Komiker Enoken (Ken'ichi Enomoto). In Yama-sans Filmen spielt er wirklich furios, und seine besonderen Fähigkeiten kommen voll zur Geltung.

Yama-san behandelte die Schauspieler stets mit ausgesuchter Höflichkeit. Manchmal vergaß ich die Namen von Statisten – den Leuten also, die nur einmal vorbeigehen oder in Massenszenen mitwirken –, und rief sie nach der Farbe ihres Kostüms: »Sie da, mit dem roten Kimono...« oder »Entschuldigung, der Mann in Blau...« In solchen Fällen schalt Yama-san mich: »Kurosawa, machen Sie das nicht! Jeder Mensch hat einen Namen.« Natürlich war mir das klar, aber ich war zu beschäftigt gewesen, um den Namen nachzuschauen. Yama-san dagegen ließ mich immer erst den Namen nachschlagen, bevor er einen Statisten ansprach, um ihm besondere Anweisungen zu geben. Ich suchte dann den Namen heraus, und erst dann sprach er den Betreffenden an: »Herr soundso, würden Sie bitte zwei oder drei Schritte nach links treten?« Der Statist – natürlich ein völlig Unbekannter – war überwältigt von solch persönlicher Ansprache.

Diese Technik zeigt, daß Yama-san recht »gewieft« war, aber sie funktionierte; er wußte wirklich, wie man die Menschen dazu bringt, ihr Bestes zu geben.

Was die Schauspieler betrifft, lernte ich noch drei weitere sehr wichtige Dinge von Yama-san. Zum ersten, daß die Menschen sich selbst nicht kennen. Sie können ihr eigenes Sprechen und ihre Bewegungen nicht objektiv betrachten. Zum zweiten, daß bei einer bewußt ausgeführten Bewegung auf der Leinwand später immer die Bewußtheit und nicht die Bewegung die Aufmerksamkeit auf sich zieht. Und zum dritten, daß man einem Schauspieler nicht nur sagen darf, was er tun soll; man muß ihm vor allem verständlich machen, *warum* er es tun soll – d. h., welche Motivationen der Rolle und der Handlung zugrunde liegen.

Gleich wieviel Platz mir hier zur Verfügung stünde, ich könnte gar nicht alles aufschreiben, was ich von Yama-san gelernt habe. Deshalb will ich meinen Bericht hier mit einem letzten Punkt beschließen, mit dem nämlich, was er mir hinsichtlich des Filmtons beigebracht hat. Er selbst übte bei der Vertonung stets größte Zurückhaltung und setzte Originalton und Musik mit subtilem Feingefühl ein. Daher fürchteten wir ihn noch am meisten bei den Vertonungsarbeiten – also der Aufzeichnung der Tonspur auf den fertig geschnittenen Film, dem letzten Schritt in der Herstellung eines Films. Meine Lieblingstheorie – wonach die Ausdruckskraft eines Filmes auf der multiplikativen Wirkung der Verbindung von Ton und Bildern beruht – stammt aus der Erfahrung mit Yamasans Vertonungsarbeit.

Für uns Regieassistenten war die Vertonung stets besonders unangenehm. Die Dreharbeiten waren vorüber, und wir alle waren erschöpft; zumeist aber drängte der Uraufführungstermin. Da aber grundsätzlich keine Spielräume eingeplant waren, ging es nun weiter mit den schlaflosen Nächten, und weil die Vertonung soviel Aufmerksamkeit und Feingefühl erforderte, waren unsere Nerven jedesmal aufs äußerste strapaziert, wenn wir endlich fertig waren.

Dem standen natürlich auch Erfahrungen gegenüber, die uns für unsere Mühen entschädigten. Oft hatten wir den Ton beim Drehen mit aufgenommen, und wenn wir dann einen anderen Ton darüberlegten, entstanden manchmal ganz unerwartete neue Effekte. Dadurch erhielt die Arbeit des Vertonens ihren eigenen Reiz. Je nachdem, welchen Ton man unterlegt, erhält das Bild für den Betrachter ganz unterschiedliche Bedeutungen. Als Regisseur kalkuliert man solche Effekte natürlich im vorhinein, doch Regieassistenten haben kaum Gelegenheit, auf diesem Gebiet Fuß zu fassen. In den meisten Fällen waren wir von den Ergebnissen überrascht. Und Yama-san schien Spaß daran zu haben, uns zu überraschen; darum ließ er uns gerne im Unklaren darüber, was er vorhatte. Später setzte er uns dann genüßlich mit einer ungewöhnlichen Kombination von Soundeffekten und Musik in Erstaunen. Durch den Ton erfuhr das Bild eine nachhaltige Veränderung, und es entstand ein völlig neuer Eindruck; in solchen Augenblicken vergaßen wir all unsere Mühe und Erschöpfung und überließen uns unserer Begeisterung.

Damals stand der Tonfilm in Japan noch ganz am Anfang. Bestimmt hatten zu dieser Zeit noch nicht viele andere Regisseure über das Verhältnis zwischen Ton und Bild so tiefgründig nachgedacht, daß ihnen klargeworden wäre, wie sehr beide als wechselseitige Verstärker dienen können. Ich glaube, Yama-san wollte mir beibringen, was er wußte, weil er wollte, daß ich die Vertonung von *Tōjurōs Liebe* übernahm.

Als er sich meine Arbeit im Vorführraum angesehen hatte, trug er mir auf, alles noch einmal zu überarbeiten. Das war ein Schock für mich. Es war, als hätte er mich vor aller Öffentlichkeit bloßgestellt. Alles noch einmal zu machen bedeutete einen gewaltigen Aufwand an Zeit und Mühe; ich konnte den Menschen, die mit mir an der Vertonung arbeiteten, kaum ins Auge sehen. Hinzu kam, daß ich überhaupt nicht recht wußte, was ich denn falsch gemacht hatte. Ich ging Rolle um Rolle immer wieder durch und suchte nach den Stellen, die schlecht sein könnten. Schließlich fand ich sie und vertonte sie von neuem; dann zeigte ich den Film Yama-san ein zweites Mal. Nach der Vorführung sagte er nur »O.K.«. In diesem Augenblick haßte ich ihn. »Erst läßt er mich alles mögliche tun, und dann sagt er nichts«, dachte ich. Doch das Gefühl hielt nur einen Augenblick an.

Auf der Party, auf der wir die Fertigstellung von *Tōjurōs Liebe* feierten, kam Frau Yamamoto zu mir und sagte: »Mein Mann ist sehr glücklich. Er hat gesagt, Kurosawa kann Drehbücher schreiben, Regie führen, Schneiden und Vertonen – er wird seinen Weg machen.« Da wurde mir plötzlich heiß. Yama-san war der beste Lehrer, den man sich denken konnte. Yama-san, ich verspreche Ihnen, ich werde mich immer ein wenig mehr und ein wenig länger bemühen. Das ist mein Nachruf auf Yama-san.

Erbbedingte Mängel

ICH BIN REIZBAR und hartnäckig. Diese Fehler sind immer noch ausgeprägt vorhanden, und in meiner Zeit als Regieassistent gaben sie mehr als einmal Anlaß zu ernsthaften Auseinandersetzungen. Ich erinnere mich an einen Fall, als wir bei den Dreharbeiten zu einem Film in besonders schlimme Zeitnot gerieten. Mehr als eine Woche lang hatten wir nur eine halbe Stunde Mittagspause, und was die Sache noch verschlimmerte: Wir mußten uns mit den Mahlzeiten begnügen, die uns von der Gesellschaft gebracht wurden. Diese Mahlzeiten bestanden aus Reisbällchen und eingelegtem Rettich.

Länger als eine Woche nichts als Reisbällchen mit eingelegten Rettichscheiben ist absolut unerträglich. Das Team begann sich zu beklagen; deshalb ging ich zur Verwaltung und verlangte ein wenig mehr Aufmerksamkeit. »Wickeln Sie die Reisbällchen wenigstens in getrockneten Seetang«, bat ich. Das Produktionsbüro stimmte zu, und ich kehrte mit der Ankündigung zu unserem Team zurück, am nächsten Tag werde man uns etwas anderes bringen. Das Murren hörte auf.

Am nächsten Tag jedoch kam wieder nichts anderes als Reisbällchen mit eingelegten Rettichscheiben. Erzürnt nahm eines der Teammitglieder sein Lunchpaket und warf es nach mir. Beinahe wäre ich selbst im Zorn aufgefahren, aber ich hielt mich im Zaum, nahm das Lunchpaket auf, mit dem man nach mir geworfen hatte, und machte mich auf den Weg zum Produktionsbüro. Wir drehten auf einem Freigelände gut zehn Minuten von den Studiogebäuden entfernt. Beim Gehen sagte ich mir unablässig: »Wirf ihnen nicht die Tür ins Gesicht; du darfst ihnen nicht die Tür ins Gesicht werfen...«, doch je länger ich ging, desto kürzer wurde meine Lunte, und als ich die Tür zum Produktionsbüro erreichte, da fehlten nur noch wenige Sekunden bis zur Explosion. Als ich dann vor dem Leiter des Produktionsbüros stand, passierte es. Ich warf ihm die Lunchbox mitten ins Gesicht, und er stand da, über und über mit klebrigen Reiskörnern bedeckt.

Zu einem anderen Vorfall kam es, als ich Regieassistent bei Shū Fushimizu war, der selbst vor mir als Regieassistent für Yama-san gearbeitet hatte. Wir wollten eine Szene drehen, die in einer sternklaren Nacht spielte, und ich war in die Kulissen geklettert, um die Sprenkel an Schnüren auszuspannen, die die Sterne darstellen sollten. Doch ich schaffte es einfach nicht, die Schnüre zu entwirren, und schließlich war

meine Geduld zu Ende. Auch Fushimizu, der unten bei der Kamera stand und zuschaute, verlor allmählich die Geduld und rief: »Können Sie sich nicht ein wenig beeilen?«
Das war der Auslöser. Als hätte ich nicht schon genug Ärger! Ich ergriff eine silberne Glaskugel, die sich in dem Kasten mit dem Flitter befand, und warf damit nach Fushimizu. »O.k.«, rief ich dazu, »hier haben Sie eine Sternschnuppe.« Später sagte er mir: »Sie sind noch ein Kind, ein reizbares Kind.«
Damit mag Fushimizu recht gehabt haben. Obwohl ich inzwischen schon über siebzig bin, habe ich mein aufbrausendes Temperament immer noch nicht zu zügeln gelernt. Heute lasse ich gelegentlich ein Feuerwerk steigen, aber mehr ist es auch nicht. Ich bin wie ein Satellit, der durch den Raum fliegt, aber keine radioaktive Spur hinter sich läßt; vielleicht ist meine Reizbarkeit denn doch von der guten Sorte.
Ein andermal mußten wir eine Tonaufnahme von jemandem machen, der einen Schlag auf den Kopf erhält. Wir probierten alles mögliche, aber der Tontechniker war nicht zufrieden. Schließlich explodierte ich und versetzte dem Mikrophon einen Schlag mit der Faust. Da leuchtete das blaue Licht auf, das ein O.K. signalisierte.
Ich mag keine langen Argumentationen, und ich kann Menschen nicht ausstehen, die dabei auf irgendeine verquere Logik zurückgreifen. Einmal versuchte solch ein argumentationsverliebter Drehbuchautor mir mit überaus logischen Argumenten zu beweisen, daß sein Drehbuch gut sei. Ich wurde ärgerlich und entgegnete ihm, er könne noch so viel die Logik bemühen; was langweilig sei, bleibe darum immer noch langweilig – und damit basta. Natürlich führte das zum Streit.
Einmal leitete ich Second-Unit-Dreharbeiten, die wieder einmal unter schrecklichem Zeitdruck abgewickelt werden mußten. Wir hatten gerade eine Einstellung abgedreht, und ich war schrecklich müde; deshalb setzte ich mich einen Augenblick hin. Der Kameramann kam zu mir und fragte nach der Position für die nächste Einstellung. Ich wies auf eine Stelle gleich in meiner Nähe. Der Kameramann, auch so ein argumentationsverliebter Kerl, verlangte daraufhin, daß ich ihm die theoretischen Grundlagen für meine Entscheidung erkläre. Ich wurde ärgerlich (das scheint mir recht oft zu passieren, und es bringt mich immer wieder in Schwierigkeiten) und sagte ihm, die theoretische Grundlage meiner Entscheidung für diese spezielle Kameraposition liege einfach in der Tatsache, daß ich müde sei und keine Lust habe, mich von der Stelle zu bewegen. Dieser Kameramann war ganz ver-

sessen aufs Argumentieren; um so erstaunlicher, daß er auf mein Argument keine Antwort wußte.
Jedenfalls werde ich sehr leicht zornig. Meine Regieassistenten sagen, wenn ich zornig werde, verfärbt sich mein Gesicht rot; nur die Nasenspitze verliert jede Farbe – ein Zorn, der sich bestens für den Farbfilm eignet, behaupten sie. Da ich noch nie vor einem Spiegel in Zorn geraten bin, weiß ich nicht, ob diese Behauptung stimmt. Für meine Regieassistenten ist dies jedoch ein Warnsignal; also wird ihre Beobachtung wohl zutreffen.
Gegen Schluß des Filmes *Pferde* von Yama-san gibt es eine Szene, in der das Fohlen auf einer Versteigerung verkauft wird. Die junge Heldin Ine (Hideko Takamine) muß in einer der für die Versteigerung aufgestellten Buden eine Flasche Saké kaufen. Sie trägt die Flasche durch die pöbelnde Menschenmenge, die sich zu der Auktion eingefunden hat, und kehrt zu ihrer Familie zurück, um mit ihr gemeinsam den Abschied von ihrem Pferd zu feiern. Der Klang der Lieder, die die Bauern aus dem Norden singen, während sie, wie ihre eigene Familie auch, bei ihren Pferden stehen und trinken, dringt an ihr Ohr. Weil diese Lieder für die Trennung von dem Pferd stehen, das sie selbst aufgezogen hat, machen sie sie unsäglich traurig.
Die Idee für *Pferde* stammt ursprünglich von Yama-san. Im Radio hörte er einmal eine Direktübertragung von einer Pferdeauktion. Unter all den Geräuschen, die bei solch einem Trubel entstehen, hörte er auch das Schluchzen eines Mädchens. Dieses Mädchen wurde seine Heldin Ine. Die Szene bei der Versteigerung ist also der reale Kern des Films.
Zu unserem größten Mißfallen kam eine Anweisung der Armeeverwaltungsstelle Pferde, die gesamte Szene herauszuschneiden. Es war Krieg (*Pferde* kam 1941 heraus), und was wir in dieser Szene zeigten, stand im Widerspruch zu dem Verbot, bei Tage Alkohol zu trinken. Aber die Szene hatte in dem genehmigten Drehbuch gestanden, und bei den Dreharbeiten war ein Oberst von der Verwaltungsstelle Pferde anwesend gewesen (Oberst Mabuchi, ein dickköpfiger, unzugänglicher Typ mit schroffem Benehmen). Die Dreharbeiten waren äußerst schwierig gewesen – ein Kamerawagen lief auf einer Diagonale durch ein Carré, in dem tatsächlich eine Versteigerung abgehalten wurde. Es war nicht leicht, die Menschen, die zu der Auktion gekommen waren, für eine Zusammenarbeit zu gewinnen, und an mehreren Stellen im Carré hatten wir mit Schlammlöchern und Pfützen zu kämpfen. Es war schon Präzisionsarbeit, den Kamerawagen gleichmäßig über die Schienen, die auf Bohlen verlegt

waren, durch dieses ganze Durcheinander zu schieben. Doch alles ging ganz erstaunlich gut, und es wurde eine großartige Aufnahme. Was fiel ihnen ein, uns nun aufzufordern, die Szene herauszuschneiden?
Ich entschloß mich, keinesfalls nachzugeben. Die Militärbürokratie war damals sehr streng; am liebsten hätten sie den Babies noch das Schreien verboten, und außerdem hatte ich es direkt mit Oberst Mabuchi zu tun. Die Aussichten waren gar nicht gut. Yama-san und der Produzent, Nobuyoshi Morita, neigten beide dazu, die Kürzung für unvermeidlich zu halten; doch der Schnitt hatte vollständig in meinen Händen gelegen, und ich war nicht bereit, mich zu beugen.
Zunächst einmal erschien mir die Idee, den Genuß von Alkohol bei Tage zu verbieten, als ein Fall dümmster obrigkeitsstaatlicher Anmaßung. Zum zweiten hätte ich erwartet, daß man sich entschuldigt, weil man uns die Szene hatte drehen lassen, und uns höflich bittet, sie herauszuschneiden. Statt dessen befahlen sie einfach: »Schneiden Sie das heraus!« Ich konnte es ihnen nicht durchgehen lassen.
Eines Abends, es war schon sehr spät, und der Tag der Uraufführung war bereits bedenklich nahe gerückt, kam Morita zu mir in den Schneideraum. Als ich ihn sah, sagte ich ihm: »Ich werde sie nicht herausschneiden.« »Ich weiß«, erwiderte er gelassen. »Ich weiß, daß man Ihnen sagen kann, was man will, wenn Sie diesen Ausdruck in Ihrem Gesicht haben; es würde nichts nützen. Aber wir können die Dinge nicht einfach laufen lassen. Ich möchte, daß Sie mit mir zu Oberst Mabuchi gehen.« »Was sollen wir da?« »Ich möchte nur klären, ob wir nun schneiden oder nicht.« »Aber Sie wissen doch, der Oberst wird sagen: ›Schneiden Sie!‹, und ich werde sagen: ›Ich werde nicht schneiden‹. Wir werden also nur dasitzen und uns anstarren«, erwiderte ich ihm. »Wenn es so kommt, können wir eben nichts machen. Ich möchte trotzdem, daß Sie mitkommen.«
Ganz wie ich vorausgesagt hatte, blitzten Oberst Mabuchi und ich uns nur drohend an. Bei unserer Ankunft hatte Morita gesagt: »Kurosawa sagt, er wird die Szene unter keinen Umständen herausnehmen. Er gehört zu jener Sorte Menschen, die nichts tun, was keinen Sinn hat. Ich überlasse ihn Ihnen.« Dann senkte er den Blick, trank von dem Saké, den die Frau des Oberst serviert hatte, und sagte nichts mehr. Auch ich schwieg, nachdem ich dem Oberst gesagt hatte, was ich ihm sagen wollte, und starrte in meine Saké-Schale. Von Zeit zu Zeit kam die Frau des Oberst herein, brachte neuen Saké und sah uns drei besorgt an.
Ich weiß nicht, wie lange wir dort schweigend saßen, doch schließlich waren alle Saké-Flaschen, die im Hause dieses gewiß kräftig trinkenden

Oberst vorhanden waren, aufgebraucht. Frau Mabuchi mußte hereinkommen und die Flaschen einsammeln, die wir vor uns aufgereiht hatten, um darin neuen Saké anzuwärmen. Es muß also schon recht lange gedauert haben. Plötzlich rückte Oberst Mabuchi ein wenig zur Seite, legte beide Hände auf den Boden und verbeugte sich vor mir: »Ich bitte um Verzeihung. Bitte schneiden Sie die Szene heraus«, sagte er. »In Ordnung; ich werde sie herausschneiden«, erwiderte ich, und damit war alles vorbei. Auch der Saké schmeckte nun besser. Als Morita und ich den Oberst verließen, stand die Sonne hoch am Himmel.

Gute Leute

YAMA-SAN MACHTE SICH SORGEN über mein ungezügeltes Temperament und meine Halsstarrigkeit. Jedesmal wenn ich für andere Regisseure arbeiten sollte, rief er mich zu sich und ließ mich einen feierlichen Eid schwören, daß ich unter keinen Umständen aus der Haut fahren oder meiner Halsstarrigkeit freien Lauf lassen werde. Allerdings kam es nur sehr selten vor, daß ich für andere Regisseure als Regieassistent arbeitete: Zweimal habe ich für Eisuke Takizawa gearbeitet und je einmal für Shū Fushimizu und Mikio Naruse.

Unter den Erfahrungen, die ich außerhalb des Yamamoto-Teams sammeln konnte, hat mich noch am stärksten Naruses Arbeitsweise beeindruckt. Er ging auf eine Weise vor, die man wirklich nur als fachmännisch bezeichnen kann. Ich arbeitete mit ihm an einem inzwischen verschollenen Film mit dem Titel *Nadare* (Lawine, 1938), der auf einer Erzählung von Jirō Ōsaragi basierte. Ich glaube, der Regisseur war mit dem Stoff nicht ganz zufrieden, dennoch vermochte ich aus der Arbeit mit ihm eine Menge zu lernen.

Naruse hängte gerne sehr kurze Einstellungen aneinander, doch wenn man sie dann im fertigen Film in ihrem Zusammenhang sah, wirkten die Sequenzen wie eine einzige Einstellung. Die Sequenz war so ausgezeichnet geschnitten, daß man die Schnitte gar nicht wahrnahm. Auf den ersten Blick wirkte die Bildfolge ruhig und gewöhnlich, doch auf den zweiten war sie wie ein tiefer Fluß, der an der Oberfläche ruhig dahinströmt, in der Tiefe jedoch eine reißende Strömung verbirgt. Die Sicherheit, mit der er diese Wirkung erzielte, suchte ihresgleichen.

Auch bei den Dreharbeiten zeigte Naruse diese Sicherheit. In allem, was er tat, lag ein Höchstmaß an Ökonomie; selbst die Essenspausen waren sorgfältig eingeplant. Nur eines hatte ich an ihm auszusetzen: daß er alles selbst tat und seine Regieassistenten zur Untätigkeit verurteilte.
Eines Tages hatte ich wieder einmal nichts zu tun. So ging ich denn hinter eine Kulisse, auf die Wolken aufgemalt waren, und fand dort einen großen Samtvorhang, der als Hintergrund für Nachtszenen benutzt wurde. Man hatte ihn gerade in der richtigen Weise zusammengelegt; also legte ich mich darauf und schlief sogleich ein. Das nächste, was ich merkte, war, daß einer der Beleuchtungsassistenten mich wachrüttelte. »Schnell!« sagte er. »Naruse ist wütend.« Ich geriet in Panik und floh durch eine Lüftungsöffnung auf der Rückseite der Bühne. Beim Kriechen hörte ich den Beleuchtungsassistenten rufen: »Er ist hinter den Wolken.« Als ich lässig durch den Vordereingang wieder in den Bühnenraum trat, kam Naruse gerade heraus. »Was ist los?« fragte ich ihn. »Jemand schnarcht auf der Bühne. Der Tag ist hin. Ich gehe nach Hause.« Zu meiner Schande hatte ich nicht den Mut, ihm zu gestehen, daß ich der Schuldige war. Tatsächlich erzählte ich Naruse erst zehn Jahre später die Wahrheit. Er fand es sehr lustig.
Was Takizawa betrifft, so werden mir die Außendreharbeiten in den Hakone-Bergen stets unvergeßlich bleiben; wir drehten dort *Sengoku guntō den* (Die Geschichte von den Vagabunden, 1937). Ich fungierte dabei als dritter Regieassistent und hatte es noch nicht gelernt, Alkohol zu trinken. Wenn wir abends in das Gasthaus zurückkehrten, gab mir die Bedienerin deshalb Tee und meine beiden Stücke Bohnenkuchen; und die Rationen Bohnenkuchen, die für Takizawa und den ersten Regieassistenten bestimmt waren, bekam ich noch dazu. Jeden Tag aß ich sechs Stücke süßen Bohnenkuchen; ich muß also recht schön gewesen sein.
Als ich sieben Jahre später – auf der Suche nach Drehplätzen für meinen Film *Sugata Sanshirō* – in derselben Gegend war, traf ich auch die Bedienerin wieder, die mir jeden Tag den Kuchen gebracht hatte. Sie erkannte mich nicht. Offenbar hatte ich mich in den sieben Jahren vollkommen verändert, zumindest in ihren Augen. Wie konnte auch der Kurosawa, der sieben Stücke Bohnenkuchen am Tag herunterschlang, und der Kurosawa, der nun dort saß und Saké trank wie ein Fisch, dieselbe Person sein? Später bemerkte ich, daß sie mich durch einen Türspalt beobachtete, als verfolgte sie die Bewegungen irgendeines Ungeheuers.
Die Idee für *Die Geschichte von den Vagabunden* stammte ursprünglich von

dem Filmregisseur Sadao Yamanaka. Das Drehbuch schrieb der Theaterschriftsteller Jūrō Miyoshi, doch hier und da scheint auch Yamanakas exquisite Handschrift durch. (Ich habe später selbst einmal ein Drehbuch nach Yamanakas Original geschrieben, das dann 1960 von Toshio Sugie verfilmt worden ist.) Die Dreharbeiten in den Hakone-Bergen fanden in der kältesten Jahreszeit, im Februar, statt. Den ganzen Tag blies ein bitterkalter Wind über die Hochebene am Fuße eines weißglitzernden Fujiyama. Noch vor Tagesanbruch machten wir uns auf den Weg zu unserem Drehort, und wenn wir dort ankamen, berührte die Sonne fast schon den Gipfel des Berges und tauchte ihn in ein tiefes Rosa. Stets wird mir die Landschaft unvergeßlich bleiben, die ich damals vor dem Beginn der täglichen Dreharbeiten auf dem Weg zum Drehort, während der Drehpausen und auf dem Weg zurück ins Gasthaus betrachten konnte. Es mag respektlos gegenüber Takizawa erscheinen, aber ich muß gestehen, daß mich die Landschaft sehr viel tiefer beeindruckte als das, was wir filmten.
Wenn wir im Morgengrauen mit unserem Wagen losfuhren, konnten wir beiderseits der Straße die alten Bauernhäuser betrachten. Als Statisten gekleidete Bauern, das Haar zu einem Knoten gebunden, mit Rüstung und Schwert versehen, traten aus diesen Häusern, warfen große Tore auf und führten ihre Pferde heraus. Es war, als wären wir wirklich ins sechzehnte Jahrhundert zurückversetzt. Die Bauern saßen auf und ritten hinter unserem Wagen her. Wenn wir an den gewaltigen Zedern und Kiefern vorbeirollten, hatte ich das Gefühl, daß auch sie dieser längst vergangenen Zeit angehörten.
Am Drehort angekommen, führten die Statisten ihre Pferde in den Wald, banden sie an Bäume und errichteten ein großes Holzfeuer. Die Bauern versammelten sich um das Feuer; im Halbdunkel des Waldes funkelten ihre Rüstungen im flackernden Schein des Feuers. Ich hatte das Gefühl, ich sei hier mitten im Wald auf eine Bande von Berg-Samurai gestoßen.
Während sie auf den Beginn der Dreharbeiten warteten, standen alle, Pferde wie Menschen, still da, den Rücken dem Nordwind zugekehrt. Die Kälte machte die Männer zittern; wie eine Welle lief es durch die Reihe der aufrecht dastehenden Krieger; ihre Haarknoten hoben und senkten sich mit den Mähnen und Schweifen ihrer Pferde. Und Wolken flogen über den Himmel. Die Szene entsprach aufs genaueste dem Gefühl, das auch das Lied der Berg-Samurai, der Titelsong des Filmes, vermittelte.

> Denk ich an zu Hause, so weit von hier,
> Ach, leg nieder die Lanze im Wald!

Seit der *Geschichte von den Vagabunden* habe ich eine Vorliebe für die Stadt Gotenba, für die Hochebene am Fuße des Fuji-yama und für die Menschen und Pferde dieser Gegend entwickelt; inzwischen habe ich mehrere historische Filme dort gedreht. Die Erfahrung mit der großartigen Reiterattacke in der *Geschichte von den Vagabunden* hat mich derart beeindruckt, daß ich sie in *Die sieben Samurai, Das Schloß im Spinnwebwald* und erst kürzlich in *Kagemusha* habe wiederaufleben lassen.
Der letzte unter den guten Leuten, von denen ich berichten möchte, ist Shū Fushimizu. Obwohl er ein paar Monate später geboren wurde als ich, starb er schon 1942 im frühen Alter von einunddreißig Jahren. Allgemein hatte man erwartet, daß er Yama-sans Erbe auf dem Gebiet des Musikfilms antreten werde; um so tragischer, daß sein Leben ein so frühes Ende fand. Wir alle nannten ihn »Mizu-san«, und seine Erscheinung entsprach genau dem Idealbild eines Filmregisseurs. Er hatte feine Gesichtszüge und war stets äußerst elegant gekleidet. Auch Yama-san sah gut aus und achtete sehr auf seine Kleidung; so schien denn auch von daher Mizu-san sein denkbar bester Erbe zu sein. Irgendwie wirkten wir anderen – Senkichi Taniguchi oder Inoshirō Honda oder ich – neben Mizu-san allenfalls wie kleine Brüder, ganz gleich wie groß wir andernorts herauskamen; ein Grund mag auch gewesen sein, daß er vor uns zum Regisseur befördert wurde.
Zwei oder drei Tage, nachdem Yama-san uns mitgeteilt hatte, daß unser »älterer Bruder« Mizu-san ernsthaft erkrankt war, wartete ich am Bahnhof von Shibuya in Tokyo auf den Bus zu den Tōhō-Studios. Plötzlich tauchte Mizu-san aus der Menge auf. Ich wußte, daß er eigentlich bei seiner Familie, die in der Region Kyōto-Ōsaka lebte, das Bett hüten sollte; deshalb war ich recht schockiert. Doch auch wenn mir das alles nicht bekannt gewesen wäre, hätte ich den Atem angehalten bei seinem Anblick. Von der Krankheit gezeichnet, sah er wirklich aus wie ein Geist.
Ich lief zu ihm hinüber und fragte: »Geht es? Was tun Sie denn hier?« Er verzog sein bleiches Gesicht zu einer Art Lächeln und erwiderte: »Ich will Filme machen. Ich muß Filme machen.« Darauf wußte ich nichts zu sagen. Er muß sich immer wieder gesagt haben: »Ich habe gerade erst angefangen, gerade erst angefangen«, und konnte es in seinem Bett nicht länger aushalten. Noch am selben Tag brachte Yama-san ihn in einem Hotel in Gōra in den Hakone-Bergen unter und sorgte für eine gute Pflege, doch es war bereits zu spät.
Mizu-san hatte einen Regieassistenten namens Shin Inoue, der gleichfalls außerordentliches Talent besaß. Er starb, noch bevor er selbst Regisseur

geworden war. Bei Dreharbeiten auf den Philippinen zog er sich eine tödliche Krankheit zu. Bevor er dorthin aufbrach, war er zu mir gekommen und hatte mich um Rat gefragt, ob er fahren oder lieber zu Hause bleiben solle. Ich hatte so etwas wie eine Vorahnung und riet ihm, zu Hause zu bleiben. Hätte ich mich nur überzeugender dafür eingesetzt!
Mit Inoues Tod war die Erbfolge bei Yama-sans Musikfilmen abgebrochen. Ein Sprichwort sagt, schöne Menschen leben nicht lange; es hat den Anschein, daß auch gute Leute früh sterben. Naruse, Takizawa, Mizusan, Shin Inoue – sie alle sind viel zu früh gestorben. Dasselbe gilt für die Regisseure Kenji Mizoguchi, Yasujirō Ozu, Yasujirō Shimazu, Sadao Yamanaka und Shirō Toyoda. Auch von ihnen muß ich sagen: »Gute Leute – kurzes Leben«. Aber wahrscheinlich ist das nur Sentimentalität angesichts der Menschen, die ich verloren habe.

Ein bitterer Krieg

NACH DER FERTIGSTELLUNG von *Pferde* entband man mich von meinen Verpflichtungen als Regieassistent; von da an leitete ich nur noch gelegentlich Second-Unit-Arbeiten für Yama-san und verbrachte die meiste Zeit mit dem Schreiben von Drehbüchern. Zwei meiner Drehbücher reichte ich bei einem vom Informationsministerium veranstalteten Wettbewerb ein: *Shizuka nari* (Alles ruhig) erhielt einen zweiten Preis von 300 Yen (18000 DM) zugesprochen, *Yuki* (Schnee) einen ersten Preis von 2000 Yen (120000 DM). Mein Gehalt betrug damals 48 Yen (ca. 2900 DM) im Monat, und damit erhielt ich bereits den höchsten Lohn von allen Regieassistenten; man kann sich also ausmalen, was für eine unvorstellbare Summe das Preisgeld des Informationsministeriums für mich war.
Danach lud ich meine Freunde Tag für Tag zum Trinken ein. Das Programm sah folgendermaßen aus: Zuerst tranken wir Bier in der Gegend um den Bahnhof von Shibuya; dann ging es weiter nach Sukiyabashi in der Nähe der Ginza; dort tranken wir Saké und aßen japanische Gerichte dazu; schließlich endete die Tour in den Ginza-Bars, und zwar mit Whiskey. Die ganze Zeit sprachen wir nur vom Kino; es war also keine reine Ausschweifung; wahr ist freilich, daß wir unser Verdauungssystem bedenkenlos überstrapazierten.
Als ich all mein Geld vertrunken hatte, setzte ich mich wieder hin und

machte mich neuerlich ans Schreiben. Ich schrieb damals hauptsächlich des Geldes wegen, und mein Auftraggeber war die Daiei-Filmgesellschaft. Für sie schrieb ich Drehbücher wie *Dohyōsai* (Festival der Ringkämpfer) und *Jajauma monogatari* (Geschichte eines Freudenhauses), und sie überwiesen mir das Honorar über meinen Arbeitgeber Tōhō. Doch Tōhō behielt die Hälfte davon ein. Als ich nach dem Grund fragte, sagte man mir: »Sie sind bei Tōhō unter Vertrag, und da wir Ihnen ein regelmäßiges Salär zahlen, erhalten wir umgekehrt einen Anteil von dem, was Sie nebenher verdienen.«

Für mich sah die Sache freilich etwas anders aus. Daiei zahlte mir 200 Yen für jedes Drehbuch. Mein Gehalt bei Tōhō betrug 48 Yen im Monat oder 576 Yen im Jahr. Wenn ich nun im Jahr drei Drehbücher für Daiei schrieb, erhielt Tōhō durchschnittlich 25 Yen pro Monat von mir – und das war mehr als die Hälfte meines Gehalts. So hatte ich denn den Eindruck, daß nicht die Tōhō mich für 48 Yen, sondern ich die Tōhō für 25 Yen im Monat angestellt hatte. Das erschien mir doch recht seltsam, aber ich sagte nichts. Als mich ein Angestellter der Daiei später einmal fragte, ob ich mein Geld erhalten habe, sagte ich ihm offen, was damit geschah. Er sah mich einen Augenblick erstaunt an, sagte: »Das ist ja fürchterlich«, und verschwand im Kassenbüro. Er kehrte mit 100 Yen zurück und händigte sie mir direkt aus.

Von da an hatte ich ständig dieses sinnlose Gerede durchzustehen, wenn ich ein Drehbuch für Daiei geschrieben hatte. Wahrscheinlich machte man sich bei Tōhō Sorgen um mich und dachte, wenn ich zuviel Geld erhielte, würde ich nur zuviel trinken.

Tatsächlich zeigten sich wegen des vielen Trinkens bald die ersten Anzeichen eines Ulcusleidens. Deshalb ging ich mit Senkichi Taniguchi auf eine Bergtour. Wenn wir den ganzen Tag herumgeklettert waren, war ich abends viel zu müde, um noch Saké zu trinken. So wurde ich denn auch gleich wieder gesund. Frisch genesen, machte ich mich gleich wieder ans Drehbuchschreiben, damit ich wieder Geld zum Trinken hatte.

(Diese ganze Trinkerei hatte bei den Dreharbeiten zu *Pferde* begonnen. Wir Regieassistenten waren so beschäftigt, daß wir beim Abendessen in dem Gasthaus, in dem wir während der Außenaufnahmen wohnten, keinen Saké trinken konnten, weil wir das Essen hinunterschlingen mußten, um uns gleich an die Vorbereitung der Dreharbeiten für den nächsten Tag zu machen. Und wenn wir dann zurückkamen, waren alle bereits schlafen gegangen. Die Wirtsleute hatten deshalb Mitleid mit uns und stellten jedem von uns eine Servierflasche Saké ans Bett; dazu ließen sie noch einen Kessel auf dem Feuer, damit wir den Saké anwärmen konnten. So kam es, daß wir allabendlich unseren Saké im Bett tranken; nur der Kopf schaute dabei unter den Decken hervor. Wir sahen aus wie Schildkröten, die den Kopf aus dem Panzer strecken; und nach kurzer Zeit waren wir denn auch gekochte Schildkröten.)

Dieses mit Schreiben und Trinken ausgefüllte Leben dauerte gut ein Jahr. Dann schlug man mir endlich vor, ich solle mein eigenes Drehbuch *Daruma-dera no doitsujin* (Ein Deutscher im Daruma-Tempel) verfilmen. Doch schon nach den ersten Vorarbeiten mußten wir das Projekt wegen der Einschränkungen auf dem Verleihsektor fallenlassen. Der Krieg im Pazifik hatte begonnen. Und in dieser unheilvollen Zeit trat mein verzweifelter Kampf, Regisseur zu werden, in die entscheidende Phase.

Während des Krieges wurde die Meinungsfreiheit Schritt für Schritt immer stärker eingeschränkt. Obwohl die Produktionsgesellschaft mein Drehbuch für die Verfilmung ausgewählt hatte, wies die Zensurstelle des Innenministeriums es zurück. Die Entscheidung der Zensoren war endgültig; Rechtsmittel gab es keine dagegen.

Und die Zensoren waren alles andere als lasch. Damals wurde es sogar als Majestätsbeleidigung gewertet, wenn man die Chrysanthemenblüte, das Emblem des Kaiserhauses, in irgendeiner Form verwendete, und auch Muster, die nur entfernte Ähnlichkeit damit hatten, waren verboten. Darum achteten wir sorgfältig darauf, daß unter den Kostümen keines ein solches Muster trug. Dennoch wurden wir eines Tages von der Zensurbehörde gerügt, weil wir die Chrysanthemenblüte verwendet hätten, und man wies uns an, die betreffende Szene herauszuschneiden.

Verblüfft, denn ich wußte, daß da unmöglich ein Chrysanthemenmuster auf dem Film sein konnte, ging ich alles durch. Und ich fand das Corpus delicti; es war ein Fächer, auf den ein Ochsenkarren gemalt war. Ich nahm den Fächer und brachte ihn dem Zensor. Doch er blieb bei seiner Entscheidung. »Auch wenn es in Wirklichkeit ein Ochsenkarren ist, so sieht es dennoch wie eine Chrysantheme aus, und darum ist es auch eine Chrysantheme. Schneiden Sie die Szene heraus.« In ihrer Perversität war die Zensurbehörde durch nichts zu übertreffen; solche Vorkommnisse waren daher keineswegs selten.

Die Zensoren handelten nach den Maximen der amtlichen Fremdenfeindlichkeit, die während des Krieges herrschte; wenn sie auf etwas stießen, das irgendwie »britisch-amerikanisch« aussah, ließen sie es mit wahrer Begeisterung vernichten. Meine beiden nächsten Drehbücher, *Mori no sen'ichiya* (Tausendundeine Nacht in den Wäldern) und *San Paguita no*

hana (Die San-Paguita-Blume), mußte ich auf Anweisung der Zensurstelle im Innenministerium für immer begraben.
In *Die San-Paguita-Blume* gab es eine Szene, in der die japanischen Angestellten einer Firma an der Geburtstagsfeier eines philippinischen Mädchens teilnehmen. Die Zensurbehörde fand das »britisch-amerikanisch« und nahm mich ins Kreuzverhör. Ich fragte, ob es schlecht sei, Geburtstag zu feiern. Der Zensor erwiderte, es sei ganz offensichtlich ein britisch-amerikanischer Brauch, den Geburtstag zu feiern, und eine solche Szene in einer Zeit wie dieser zu schreiben sei ein Frevel. Doch in seiner Zensorenlogik ging mir der Zensor in die Falle, die ich ihm mit meiner Frage gestellt hatte. Ursprünglich hatte er nur gerügt, daß ein Geburtstagskuchen in der Szene vorkam; nun hatte er sich dazu verstiegen, Geburtstagsfeiern überhaupt zu verwerfen. Sogleich konterte ich: »Na, dann ist es ja auch nicht richtig, den Geburtstag des Kaisers zu feiern, oder? In Japan ist der Geburtstag des Kaisers ein Staatsfeiertag; aber wenn das ein britisch-amerikanischer Brauch ist, dann ist es gewiß ein schrecklicher Frevel.« Der Zensor wurde leichenblaß und verwarf mein Drehbuch in Bausch und Bogen.
Die Zensoren des Innenministeriums waren damals offenbar sämtlich krankhafte Persönlichkeiten. Sie benahmen sich, als litten sie unter Verfolgungswahn, sadistischen Strebungen und diversen sexuellen Manien. Jede Kußszene schnitten sie aus ausländischen Filmen heraus. War einmal das Knie einer Frau zu sehen, mußte die Szene gleichfalls geschnitten werden. Sie sagten, solche Dinge stachelten nur die sinnlichen Begierden an.
Die Zensoren gingen gar so weit, folgenden Satz für obszön zu erklären: »Weit aufgeworfen, wartete das Fabriktor sehnsüchtig auf die jungen Arbeiterinnen.« Was soll man da noch sagen? Dieses Verdikt stammt von dem Zensor, der das Drehbuch für meinen Film *Ichiban utsukushiku* (Am allerschönsten, 1944) geprüft hatte; der Film handelt von einer Gruppe junger Mädchen, die sich zu einem freiwilligen Arbeitseinsatz gemeldet haben. Ich konnte schlechterdings nicht begreifen, was an diesem Satz obszön sein sollte. Wahrscheinlich geht es Ihnen genauso. Aber für die krankhafte Phantasie des Zensors war er eindeutig abszön. Er erklärte mir, das Wort »Tor« löse bei ihm die lebhafte Vorstellung der Vagina aus. Diesen Leuten mit ihren sexuellen Manien gab alles und jedes Anlaß zu sinnlichen Begierden. Weil sie selbst obszön waren, erschien ihnen natürlich alles als obszön – allesamt pathologische Fälle.
Freilich wird man auch sagen müssen, daß die Schnüffler von der

Zensurbehörde ganz gewiß von den herrschenden Mächten der Zeit geprägt wurden. Niemand ist gefährlicher als ein nutzloser Bürokrat, der sich opportunistisch den Zeitströmungen überläßt. Man denke zum Beispiel an die Nazi-Zeit: Hitler war zweifellos ein Wahnsinniger, aber wenn man sich Leute wie Himmler oder Eichmann ansieht, wird einem klar, daß erst auf den subalternen Ebenen die wahren Genies des Schrekkens und des Wahnsinns erscheinen. Geht man dann hinab bis auf die Ebene der Gefängniswärter und KZ-Bewacher, so stößt man auf wahre Ungeheuer, deren Bestialität jede Vorstellungskraft übersteigt.
Ich denke, die Zensoren, die während des Krieges im Innenministerium arbeiteten, sind Beispiele für dieses Phänomen. Das waren Leute, die unbedingt hinter Gitter gehört hätten. Ich bemühe mich nach Kräften, den Zorn zu mäßigen, der mich beim Schreiben heftig werden läßt, doch schon der Gedanke an sie und die Erinnerung an all das treibt mir die Zornesröte ins Gesicht, so tief sitzt der Haß auf sie. Gegen Ende des Krieges traf ich gar mit einem Freund eine Abmachung: Wenn es dazu kommen sollte, daß der »ehrenhafte Tod der hundert Millionen« beschlossen würde und alle Japaner Selbstmord zu begehen hätten, wollten wir, bevor wir uns selbst entleibten, ins Innenministerium gehen und die Zensoren umbringen.
Ich muß hier meinen Bericht über die Zensoren abbrechen. Ich habe mich zu sehr erregt, und das ist nicht gut für mich. Bei einer Röntgenuntersuchung des Gefäßsystems in meinem Gehirn wurde festgestellt, daß die Hauptarterie eine eigentümliche Biegung aufweist. Offenbar verläuft sie normalerweise gerade; jedenfalls diagnostizierte man bei mir eine angeborene Epilepsie. Tatsächlich hatte ich als Kind häufig Anfälle, und Yama-san sagte mir oft: »Sie haben die Angewohnheit, gelegentlich in einen Zustand der Abwesenheit zu verfallen.« Ich selbst hatte das nie bemerkt, aber offenbar hatte ich während der Arbeit manchmal kurze Ausfälle, bei denen ich völlig vergaß, was ich gerade tat, und in eine Art Trancezustand verfiel. Das Gehirn braucht sehr viel Sauerstoff; eine Unterversorgung des Gehirns mit Sauerstoff ist offenbar äußerst gefährlich. Wenn ich überarbeitet oder übermäßig erregt bin, schneidet diese Biegung in der Hauptarterie anscheinend die Sauerstoffzufuhr ab und verursacht dadurch leichte epileptische Anfälle.
Wie dem auch sei; jedenfalls machte ich mit den Zensoren einige schlimme Erfahrungen. Da ich mich ihnen widersetzte, waren sie für mich wie Feinde. Doch obwohl sie bereits zwei meiner Drehbücher verboten hatten, machte ich mich daran, ein weiteres zu schreiben, und

zwar *Tekichū ōdan sanbyakuri* (Dreihundert Meilen durch feindliche Linien). Es war eine groß angelegte Abenteuer- und Action-Story, die auf einem Roman von Hōtarō Yamanaka basierte und von Tatekawas gewagtem Spähtruppunternehmen während des russisch-japanischen Krieges kurz nach der Jahrhundertwende handelte. Tatekawa selbst, der zur Zeit seiner berühmt gewordenen Erkundungseinsätze vierzig Jahre zuvor Leutnant gewesen war, war während des Krieges im Pazifik zum Oberstleutnant aufgestiegen und inzwischen Botschafter in der Sowjetunion. Er war begeistert von der Idee, die Geschichte seines Spähtruppunternehmens zu verfilmen; daher hatte ich mir ausgerechnet, daß die Zensoren des Innenministeriums angesichts dieses Sujets und solcher Unterstützung wohl kaum Einwände erheben würden.
Überdies lebten damals in der Umgebung von Harbin in der Mandschurei zahlreiche Weißrussen, darunter auch viele Kosaken, die ihre Uniformen und Fahnen aus der Zeit vor der Revolution sorgfältig aufbewahrt hatten. So stand denn alles zur Verfügung, was wir für die Dreharbeiten gebraucht hätten, und ich legte der Gesellschaft mein Projekt vor.
Damals war Nobuyoshi Morita Leiter der Planungsabteilung der Tōhō, und er gehört zu den besten Filmleuten, die ich je getroffen habe. Er sah mein Drehbuch durch. »Es ist gut. Es ist sehr gut...« knurrte er und begann zu drucksen. Was er sagen wollte, war dies: Das Drehbuch sei zwar gut und man wolle es gewiß auch verfilmen, aber das Projekt sei einfach zu groß, als daß man es einem Regisseur als Erstlingsarbeit anvertrauen könne.
Zwar waren im Drehbuch keine Schlachtszenen vorgesehen, aber die Handlung spielte immerhin in den Kriegslagern beider Seiten, die sich nach der Schlacht von Mukden hinter ihre Linien zurückgezogen hatten. Kurz gesagt: Ich mußte auch diesem Drehbuch Lebewohl sagen. (Sehr viel später, im Jahre 1957 nämlich, wurde es dann doch noch von dem Regisseur Mori Kazuo verfilmt.)
Jahre später nannte Morita diese Entscheidung den größten Irrtum seines Lebens. »Hätte ich Sie den Film doch machen lassen – aber es war mir damals nicht wohl dabei. Ich hatte keine andere Wahl.« Ich hatte durchaus Verständnis für seine Bedenken – unter den damals herrschenden Bedingungen, die der Filmindustrie insgesamt so herbe Beschränkungen auferlegten, konnte niemand es wagen, einen Neuling mit einem großen Filmprojekt zu betrauen. Meine Enttäuschung wurde freilich ein wenig gemildert, als es Yama-san und Morita nach

der Ablehnung des Drehbuchs dann wenigstens gelang, es zur Veröffentlichung bei der *Eiga hyōron* unterzubringen.
Um diese Zeit sah ich in einer Zeitschrift namens *Nihon eiga* (Japanisches Kino) eine Anzeige, in der der Name Keinosuke Uekusa auftauchte. Daraus entnahm ich, daß diese Zeitschrift ein Drehbuch meines alten Schulfreundes mit dem Titel *Haha no chizu* (Die Karte einer Mutter) abgedruckt hatte. Ich ging in einen Buchladen auf der Ginza und kaufte mir die Zeitschrift. Als ich hinausging, lief ich Uekusa in die Arme, der in seiner Tasche ein Exemplar jener Nummer der *Eiga hyōron* trug, in der mein Drehbuch abgedruckt war. Ich weiß nicht mehr, was wir an diesem Tag dort auf der Ginza getan oder geredet haben; jedenfalls wurde Uekusa Drehbuchautor bei der Tōhō, und bald hatten wir auch Gelegenheit, zusammenzuarbeiten.

Mein Berg

NACHDEM MEIN PROJEKT für die *Dreihundert Meilen* gestorben war, gab ich den Kampf um ein Debüt als Regisseur auf. Ich schrieb nur noch Drehbücher, um das Geld fürs Trinken zu verdienen, und ich trank maßlos. Die Drehbücher, die ich damals schrieb, waren von der Art wie *Seishun no kiryū* (Luftströme der Jugend, 1942, Regie: Shū Fushimizu) und *Tsubasa no gaika* (Triumph der Flügel, 1942, Regie: Satsuo Yamamoto). Es waren Geschichten, wie die Zeit sie verlangte, Geschichten über die Flugzeugindustrie und über junge Flieger. Sie sollten das Feuer nationaler Kriegsbegeisterung schüren; ich schrieb sie ohne jedes persönliche Engagement. Ich schrieb einfach die passenden Formeln nieder.
Eines Tages sah ich in der Zeitung eine Anzeige für ein gerade erschienenes Buch, einen Roman mit dem Titel *Sugata Sanshirō,* und aus irgendeinem Grunde weckte sie sogleich mein Interesse. Vom Inhalt des Romans sagte die Anzeige lediglich, daß es sich um die Geschichte eines ungebärdigen jungen Judoka handelte, aber ich hatte gleich das Gefühl: »Das ist es.« Es gibt keine vernünftige Erklärung für meine Reaktion; ich glaubte instinktiv von ganzem Herzen daran und zweifelte keinen Augenblick.
Unverzüglich ging ich zu Morita und zeigte ihm die Anzeige. »Bitte kaufen Sie die Filmrechte an diesem Buch. Das wird ein großartiger Film.« Morita erwiderte: »Na wunderbar, dann will ich es auch lesen.«

Aber als ich ihm sagte: »Es ist noch gar nicht erschienen. Ich habe es auch noch nicht gelesen«, da warf er mir einen belustigten Blick zu. Hastig bemühte ich mich, ihm zu versichern: »Es ist bestimmt gut. Ich bin sicher, daß man daraus einen guten Film machen kann.« Er lachte. »O.K. Wenn Sie da ganz sicher sind, haben Sie wahrscheinlich recht. Aber ich kann doch nicht, nur weil Sie mir sagen, ein Buch, das Sie noch nicht gelesen haben, sei ganz bestimmt gut, loslaufen und die Rechte kaufen. Wenn es erscheint, lesen Sie es, und falls es wirklich gut ist, kommen Sie wieder zu mir. Dann kaufe ich Ihnen die Filmrechte.«

Von da an lief ich regelmäßig durch sämtliche Buchhandlungen in Shibuya. Dreimal am Tag, morgens, mittags und abends, sah ich nach, ob es schon da war. Als es dann endlich herauskam, lief ich gleich los, um es zu kaufen. Das war abends, und als ich wieder zu Hause war und mich ans Lesen machen konnte, war es halb elf. Aber ich hatte mich nicht getäuscht. Es war gut, und es war genau der Stoff, nach dem ich suchte. Ich konnte nicht bis zum Morgen warten.

Mitten in der Nacht machte ich mich auf den Weg zu Moritas Wohnung in Seijō. Ein sehr verschlafener Morita öffnete mir, als ich an die Tür des in völliger Dunkelheit daliegenden Hauses hämmerte. Ich gab ihm das Buch und sagte: »Es ist eine sichere Sache. Bitte kaufen Sie die Rechte.« »In Ordnung«, versprach er, und sein Gesicht nahm einen Ausdruck an, der mit aller Deutlichkeit zu sagen schien: »Der Kerl ist nicht zu bremsen.«

Am nächsten Tag schickte man den Produzenten Tomoyuki Tanaka (heute Präsident der Tōhō Eiga, also der Produktionsgesellschaft innerhalb der Tōhō Ltd., und Koproduzent bei meinem letzten Film *Kagemusha*) zu Tsuneo Tomita, dem Autor von *Sugata Sanshirō*. Er machte ihm ein Angebot, erhielt aber keine feste Zusage.

Später erfuhr ich, daß schon am nächsten Tag zwei andere große Filmgesellschaften, Daiei und Shōchiku, um die Filmrechte nachgesucht hatten. Beide hatten versprochen, die Rolle des Judoka Sanshirō Sugata mit einem großen Star zu besetzen. Doch zu meinem Glück hatte Frau Tomita in Filmzeitschriften über mich gelesen und ihrem Mann erzählt, sie halte mich für vielversprechend.

So verdanke ich den Beginn meiner Karriere als Filmregisseur zumindest in gewisser Weise der Frau des Autors von *Sugata Sanshirō*. Überhaupt erschien in meiner ganzen Laufbahn als Regisseur stets ein Schutzengel von irgendwoher, wenn mein weiteres Schicksal in der Schwebe war. Ich selbst wundere mich über diese seltsame Vorsehung. Sie lenkte auch mein Geschick bei meiner ersten Erfahrung als frischgebackener Filmregisseur.

Das Drehbuch zu *Sugata Sanshirō* schrieb ich in einem Zuge nieder. Dann brachte ich es sogleich zu dem Marinefliegerhorst an der Küste der Präfektur Chiba, wo Yama-san gerade seinen Film *Hawai-Marei oki kaisen* (Die Seeschlacht zwischen Hawaii und Malakka) drehte. Ich hatte natürlich vor, ihm das Drehbuch zu zeigen und ihn um Rat zu fragen.

Als ich dort ankam, sah ich einen gewaltigen Flugzeugträger, dessen Start- und Landebahn zum Meer hin ausgerichtet war. In rascher Folge landeten Jagdflugzeuge, rollten über das Deck, starteten und schraubten sich in den Himmel. Die Dreharbeiten zeigten bereits die ganze Spannung einer wirklichen Schlacht. Ich konnte Yama-san nur kurz begrüßen, ihm den Zweck meines Kommens mitteilen und mich dann rasch wieder zurückziehen.

In der Baracke, in der die Kameraleute untergebracht waren, wartete ich auf seine Rückkehr. Aber er ließ mir ausrichten, daß er mit dem Admiral und den Offizieren dinieren werde. Ich solle nicht auf ihn warten. Dennoch wartete ich bis elf Uhr; dann gab ich es auf und kroch ins Bett. Ich fiel sofort in Schlaf.

Mitten in der Nacht wachte ich auf. Als ich mich umdrehte, sah ich, daß aus den Spalten um die Tür zu Yama-sans Raum Licht drang. Ich stand auf, ging leise zur Tür und spähte durch den Spalt. Yama-san saß auf dem Bett, den Rücken zur Tür. Er las.

Er studierte das Manuskript meines Drehbuchs für *Sugata Sanshirō*. Er ging es sehr sorgfältig Seite für Seite durch, blätterte manchmal zurück und las einen Absatz nochmals. Eigentlich hätte man dieser absolut konzentriert wirkenden Silhouette etwas anmerken müssen von den Anstrengungen des langen Drehtages und des abendlichen Trinkens. Doch keine Spur davon. Die Mitbewohner waren alle schon schlafen gegangen; kein Laut war zu hören außer dem Rascheln des Papiers beim Umblättern. Ich hätte sagen mögen: »Sie müssen wieder früh heraus; es ist nicht nötig, daß Sie wegen mir so lange aufbleiben; bitte gehen Sie schlafen.« Aber aus irgendeinem Grunde brachte ich kein Wort heraus. Sein Ernst hatte etwas Einschüchterndes. Ich setzte mich und wartete, daß er mit dem Lesen fertig würde. Nie werde ich Yama-sans Anblick und das Geräusch der Seiten beim Umblättern vergessen.

Ich war dreiunddreißig Jahre alt. Endlich war ich unter dem Gipfel angelangt, den ich ersteigen wollte, und blickte hinauf zu meinem Berg.

Fertig, los!

DIE DREHARBEITEN FÜR *Sugata Sanshirō* begannen 1942 mit Außenaufnahmen in Yokohama. Meine erste Handlung als Regisseur, die erste Einstellung, die wir drehten, war eine Szene, in der Sanshirō und sein Lehrer Shōgorō Yano eine lange Treppe heraufkommen, die zu einem Shintō-Schrein führt. Als wir die Probedurchgänge abgeschlossen hatten und alles für die Aufnahme bereit war – die Kamera lief bereits –, gab ich das Startzeichen: »Yōi staato!« (Fertig, los!). Das ganze Team schaute zu mir her. Offenbar klang meine Stimme etwas seltsam. Ich hatte für Yama-san schon häufig Second-Unit-Arbeiten geleitet, doch wieviel Erfahrung man auch gesammelt haben mag – wenn es dann endlich soweit ist, daß man den ersten eigenen Film inszeniert, stellt sich unweigerlich ein Zustand höchster innerer Anspannung ein.

Schon mit der zweiten Einstellung legte sich diese Spannung; nun fand ich alles nur noch erregend und wollte möglichst schnell vorankommen. Die zweite Einstellung zeigte, was der Judoka und sein Lehrer sahen, als sie das Ende der Treppe erreichten: den Rücken eines Mädchens, das vor der Bethalle des Schreins betet. Sie ist die Tochter von Hanshirō Murai, Sanshirōs Gegner bei einem von der Polizeibehörde veranstalteten Wettkampf, und sie betet für den Sieg ihres Vaters. Doch Sanshirō und sein Lehrer wissen nicht, wer sie ist; ihr inbrünstiges Gebet beeindruckt sie sehr; sie bemühen sich, sie nicht zu stören, und gehen außen herum, um ihrerseits zu beten und dann den Schrein wieder zu verlassen.

Bei der Vorbereitung dieser Einstellung fragte mich die Schauspielerin, die die Tochter spielte (Yukiko Todoroki): »Herr Kurosawa, bete ich ausschließlich für den Sieg meines Vaters?« »Ja«, antwortete ich ihr, »aber wo Sie schon einmal dabei sind, können Sie gern auch für den Erfolg unseres Films beten.«

Während des Drehaufenthalts in Yokohama stand ich eines Morgens auf und ging in den Waschraum. Durch Zufall fiel mein Blick auf die Schuhe, die am Eingang aufgereiht waren, und unter all den Herrenschuhen sah ich auch ein Paar Stöckelschuhe. Sie waren recht auffällig; daher glaubte ich nicht, daß sie dem Scriptgirl gehörten. Fräulein Todoroki schlief immer zu Hause; also konnten sie auch ihr nicht gehören. Aber außer dem Scriptgirl übernachteten nur männliche Mitglieder unseres Teams in diesem Gasthaus. Das fand ich merkwürdig.

Ich fragte den Wirt, wessen Schuhe das seien. Er sah mich mit einem gequälten Ausdruck an, aber offenbar sah er ein, daß er ertappt war. »Herr Fujita (Susumu, der die Rolle des Sanshirō spielte) ist gestern abend noch ausgegangen, und dann brachte er aus einer Bar ein Mädchen mit«, berichtete er. »Aber ich habe sie in einem eigenen Zimmer untergebracht.«

Ich bewunderte, wie der Wirt die Sache darstellte; es klang eher wie das Plädoyer eines Verteidigers und nicht wie eine Zeugenaussage. Aber ich bat ihn, Fujita zu mir zu schicken. Ich ging zurück in mein Zimmer und wartete. Endlich hörte ich, wie die Tür aufgeschoben wurde. Ich blickte mich um und sah, wie Fujita mit einem Auge durch die so vorsichtig aufgeschobene Tür hereinschaute, um zu sehen, in welcher Stimmung ich war.

Später im Film gibt es eine Szene, in der Sanshirō in die Stadt zum Trinken geht und sich dabei auf einen Streit einläßt. Sein Lehrer Shōgorō Yano ruft ihn daraufhin zu sich, um ihm eine Standpauke zu halten. Ich ließ nun Fujita genau das tun, was er auch bei mir getan hatte. Er beklagte sich, es sei grausam, ihn zweimal zu strafen, doch das hatte er allein sich selbst zuzuschreiben. Und er spielte sehr gut in dieser Szene.

Hier möchte ich gleich etwas klarstellen. Nachdem Sanshirō seine Standpauke erhalten hat, sagt er, er werde beweisen, daß er für seinen Lehrer sterben könne, und springt in den Gartenteich. Die ganze Nacht verbringt er, an einen Pfosten geklammert, im Wasser, bis sein Eigensinn schließlich gebrochen ist und er nachgibt. Als ich Fujita kürzlich traf, sagte er mir, ein Filmregisseur habe diese Szene kritisiert: Lotusblüten seien nachts geschlossen, und wenn sie sich öffneten, machten sie kein Geräusch.

Ich hatte mit sehr viel Aufwand zu zeigen versucht, daß Sanshirō bei Tage in den Teich springt, daß er die ganze Nacht im Wasser verbringt und erst wieder herauskommt, als es bereits hell ist. Dazu hatte ich die Richtung des Sonneneinfalls variiert, den Mond bewegt und Morgennebel aufsteigen lassen. Wenn es trotz alledem noch Nacht zu sein scheint, wenn die Lotusblüten sich öffnen, dann tut es mir leid. Ich habe mein Bestes getan.

Das Geräusch, das die Lotusblüten beim Öffnen machen, ist eine andere Sache. Ich hatte gehört, die Lotusblüten machten ein wunderbar klares, platzendes Geräusch, wenn sie aufspringen. Deshalb stand ich eines Morgens sehr früh auf und ging zum Shinobazu-Teich in Ueno, um das zu hören. Und tatsächlich hörte ich dieses Geräusch in der nebligen Morgendämmerung.

Aber die Frage, ob Lotusblüten sich nun wirklich mit einem Geräusch öffnen oder nicht, hat gar nichts zu tun mit jener Nacht, die Sanshirō im Teich verbrachte. Hier geht es um Ästhetik und nicht um Botanik. Es gibt ein berühmtes Haiku von Bashō:

Der alte Teich.
Ein Frosch springt hinein –
das Geräusch des Wassers.

Jemand, der dies liest und sagt: »Na ja, natürlich gibt es ein Geräusch, wenn ein Frosch ins Wasser springt«, hat einfach keinen Sinn für die Haiku-Dichtung. Und jemand, der sagt, es sei doch seltsam, daß Sanshirō ein wunderschönes Geräusch höre, wenn die Lotusblüten sich öffnen, hat einfach keinen Sinn fürs Kino. Manchmal findet man solche Leute unter den Filmkritikern: Die Dinge, von denen sie sagen, daß sie sie sähen, liegen so fern von der Realität, daß man meinen möchte, irgendein Dämon habe ihren Geist verwirrt. Bei Kritikern mag das ja noch angehen; da kann man wohl nichts machen; aber bei einem Filmregisseur...?

Sugata Sanshirō

ICH BIN OFT GEFRAGT WORDEN, wie ich mich bei der Arbeit an meinem Erstlingswerk gefühlt habe. Nun, wie gesagt, ich habe es genossen. Jeden Abend ging ich voller Erwartungen auf den nächsten Drehtag ins Bett, und es war absolut nichts Unangenehmes an diesem Erlebnis. Alle Mitglieder des Teams gaben ihr Bestes. Meine Bühnen- und Kostümbildner ließen sich durch das geringe Budget nicht beirren und sagten nur »O.K. Wir werden das schon hinkriegen.« Die Hartnäckigkeit, mit der sie sich bemühten, alles so zu machen, wie ich es wünschte, hat mich tief beeindruckt. Und alle Zweifel, die ich vor dieser ersten Gelegenheit an meinen Fähigkeiten, Regie zu führen, hegte, waren mit der ersten Einstellung verflogen wie Wolken und Nebel nach dem Regen. Ein Gefühl der Leichtigkeit begleitete die gesamte Arbeit.
Dieses Gefühl mag etwas unbegreiflich erscheinen; daher will ich es näher erläutern. Während meiner Zeit als Regieassistent beobachtete ich Yama-san sehr aufmerksam bei seiner Arbeit, und ich bewunderte vor allem, daß

ihm nicht das geringste für die Produktion erforderliche Detail entging. Da ich die Erfahrung machte, daß ich selbst nicht so weit zu blicken vermochte, kamen mir natürlich Zweifel an meinen eigenen Regiefähigkeiten.
Als ich dann aber die Produktion selbst aus der Sicht des Regisseurs betrachtete, sah ich alles, was ich als Regieassistent oder auch als Second-Unit-Regisseur nicht zu sehen vermocht hatte. Der subtile Unterschied zwischen diesen beiden Positionen wurde mir deutlich. Einen eigenen Film zu drehen ist etwas ganz anderes als jemand anderem bei dessen Film zu helfen. Hinzu kommt noch, daß ich das Drehbuch selbst geschrieben hatte, und niemand versteht ein Drehbuch so gut wie der Autor. Als ich endlich selbst Regie führen durfte, hatte ich Yama-sans Rat, zunächst einmal Drehbücher zu schreiben, in all seinen Implikationen begriffen. Und eben deshalb lief es bei *Sugata Sanshirō* genauso, wie ich es wollte, obwohl es mein erster Film war. Die Arbeit an diesem Film ähnelte nicht der Ersteigung einer Steilwand, sondern eher einer Wanderung durch die sanften Hügel am Fuße eines Berges. Insgesamt erschien sie mir wie ein höchst angenehmer Ausflug.
Freilich gibt es in *Sugata Sanshirō* ein Lied, in dem es heißt:

Fröhlich auf dem Hinweg,
Ängstlich auf dem Rückweg.

Und genauso erging es mir. Ich wanderte mutig ins Gebirge hinein, und erst viel später stand ich vor der Steilwand, die es zu bezwingen galt. Dieser Augenblick kam mit einer Szene, die den Höhepunkt am Ende des Films bilden sollte, eine Szene, in der Sanshirō und Gennosuke Higaki zum entscheidenden Kampf antreten, und zwar auf der Hochebene von Ukyō-go-hara. Wir brauchten dazu eine weite Fläche, über die der Wind fegte, und mir war klar, daß dieser letzte und entscheidende Kampf sich ohne einen wirklich heftigen, stürmischen Wind kaum von den übrigen sechs Kampfszenen in meinem Film würde unterscheiden können.
Zuerst versuchten wir es im Studio mit hohen Gräsern, über die der (von Windmaschinen erzeugte) Wind dahinfegen sollte. Doch als wir uns das Ergebnis ansahen, wurde mir klar, daß alles, was wir hier hätten drehen mögen, nicht nur weniger eindrucksvoll als die übrigen Kampfszenen ausfallen mußte, sondern so künstlich, daß es den ganzen Film ruiniert hätte. Äußerst beunruhigt beeilte ich mich, die Produktionsgesellschaft zu konsultieren, und erhielt schließlich für diese Szene die Erlaubnis zu

Außenaufnahmen, mit der Auflage freilich, daß wir die Dreharbeiten in nur drei Tagen abschlössen.
Als Drehort wählte ich die Sengokuhara-Ebene in den Hakone-Bergen, die berühmt für ihren Wind war. Leider trafen wir ausgerechnet auf eine ganz ungewöhnliche windstille Phase mit einem schweren, wolkenverhangenen Himmel. Zwei Tage lang saßen wir untätig herum und schauten aus dem Fenster des Gasthauses hinaus auf den trüben Himmel. Auch der dritte Tag dämmerte herauf, ohne daß der berühmte Wind sich auch nur mit einem Lüftchen gemeldet hätte; die Hakone-Berge lagen in dichtem Nebel, und wir machten uns bereit, wieder nach Hause zu fahren.
Ich sagte meinem Team, wir würden wenigstens noch bis zum Ende dieses Tages warten. Aus Verzweiflung und weil wir innerlich bereits aufgegeben hatten, begannen wir schon früh am Morgen Bier zu trinken. Als alle bereits ein wenig angeheitert waren und sich mit Inbrunst aufs Singen verlegten, schaute einer von uns aus dem Fenster, zeigte aufgeregt hinaus und versuchte, uns zur Ruhe zu bewegen. Wir blickten gleichfalls hinaus und sahen, daß die Wolke, die den äußeren Hakone-Krater bedeckt hatte, sich zu heben begann; über dem Ashinoko-See stand eine Nebelsäule, die wie ein Wirbel in den Himmel stieg. Eine heftige Bö fegte durchs offene Fenster herein und ließ das Rollbild in der Kunst-Nische klappern und tanzen. Wir sahen einander sprachlos an; doch dann waren wir nicht mehr zu halten.
Nun begann ein hektisches Treiben, das eines Action-Films in jedem Sinne würdig war. Jeder ergriff ein Ausrüstungsteil, das wir für die Aufnahmen benötigten, schulterte es oder zog es hinter sich her und verließ schleunigst das Gasthaus. Der Drehplatz lag gar nicht weit – in der Stadt würde man sagen, nur zwei Blocks entfernt –, aber wir stürmten gegen diesen heftigen Gegenwind an, als wollten wir ihn verschlingen.
Auf dem Hügel, auf dem wir die Szene drehen wollten, hatte das Pampasgras die Samenbüschel bereits abgeworfen, doch ein Feld mit diesen flaumbedeckten Halmen wogte noch im Wind wie ein sturmgepeitschter See. Über unseren Köpfen rasten Wolkenfetzen über den Himmel. Eine perfektere Kulisse hätte ich mir gar nicht wünschen können.
Alle Mitglieder des Teams arbeiteten, als wäre ein göttlicher Wind in sie gefahren. Hatten wir eine Einstellung beendet, die eine Kulisse aus treibenden Wolken im Hintergrund benötigte, so klarte hinterher der Himmel jedesmal wie durch Zauber vollkommen auf. Ohne uns eine Minute Ruhe zu gönnen, arbeiteten wir bis drei Uhr nachmittags in dieser stürmischen Umgebung.

Als wir die Szene genauso im Kasten hatten, wie sie im Drehbuch beschrieben war, sahen wir in der Ferne ein paar Menschen mit Bändern im Haar den grasbedeckten Hügel heraufkommen; sie trugen etwas auf den Schultern. Als sie näher kamen, erkannten wir, daß es die Bedienerinnen aus dem Gasthaus waren, die ihr Haar wegen des Windes mit Bändern festgesteckt hatten. Sie trugen einen riesigen Kessel mit heißer Miso-Suppe für uns. Es wurde die köstlichste Mahlzeit meines Lebens; ich trank mindestens zehn Schalen davon.

Schon seit meiner Zeit als Regieassistent hatte ich anscheinend ein eigentümliches Verhältnis zum Wind entwickelt. Yama-san gab mir einmal den Auftrag, die Wellen bei Chōsi zu filmen. Drei Tage lang mußte ich warten, weil alles ruhig blieb, dann türmte ein heftiger Wind die Wellen zu gewaltigen Wogen, und ich bekam genau das, weswegen ich gekommen war. Ein andermal, und zwar bei den Außenaufnahmen zu dem Film *Pferde,* geriet ich in einen Sturm, der mir den Regenmantel an den Nähten aufriß. Bei den Dreharbeiten zu *Nora inu* (Der streunende Hund, 1949) zertrümmerte der Taifun »Kitty« unsere gesamten Außenaufbauten, und während der Dreharbeiten zu *Kakushi toride no san-akunin* (Die verborgene Festung, 1958) wurden wir gleich dreimal hintereinander von einem Taifun heimgesucht. Die Wälder, in denen wir ursprünglich drehen wollten, legte der Sturm einen nach dem anderen nieder; so wurden aus geplanten zehn Drehtagen am Ende einhundert.

Verglichen mit diesen Stürmen war die Brise, die bei *Sugata Sanshirō* über die Sengokuhara-Ebene fegte, freilich ein *kamikaze,* ein göttlicher Wind, zumindest für mich. Nur eines bedauere ich: Aufgrund meiner Unerfahrenheit vermochte ich die Chance, die mir dieser göttliche Wind bot, nicht voll zu nutzen. Inmitten des Sturms dachte ich, ich hätte genug im Kasten; doch als ich mir die Ausbeute im Schneideraum ansah, mußte ich erkennen, daß sie alles andere als befriedigend war. Es gab zahlreiche Stellen, die ich gerne neu gedreht hätte, und überhaupt hätte ich viel mehr Aufnahmen machen sollen.

Wenn man unter schwierigen Bedingungen arbeitet, erscheint eine Stunde Arbeit wie zwei oder drei. Wer hart arbeitet, der meint, er hätte weit mehr Zeit investiert, als er es in Wirklichkeit getan hat. Aber die Wirklichkeit ist nun einmal die Wirklichkeit, und eine Stunde bleibt eine Stunde. Dank dieser Erfahrung zwang ich mich, wenn ich unter widrigen Umständen arbeiten mußte und – aus Erschöpfung – meinte, es sei nun genug, weiterzumachen und dreimal soviel zu produzieren. Auf diese Weise bekomme ich dann schließlich, was ich wirklich brauche. Das lehrte mich die bittere Erfahrung, die ich im Wind von *Sugata Sanshirō* machen mußte.

Es gäbe noch viel über *Sugata Sanshirō* zu sagen. Wenn ich hier alles aufschreiben wollte, käme leicht ein ganzes Buch über diesen Film heraus. Für einen Regisseur ist jedes Werk, das er abschließt, wie ein ganzes Leben. Ich habe viele solcher ganzen Lebensspannen mit den Filmen, die ich gemacht habe, durchlebt, und bei jedem von ihnen machte ich die Erfahrung einer anderen Lebensweise. In all diesen Filmen wurde ich eins mit zahlreichen Menschen unterschiedlichsten Charakters, und ich habe ihr Leben gelebt. Wenn man einen neuen Film vorbereitet, bedarf es daher allergrößter Anstrengung, die Menschen aus dem vorangegangenen Film zu vergessen.

Doch nun, da ich meine Filme vor meinem inneren Auge vorbeiziehen lasse, um über sie zu schreiben, erwachen all die Menschen, die ich endlich vergessen hatte, zu neuem Leben und fordern, ein jeder seine eigene Individualität behauptend, Aufmerksamkeit von mir. Ich bin in der Klemme. Sie alle sind meine Kinder; ich habe ihnen das Leben geschenkt und sie aufgezogen. Jeder von ihnen hat meine besondere Zuneigung; am liebsten möchte ich über sie alle schreiben, aber das ist nicht möglich. Ich habe siebenundzwanzig Filme gedreht, und selbst wenn ich aus jedem Film nur zwei oder drei Figuren auswählte und mich auf sie beschränkte, käme ich nie ans Ende.

Von all den Personen in *Sugata Sanshirō* findet natürlich Sanshirō selbst mein größtes Interesse und meine stärkste Zuneigung. Doch wenn ich heute darauf zurückblicke, dann stelle ich fest, daß meine Gefühle für den Schurken Gennosuke Higaki durchaus nicht dahinter zurückstehen.

Ich liebe unfertige Charaktere – vielleicht weil auch ich immer noch unfertig bin, so alt ich auch werden mag. Und wenn ich sehe, wie solch ein unfertiger Charakter den Weg zu seiner Vervollkommnung beschreitet, kennt meine Begeisterung keine Grenzen. Deshalb sind die Protagonisten in meinen Filmen häufig Anfänger; das gilt auch für Sanshirō Sugata. Er ist noch unfertig, aber der Rohstoff ist von bester Qualität.

Wenn ich sage, ich liebe unfertige Charaktere, dann meine ich damit nicht, daß ich Menschen schätzte, die selbst bestens geschliffen keine Juwelen werden. Sanshirō dagegen ist aus einem Stoff, der immer schöner funkelt, je besser er geschliffen wird, und diesen Schliff wollte ich ihm in meinem Film geben.

Auch Gennosuke Higaki ist aus einem Stoff gemacht, der ein funkelndes Juwel werden könnte, wenn man ihm nur den rechten Schliff gäbe; doch die Menschen unterliegen auch einem Schicksal. Diese schicksalhafte Bestimmung liegt nicht so sehr in der Umwelt oder in der Position begründet, die ihnen das Leben zugewiesen hat, sondern weit mehr in ihrer individuellen Persönlichkeit, die sich auf die Umwelt und die Position einstellt. Viele aufrechte, flexible Menschen lassen sich durch Umwelt und Position nicht beeindrucken; doch ebenso viele stolze und kompromißlose Naturen gehen schließlich an der Umwelt und an ihrem Status zugrunde. Sanshirō Sugata gehört zur ersten Gruppe, Gennosuke Higaki zur zweiten.

Was mich betrifft, so glaube ich, daß mein Temperament dem des Sanshirō Sugata ähnelt, aber ich fühle mich auch auf seltsame Weise zu Higakis Charakter hingezogen. Deshalb habe ich Higakis Niederlage mit sehr viel Gefühl inszeniert. In *Zoku Sugata Sanshirō* (Sanshirō Sugata, zweiter Teil, 1945) habe ich die beiden Brüder Gennosuke Higakis mit derselben Aufmerksamkeit verfolgt.

Die Reaktion der Kritik auf mein Erstlingswerk *Sugata Sanshirō* war insgesamt positiv. Und das Publikum war begeistert – wahrscheinlich weil es damals, während des Krieges, nach guter Unterhaltung lechzte. Bei der Armee herrschte die Ansicht vor, mein Film sei so unnötig wie Eiscreme oder Kuchen, doch die Informationsstelle der Marine ließ verlauten, das sei schon in Ordnung, bei einem Film komme es auf den Unterhaltungswert an.

Auch wenn es mich ärgert und schlecht für meine Gesundheit ist, will ich hier berichten, was die Zensoren des Innenministeriums zu meinem Film sagten. Damals nahm das Innenministerium die Fertigstellung eines Erstlingswerkes zum Anlaß, um den Regisseur einer Gesinnungsprüfung zu unterziehen. Sobald *Sugata Sanshirō* fertig war, wurde der Film dem Innenministerium vorgelegt, und ich mußte zu einer Befragung erscheinen. Als Prüfer fungierten natürlich die Zensoren. Hinzu kamen jedoch noch mehrere erfahrene Filmregisseure. In meinem Falle waren Yama-san, Yasujirō Ozu und Tomotaka Tasaka dazu ausersehen, doch Yama-san war verhindert und konnte nicht erscheinen. Er rief mich zu sich und versicherte mir, es werde schon gut gehen, da ja Ozu dabei sei. Dann machte ich mich auf wie ein störrischer Hund zu meinem Kampf mit den Dummköpfen von der Zensur.

An diesem Tage ging ich in tief melancholischer Stimmung durch die Gänge des Innenministeriums. Da sah ich zwei Bürojungen, die miteinander balgten. Der eine rief: »Yama arashi!« (Gebirgssturm), und warf den anderen mit Sanshirōs Spezialtechnik zu Boden. Immerhin wußte ich nun, daß die Vorführung von *Sugata Sanshirō* bereits beendet war. Dennoch mußte ich noch drei Stunden warten. Der Junge, der Sanshirō imitiert hatte, brachte mir eine Tasse Tee; dabei sah er mich mitfühlend an; das war aber auch schon alles.

Als die Befragung dann endlich begann, wurde es wirklich schlimm. In dem Raum stand ein langer Tisch, hinter dem die Zensoren alle in einer Reihe saßen. Ganz unten am Ende saßen Ozu und Tasaka und ein Bürojunge. Sie alle, einschließlich des Bürojungen, tranken Kaffee. Man wies mir den einzigen Stuhl auf der anderen Seite des Tisches zu. Es war wie bei einer Gerichtsverhandlung, und natürlich bot man mir keinen Kaffee an. Offenbar hatte ich ein abscheuliches Verbrechen namens *Sugata Sanshirō* begangen.

Die Zensoren brachten vor, nahezu alles in meinem Film sei »britisch-amerikanisch«. Für ganz besonders »britisch-amerikanisch« hielten sie offenbar die kleine »Liebesszene« zwischen Sanshirō und der Tochter seines Gegners auf den Stufen zum Schrein – die Zensoren nannten es eine »Liebesszene«, obwohl darin nicht mehr geschieht, als daß die beiden zum erstenmal zusammentreffen –, und sie taten so, als hätten sie da eine überaus dunkle Wahrheit ans Licht gebracht. Hätte ich aufmerksam zugehört, wäre ich unweigerlich aus der Haut gefahren; also bemühte ich mich, aus dem Fenster zu schauen und an etwas anderes zu denken.

Doch langsam erreichte meine Geduld ihre Grenzen angesichts solcher Böswilligkeit. Ich fühlte, wie mein Gesicht die Farbe wechselte, und es gab nichts, was ich hätte tun können. »Hundesöhne! Fahrt doch zur Hölle! Ich werfe euch gleich den Stuhl ins Gesicht«, dachte ich und spannte mich unwillkürlich, um aufzufahren. Doch genau in diesem Augenblick stand Ozu auf und begann zu sprechen: »Wenn hundert Punkte die beste Wertung ist, dann hat *Sugata Sanshirō* hundertundzwanzig Punkte verdient. Meinen Glückwunsch, Kurosawa.« Ohne auf die unglücklichen Zensoren zu achten, kam er zu mir, flüsterte mir den Namen eines Ginza-Restaurants ins Ohr und sagte: »Gehen wir doch dorthin und feiern wir.«

Später kamen dann Ozu und Yama-san in das Restaurant, in dem ich bereits wartete. Als wollte er mich besänftigen, lobte Ozu *Sugata Sanshirō* über alle Maßen. Doch ich war nicht so leicht zu beruhigen; ich saß da und dachte mir, um wie vieles besser ich mich doch fühlen würde, wenn ich diesen Stuhl, auf dem ich wie ein Angeklagter gesessen hatte, genommen und den Zensoren auf den Kopf geschlagen hätte. Noch heute bin ich Ozu dankbar dafür, daß er mich daran gehindert hat.

Am allerschönsten

WENN ICH NUN von meiner Zeit als Filmregisseur berichte, ist es wohl das beste, meiner Filmographie zu folgen und mein Leben Film für Film durchzugehen. *Sugata Sanshirō* kam 1943 heraus; ich war damals dreiunddreißig Jahre alt. *Am allerschönsten* kam 1944 in die Kinos, und ich war vierunddreißig Jahre alt. In der Regel liegen Produktion und Uraufführung eines Films nicht im selben Jahr; so begann ich zum Beispiel die Dreharbeiten für *Am allerschönsten* bereits 1943.

Bevor ich die Arbeit an diesem Film begann, kam eine Anfrage von der Informationsabteilung der Marine. Sie fragten mich, ob ich nicht einen großen Action-Film mit Jagdflugzeugen machen wollte. Die amerikanischen Piloten nannten diese Jagdflugzeuge »black monsters« (schwarze Ungeheuer) und hatten offenbar beträchtliche Angst davor; es lag also nahe, daß die Marine einen Propagandafilm haben wollte, der den Kampfgeist der Japaner stärken sollte. Ich sagte, ich werde mir die Sache überlegen. Es war jedoch bereits offenkundig, daß Japan den Krieg verlieren würde, und das Durchhaltevermögen der Marine war nahezu erschöpft. Sie war wohl kaum in der Lage, auch nur auf ein einziges Jagdflugzeug zugunsten der Dreharbeiten zu verzichten, und ich hörte nie mehr etwas von dem Projekt.

Statt dessen begann ich die Arbeit an dem Film *Am allerschönsten.* Er handelt von einer Mädchengruppe, die sich zu einem freiwilligen Arbeitseinsatz meldet. Ort der Handlung ist eine Fabrik der Nippon Kōgaku, in der Objektive für militärische Zwecke gefertigt werden, und die Mädchen helfen bei der Produktion von Präzisionsobjektiven.

Als man mir dieses Projekt übertrug, entschloß ich mich zu einem halbdokumentarischen Stil. Zunächst einmal machte ich mich daran, den jungen Schauspielerinnen alles auszutreiben, was sie sich in körperlicher und emotionaler Hinsicht an theatralischem Gehabe angeeignet hatten. Die Vorliebe für Make-up, das Vornehmtun, die Bühnenaffektiertheit und jenes spezielle Selbstbewußtsein, das nur Schauspieler haben – all das mußte verschwinden. Ich wollte, daß sie in den ursprünglichen Zustand ganz gewöhnlicher junger Mädchen zurückkehrten.

Deshalb verordnete ich ihnen zunächst einmal Laufübungen und anschließend Volleyball. Dann ließ ich sie ein Musikcorps bilden, marschieren und spielen üben und schließlich sogar durch die Straßen paradieren. Die Schauspielerinnen hatten offenbar nichts gegen das Laufen und das

Volleyball-Spielen, aber allein der Gedanke, etwas so Auffälliges zu tun und als Musikkapelle durch die Straßen zu marschieren, stieß auf heftige Ablehnung. Ich mußte mein Ansinnen gegen starken Widerstand durchsetzen.

Durch die Wiederholung freilich gewöhnten sie sich selbst ans Paradieren. Ihr Make-up verlor seine Künstlichkeit, und bald wirkten sie auf den ersten Blick und selbst bei genauerem Hinsehen wie eine Gruppe ganz gewöhnlicher junger Mädchen, die in jeder Hinsicht gesund und munter schienen. Als ich soweit war, brachte ich die Gruppe im Wohnheim der Nippon Kōgaku unter. Dann schickte ich die Mädchen jeweils zu mehreren in die verschiedenen Abteilungen des Werkes, und sie begannen, dasselbe Leben mit demselben Tagesablauf zu führen, wie sie bei den dortigen Arbeiterinnen üblich waren.

Wenn ich heute daran zurückdenke, dann muß ich zugeben, daß es sehr hart war, unter meiner Regie zu arbeiten. Es ist wirklich bewundernswert, wie bereitwillig sie sich meinen Anweisungen fügten. Freilich nahm man damals in der Kriegszeit Befehle als selbstverständlich hin. Ich forderte die Mädchen nicht bewußt zu selbstlosem, patriotischem Verhalten auf. Das Thema des Films ist nun einmal der aufopferungsvolle Dienst am eigenen Land, und wenn wir uns nicht in der beschriebenen Weise darauf vorbereitet hätten, wären die Personen darin so steif wie Pappfiguren ausgefallen, denen jegliche Lebensnähe abgeht. Die Schauspielerin Takako Irie spielte in der Fabrik die Heimmutter für die Mädchen; durch ihr natürliches Talent zu mütterlicher Fürsorge machte sie sich bei den jungen Schauspielerinnen sehr beliebt; ihre Anwesenheit war eine große Hilfe für mich.

Als die Schauspielerinnen das Frauenwohnheim bezogen, quartierte ich auch das Team im Männerwohnheim ein. Der Tag begann für uns regelmäßig mit den fernen Tönen von Marschmusik. Wenn wir diese Musik hörten, sprangen wir aus den Betten, zogen uns rasch an und eilten zum Eisenbahnübergang Hiratsuka. Die reifbedeckte Straße entlang kam unsere Musikkapelle; die Mädchen trugen Bänder im Haar und spielten eine einfache, aber ergreifende Marschmelodie. Wenn sie an uns vorbeimarschierten, schielten sie beim Spielen aus den Augenwinkeln zu uns herüber; dann überquerten sie die Bahngeleise und zogen durch das Haupttor ins Werkgelände der Nippon Kōgaku. Wir sahen ihnen nach, bis sie verschwunden waren, und kehrten dann ins Wohnheim zurück, um unser Frühstück einzunehmen. Nach dem

Frühstück packten wir unsere Ausrüstung zusammen und machten uns zu den Dreharbeiten auf in die Fabrik.
Beim Drehen verfuhren wir genauso, als hätten wir einen Dokumentarfilm gemacht. Natürlich sprachen die Mädchen in den verschiedenen Werksabteilungen den Text, der ihnen im Drehbuch vorgegeben war, aber sie achteten dabei kaum auf die Kamera; vielmehr schienen sie gänzlich in der Tätigkeit, die sie gerade erlernten, und in der Überwachung der Maschinen aufzugehen. Ihr konzentrierter Ausdruck und ihre Bewegungen zeigten keine Spur mehr von dem für Schauspieler typischen Selbstbewußtsein, sondern nur die Lebenskraft und Schönheit, wie sie Menschen bei der Arbeit eigen sind.
Am besten kommt das in jener Sequenz zum Ausdruck, die ich aus zahlreichen Nahaufnahmen der einzelnen Mädchen an ihren Arbeitsplätzen in der Fabrik zusammengeschnitten habe. Als Hintergrundmusik unterlegte ich diese Nahaufnahmen mit dem mitreißenden Trommelpart aus John Philip Sousas Marsch »Semper Fidelis«, der ihnen etwas vom Mut und Heldentum der Soldaten an der Front vermittelte. (Es ist schon verrückt, aber obwohl dieser Marsch von einem amerikanischen Komponisten stammt, kritisierten die Zensoren die Sequenz nicht als »britisch-amerikanisch«.)
Das Essen in der Fabrik war fürchterlich. Es bestand gewöhnlich aus Bruchreis mit Mais oder Hirse oder aus Bruchreis mit irgendeiner anderen Getreideart. Als Beilage gab es stets Seetang, den man an der nahegelegenen Küste gesammelt hatte. Im Team hatten wir Mitleid mit den Mädchen, die bei diesem miserablen Essen acht Stunden am Tag und oft noch länger arbeiten mußten. Deshalb legten wir jeden Tag zusammen und kauften draußen aus eigener Tasche Süßkartoffeln hinzu. Wir dämpften sie in der kesselförmigen Badewanne des Wohnheims, die mit einer Holzfeuerung versehen war, und gaben sie den Mädchen.
Später sollte ich das Mädchen, das die Rolle der Gruppenführerin spielte, heiraten. Yōko Yaguchi vertrat damals die Schauspielerinnen und kam häufig zu mir, um sich mit mir über deren Belange auseinanderzusetzen. Sie war eine schrecklich hartnäckige, unnachgiebige Person, und da ich genauso bin, gerieten wir oft aneinander. Die Kämpfe, die wir damals miteinander austrugen, kamen gewöhnlich erst durch den vermittelnden Ausgleich Takako Iries zu einem friedlichen Ende, der damit keine leichte Aufgabe zufiel.
Jedenfalls war *Am allerschönsten* ein Film, der allen Beteiligten ganz besondere Mühe abverlangte. Doch mehr noch als für das Team galt das

für die Schauspielerinnen, die so etwas nicht noch einmal erleben sollten. Ich weiß nicht, ob es nun wegen der aufreibenden Arbeit bei diesem Film war, aber aus irgendeinem Grunde gaben fast alle ihre Laufbahn als Schauspielerinnen auf und heirateten, als die Dreharbeiten zu *Am allerschönsten* abgeschlossen waren. Da viele von ihnen großes schauspielerisches Talent hatten und für die Zukunft zu mancherlei Hoffnungen berechtigten, wußte ich nicht recht, ob ich darüber froh oder traurig sein sollte. Und ganz gewiß war mir der Gedanke peinlich, sie hätten die Schauspielerei möglicherweise deshalb aufgegeben, weil ich so gemein zu ihnen gewesen bin.

Wenn ich sie in späteren Jahren fragte, weshalb sie mit der Schauspielerei Schluß gemacht hätten, bestritten sie alle, daß irgendein Zusammenhang mit meinen damaligen Anforderungen bestünde. Vielmehr habe die Mitarbeit an meinem Film ihnen zum erstenmal die Gelegenheit geboten, wieder ganz normale Frauen zu werden, sich wie normale Frauen zu verhalten und die diversen toten Häute abzustoßen, die sie als Schauspielerinnen angesammelt hätten. Doch aus ihren Beteuerungen hörte ich manches heraus, das dazu bestimmt war, mich nicht zu verletzen. In Wahrheit, da bin ich ganz sicher, gehörte die harte Schule, in die ich sie genommen hatte, zu den ausschlaggebenden Gründen für ihren Entschluß, den Schauspielerberuf an den Nagel zu hängen.

Aber sie alle gaben ihr Bestes für mich. *Am allerschönsten* ist gewiß kein großer Film, doch er ist mir der liebste von allen.

Sugata Sanshirō (Zweiter Teil)

Sugata Sanshirō wurde ein großer Publikumserfolg; deshalb bat das Studio mich, eine Fortsetzung zu drehen. Das ist einer der üblen Aspekte des kommerziellen Kinos: Anscheinend haben die Unterhaltungsabteilungen der japanischen Filmproduktionsgesellschaften noch nie etwas von dem Sprichwort über die Fische unter der Weide gehört, die über den Fluß ragt – die Tatsache, daß man dort einmal einen Fisch gefangen hat, bedeutet noch nicht, daß dies auch immer so sein wird. Diese Leute wollen immer nur Remakes von Filmen, die in der Vergangenheit Erfolg hatten. Sie versuchen gar nicht erst, neue Träume zu träumen; sie wollen nur die alten wiederholen. Obwohl längst bewiesen ist, daß Remakes nie den

Erfolg des Originals erreichen, halten sie an dieser Dummheit fest. Ich möchte es eine Dummheit erster Ordnung nennen. Ein Regisseur, der ein Remake dreht, tut dies mit großer Achtung vor dem Original; es ist, als müßte er aus Resten ein merkwürdiges Gericht zusammenkochen, und auch das Publikum, das dieses Zeug genießen soll, ist nicht zu beneiden.

Sugata Sanshirō (Zweiter Teil) war kein Remake; die Situation hätte also schlimmer sein können; doch es hatte immer noch etwas von Aufgewärmtem an sich. Ich mußte mich zwingen, wieder Interesse am Thema zu entwickeln und es fortzuspinnen. Einen Aspekt an der Geschichte des jüngeren Bruders von Gennosuke Higaki, der einen Revanchekampf mit Sanshirō sucht, fand ich indessen durchaus reizvoll: die Tatsache nämlich, daß Gennosuke durch das wilde Treiben seines jüngeren Bruders Tesshin gezwungen wird, sich so zu sehen, wie er selbst einmal war, und diese Erinnerung ist schmerzlich für ihn.

Den Höhepunkt der *Sanshirō*-Fortsetzung bildet ein Kampf zwischen Tesshin und Sanshirō, der auf einem schneebedeckten Berg stattfindet. Der Ort, an dem wir diese Szene drehten, heißt Hoppo, ein Skigebiet mit heißen Quellen, und dort ereigneten sich zwei nette Begebenheiten. Eines Tages half ich den Kulissenbauern beim Errichten der Hütte, in der die beiden Brüder leben; dabei setzte sich der Schnee so sehr in meinen Handschuhen fest, daß ich ihn über dem Feuer abtauen mußte. Abends kam es dann plötzlich zu einem kräftigen Temperatursturz, und ich verlor jegliches Gefühl in meinen klammen, steifen Händen. Also ging ich mit den anderen zurück ins Gasthaus.

Ich wollte sogleich ins Badebecken springen und mich aufwärmen. Aber das Wasser war so heiß, daß ich es nicht ertragen konnte; deshalb beeilte ich mich, kaltes Wasser zuzugeben. Ich nahm einen Eimer kaltes Wasser, doch dabei glitt ich auf dem vereisten Boden des Baderaumes aus; der Eimer flog in die Luft, und das ganze Wasser stürzte über mich. Nie in meinem Leben habe ich so fürchterlich gefroren. Denkt man an Yamasans Kurzgeschichte über die Hitze, so stand mein Erlebnis ihr hinsichtlich der Kälte in nichts nach.

Als ich dort, splitternackt und zitternd wie Espenlaub, kämpfte und verzweifelt versuchte, kaltes Wasser unterzumischen, kam das ganze Team herein. Heftig mit den Zähnen klappernd, rief ich ihnen zu, sie sollten mir doch helfen. Als sie sahen, wie schrecklich ich fror, nahmen sie Eimer mit heißem Wasser, gaben etwas kaltes Wasser hinzu, und leerten sie über meinem Kopf. Das weckte dann wieder meine Lebens-

geister, und ich wunderte mich, weshalb ich nicht selbst auf diese Idee gekommen war. Wenn der Mensch in Panik gerät, wird er dumm.
Die zweite Begebenheit bei den Außendreharbeiten in Hoppo betraf Gennosuke Higakis jüngsten Bruder Genzaburō. Das Drehbuch weist ihn als jemanden aus, der am Rande des Irreseins steht. Deshalb verwandten wir sehr viel Mühe auf sein Kostüm und sein Make-up. Wir setzten ihm eine zerzauste, lange schwarze Perücke auf, wie man sie im Nō-Theater benutzt. Sein Gesicht war weiß geschminkt, die Lippen sehr rot. Wir steckten ihn in ein weißes Kostüm und gaben ihm den »Bambusstab der Narren«, der im Nō-Theater den Irren kennzeichnet.
Die Rolle des Genzaburō spielte Akitake Kōno. Eines Tages waren wir mit den Szenen, in denen er auftrat, schon früh fertig; deshalb schickten wir ihn allein zurück. Wir hatten diese Szenen auf einem steilen, schneebedeckten Hang gedreht. Ich schaute von dort aus hinunter ins Tal und sah sieben Skifahrer den Weg zum Hang heraufkommen. Plötzlich blieben sie stehen, starrten vor sich den Weg entlang, machten kehrt und stürmten den Berg hinab ins Tal. Kein Wunder. Wenn Sie mitten im Gebirge, wo man kaum ein menschliches Wesen zu Gesicht bekommt, plötzlich auf jemanden stießen, der so angezogen wäre wie Genzaburō, dann würden Sie auch laufen, so schnell Sie nur können.
Obwohl ich durchaus keine bösen Absichten habe, jage ich vielen Menschen bei meiner Arbeit dennoch immer wieder einen gehörigen Schrekken ein. Im Gasthaus traf ich später dann die Skifahrer; ich erklärte ihnen, was wir taten, und entschuldigte mich bei ihnen.
Das Duell zwischen Sanshirō und Tesshin, das den Höhepunkt des Films bildet, fand in tiefem Schnee statt. Beide mußten barfuß kämpfen; es war also wirklich eine Probe auf ihre Zähigkeit. Noch heute fängt Susumu Fujita (der Sanshirō spielte) von seinen Füßen an, sobald er mich nur sieht. Immer wieder erzählt er mir, wie kalt es war und wie übel er mir das alles nimmt. Schon in *Sugata Sanshirō* hatte Fujita mitten im Februar in den Lotus-Teich springen müssen; so hatte er gleich noch einen Grund, mir böse zu sein. Doch ich habe ihn all das nicht tun lassen, weil ich ihn nicht gemocht hätte. Angesichts der Tatsache, daß diese beiden Filme ihn zum Star gemacht haben, sollte er mir vielleicht vergeben.
Sugata Sanshirō (Zweiter Teil) war kein sonderlich guter Film. In einer Kritik heißt es: »Kurosawa ist offenbar voll von sich selbst.« Das Gegenteil trifft zu: Ich glaube, ich war unfähig, meine ganze Kraft hineinzulegen.

Heirat

IM SELBEN MONAT, da *Sugata Sanshirō (Zweiter Teil)* in die Kinos kam, heiratete ich. Um es genau zu sagen: 1945, im Alter von fünfunddreißig Jahren, heiratete ich die Schauspielerin Yōko Yaguchi (ihr wirklicher Name war Kiyo Katō); die Hochzeitszeremonie fand in der Hochzeitshalle des Meiji-Schreins in Tokyo statt. Als offizielle Ehestifter fungierten Kajirō Yamamoto und seine Frau.

Meine Eltern, die in die Präfektur Akita evakuiert worden waren, konnten an meiner Hochzeit nicht teilnehmen. Am Tag nach der Zeremonie flogen seegestützte amerikanische Bomber einen schweren Luftangriff auf Tokyo, und unter den Bombenteppichen der B-29-Bomber sank der Meiji-Schrein in Schutt und Asche. So gibt es denn nicht einmal eine Photographie von unserer Hochzeit. Überhaupt war es ein panikreiches Ereignis, diese Hochzeit, mit den Luftschutzsirenen, die allenthalben losheulten.

Wenn man damals seine Heiratsabsicht amtlich bekanntmachte, erhielt man vom Staat eine Ration Saké für die Hochzeitszeremonie zugewiesen. Als ich diese Zuteilung erhielt, beschloß ich, vorher ein wenig davon zu kosten. Es war ein ganz ungenießbarer synthetischer Saké. Doch als ich bei der Zeremonie dann meinen Schluck aus der Schale nahm, da war es nicht der synthetische, sondern ein ganz köstlicher Saké, und ich hätte nichts dagegen gehabt, noch mehr davon zu trinken. Beim Hochzeitsempfang im Hause meiner Schwiegereltern war der einzige Alkohol eine Flasche medium-grade Suntory-Whiskey.

Meine Frau wird mir sicher böse sein, weil ich anläßlich unserer Hochzeit nur vom Schnaps schreibe. Aber ich meine, wenn man sich ein Bild davon machen will, was es hieß, damals zu heiraten, dann gehört dies einfach dazu. Jedenfalls wird man sich leicht ausmalen können, daß, wenn schon die Hochzeitszeremonie so ausfiel, die Ereignisse, die zu dieser Hochzeit führten, kaum romantischer gewesen sein dürften.

Alles begann mit der Evakuierung meiner Eltern. Nobuyoshi Morita, der damals die Produktionsabteilung der Tōhō leitete, erkannte, daß es mir schwerfiel, im täglichen Leben ein wenig auf mich achtzugeben. Er riet mir, ich solle doch einmal darüber nachdenken, ob ich nicht heiraten wollte. »Aber wen?« fragte ich zurück, und Morita erwiderte: »Wie wäre es denn mit Fräulein Yaguchi?« »Das wäre nicht schlecht«, dachte ich mir, aber da wir beide uns bei den Dreharbeiten zu *Am allerschönsten* ständig

nur gestritten hatten, sagte ich Morita, sie sei wohl etwas zu eigensinnig. Er grinste nur und meinte: »Aber genau das brauchen Sie doch, oder?« Da hatte er nicht ganz unrecht, und ich beschloß, um ihre Hand anzuhalten.
Mein Vorschlag lautete etwa folgendermaßen: »Es sieht so aus, als würde Japan den Krieg verlieren, und wenn es dann zum ›ehrenhaften Tod der hundert Millionen‹ kommt, müssen wir alle sterben. Wäre es da nicht gut, wenn wir vorher noch erleben, was es heißt, verheiratet zu sein?«
Sie antwortete, sie werde darüber nachdenken. Damit die Sache auch klappte, bat ich einen engen Freund, sich bei ihr für mich zu verwenden. Ich wartete und wartete, doch eine Antwort kam nicht. Ich bemühte mich, kühlen Kopf zu bewahren. Schließlich ging ich zu ihr und fragte: »Ja oder nein?«, ganz wie General Tomoyuki Yamashita 1942 bei der Besetzung von Singapur die Kapitulation eingefordert hatte.
Sie versprach, sie werde mir in Kürze eine Antwort geben; doch als wir uns das nächste Mal trafen, gab sie mir ein Bündel Briefe, forderte mich auf, sie zu lesen, und sagte: »So einen Menschen kann ich nicht heiraten.« All diese Briefe stammten von dem Mann, den ich gebeten hatte, bei ihr für mich einzutreten. Ich las sie und wollte meinen Augen nicht trauen. Ich war entsetzt.
Die Briefe waren voll von verleumderischen Behauptungen über mich. Die Vielfalt und das Kaliber der Verleumdungen zeigten wirklich Genie. Der Haß gegen mich, der aus diesen Briefen sprach, war freilich bedrükkend. Dieser Kerl, der mir versprochen hatte, sich für mich zu verwenden, hatte tatsächlich alles getan, um meine Chancen zu ruinieren. Und zu allem Überfluß hatte er mich auch noch häufig zu den Yaguchis begleitet und mit dem Ausdruck aufrichtigsten Interesses und vorbehaltloser Hilfsbereitschaft neben mir gesessen, wenn ich Fräulein Yaguchi dazu zu bewegen versuchte, mich zu heiraten.
Offenbar war all das Fräulein Yaguchis Mutter nicht entgangen, und sie hatte ihrer Tochter gesagt: »Wem willst du vertrauen, dem Mann, der seinen Freund hintergeht, oder dem Mann, der diesem Betrüger sein Vertrauen schenkt?« Das Ergebnis war jedenfalls, daß wir beide heirateten. Selbst nach der Hochzeit hatte dieser Mann die Stirn, uns zu besuchen. Aber meine Schwiegermutter weigerte sich entschieden, ihn ins Haus zu lassen.
Bis heute ist mir sein Verhalten unbegreiflich. Ich kann mir keinen Grund denken, weshalb er mich so sehr haßte. Was die Menschen am Grunde ihres Herzens bewegt, wird mir stets ein Rätsel bleiben. Seither habe ich viele Menschen ganz unterschiedlicher Natur beobachtet – Schwindler,

Menschen, die des Geldes wegen getötet haben oder gestorben sind, Plagiatoren –, und sie alle sehen wie ganz normale Menschen aus; das hat mich verwirrt. Ja, diese Menschen wirken nicht nur »normal«, sie sehen auch nett aus und sagen nette Dinge, und das hat mich noch mehr verwirrt.

Für meine Frau und mich begann nun das Eheleben; für sie muß es eine verheerende Erfahrung gewesen sein. Sie hatte der Heirat wegen ihre Karriere als Schauspielerin aufgegeben, aber was sie nicht wußte war, daß mein Gehalt kaum ein Drittel dessen betrug, was sie erhalten hatte. Niemals wäre sie auf den Gedanken gekommen, daß ein Regisseur so schlecht bezahlt wurde; unser Leben ähnelte fortan einer »Fahrt auf einem brennenden Pferdekarren«.

Für das Drehbuch zu *Sugata Sanshirō* hatte ich 100 Yen (ca. 6000 DM) bekommen und für die Regie nochmals 100 Yen. Die Honorare für *Am allerschönsten* und *Sugata Sanshirō (Zweiter Teil)* hatten jeweils um 50 Yen höher gelegen. Doch den größten Teil hatte ich während der Dreharbeiten vertrunken; so waren wir denn wirklich in einer schwierigen Lage.

Anläßlich des zweiten Teils von *Sugata Sanshirō* unterschrieb ich einen offiziellen Regievertrag mit der Gesellschaft. Danach sollte ich eine Abstandszahlung für meine frühere Tätigkeit als Angestellter der Firma erhalten. Doch als ich um dieses Geld bat, sagte man mir, man werde es für meine Zukunft aufbewahren, und weigerte sich, es mir auszuzahlen. Bis heute habe ich es nicht erhalten. Vielleicht verwahren sie es immer noch für meine Zukunft; vielleicht haben sie auch die Absicht, es mit den gewaltigen Schulden zu verrechnen, die ich bei der Tōhō habe.

Jedenfalls stand ich, da diese Abstandszahlung ausblieb, am Beginn meiner Ehe vor unüberwindlichen finanziellen Schwierigkeiten. Ich hatte keine andere Wahl, ich mußte mich wieder ans Drehbuchschreiben machen. Ich zwang mich sogar, drei Drehbücher zugleich zu schreiben. Dazu war ich gewiß nur deshalb fähig, weil ich noch jung war, aber ich gelangte an die absoluten Grenzen meiner Leistungsfähigkeit. Als ich in der Nacht, da alle drei Drehbücher fertig wurden, meinen Saké trank, flossen mir die Tränen übers Gesicht, und ich konnte nichts dagegen tun.

Die Männer, die dem Tiger auf den Schwanz traten

IN DER ANFANGSZEIT meiner Ehe wurde mir plötzlich klar, daß die Luftangriffe eine wirkliche Bedrohung darstellten. Wir zogen von Ebisu in Shibuya nach Sōshigaya in Setagaya. Am Tag nach unserem Auszug ging das Haus in Ebisu bei einem Luftangriff in Flammen auf. Japan trieb unaufhaltsam der Niederlage entgegen, und dennoch zeigten die Tōhō-Studios eine bemerkenswerte Vitalität bei der Produktion von Filmen, und dies trotz der Tatsache, daß die dort Beschäftigten sich vor Hunger kaum zu lassen wußten. Wer nicht hektisch herumlief, weil es einen Film fertigzumachen galt, hockte im Hof und vertrieb sich die Zeit mit Unterhaltungen. Alle waren so hungrig, daß es schmerzte, wenn man stand.

Damals hatte ich ein Drehbuch mit dem Titel *Dokkoi kono yari* (Der erhobene Speer) geschrieben; die Hauptrollen in diesem Film sollten Denjirō Ōkochi und Ken'ichi Enomoto spielen. Wir waren bereits in der Vorproduktion, doch die letzte Szene erforderte besondere Anstrengungen. Sie zeigte die Schlacht von Okehazama, in der der Feudalherr Nobunaga Oda 1560 den Nordklan besiegte. Wir wollten zeigen, wie Nobunaga und seine Generäle auf ihren Pferden in die Entscheidungsschlacht stürmen; deshalb fuhren wir in die Präfektur Yamagata, um uns nach einem geeigneten Drehort und nach Pferden umzusehen.

Doch selbst in der Präfektur Yamagata, die immer die schönsten Pferde hervorgebracht und uns schon oft in großer Zahl damit versorgt hatte, fanden sich nun nur noch alte Klepper und kranke Tiere. Nicht ein einziges Pferd in der ganzen Präfektur, das anständig hätte laufen können. Diese Entdeckung veranlaßte uns, das ganze Projekt fallenzulassen; es war, als wären wir nur auf Drehplatzsuche gegangen, um unseren Film zu ruinieren. In meiner Enttäuschung beschloß ich, nun wenigstens die Gelegenheit zu nutzen und meine Eltern zu besuchen, die in die Präfektur Akita evakuiert worden waren. Das sollte nun das einzige sein, was mir die ganze Reise einbrachte.

Mitten in der Nacht kam ich bei dem Hause an, in dem meine Eltern lebten. Als ich an die große Eingangstür klopfte, schaute meine Schwester Taneyo, die zur Unterstützung meiner Eltern mit dorthin gezogen war, durch einen Spalt heraus und rief: »Es ist Akira.« Dann ließ sie mich draußen stehen, lief in die Küche und machte sich daran, Reis zu kochen. Ich war verblüfft. Doch ihr Verhalten war durchaus nicht so töricht, wie es erscheinen mag. Da sie wußte, daß ihr jüngerer Bruder nicht genug zu essen bekam, wollte sie ihm als allererstes eine Mahlzeit mit echtem Reis bereiten. Ich war zu Tränen gerührt.

Die wenigen Tage, die ich dort blieb, waren die letzten, die ich mit meinem Vater verbrachte. Er war nach der Fertigstellung von *Sugata Sanshirō* aus Tokyo evakuiert worden; darum hatte er meine Frau nie gesehen. Er wollte alles über sie erfahren. Kurz nach dem Krieg wurde ich selbst Vater, doch mein eigener Vater sollte sein Enkelkind niemals sehen.

Als ich fertig für die Rückkehr nach Tokyo war, lud mein Vater mir einen riesigen Rucksack vollgefüllt mit Reis auf den Rücken. Ich wußte nur zu gut, was er dachte: Er wollte sicherstellen, daß meine schwangere Frau wenigstens Reis zu essen hatte; deshalb nahm ich es gern hin, als Packesel benutzt zu werden. Das Ding war so schwer, daß ich umgefallen wäre, wenn ich nur einen Augenblick die Muskeln entspannt hätte. Mit dieser topplastigen Ladung zwängte ich mich in den Zug nach Tokyo, in dem die Menschen sich bereits drängten wie Sardinen in einer Sardinendose.

An einer Bahnstation halben Wegs nach Tokyo bahnten ein Offizier und seine Frau sich ihren Weg durch den überfüllten Zug. Eine Frau beklagte sich über ihre Drängelei, und der Mann fauchte sie an: »Wie können Sie es wagen, einen Soldaten der Kaiserlichen Armee in dieser Weise anzusprechen.« Die Frau versetzte ihm darauf: »Und wie können Sie sich als Soldat der Kaiserlichen Armee so benehmen?« Der Offizier wußte darauf keine Antwort und hielt für den Rest der Fahrt den Mund. Bei mir hinterließ dieser Vorfall das deutliche Gefühl, daß Japan den Krieg bereits verloren hatte.

Am nächsten Morgen kam ich völlig erschöpft zu Hause an; ohne die Last auf meinem Rücken abzusetzen, ließ ich mich auf den Stufen des Hauses nieder; als ich wieder aufstehen wollte, konnte ich es nicht.

Die Männer, die dem Tiger auf den Schwanz traten war der Ersatz für das aufgegebene Projekt *Der erhobene Speer,* und wir schusterten das Ganze in aller Eile zusammen. Der Film sollte sich auf das Kabuki-Stück *Kanjinchō* (Das Subskriptionsbuch) stützen, das von der Flucht des Feudalherrn Yoshitsune über eine schwerbewachte Grenze handelt, wobei seine Generäle, als Mönche verkleidet, Subskriptionen für einen Tempel sammeln. Im Aufbau sollte der Film dem Stück genauestens folgen; für die Rolle Benkeis, des glühendsten Anhängers seines Herrn, Yoshitsune, war Ōkochi vorgesehen. Ich brauchte lediglich noch für Enomoto die Rolle eines Dieners hineinzuschreiben; deshalb versprach ich, das Drehbuch in zwei oder drei Tagen fertigzustellen. Für die Gesellschaft, der es damals sehr an Stoffen für ihre Produktion fehlte, waren meine Worte wie ein Gottesgeschenk.

Darüber hinaus versprach ich auch, ich werde mit nur einem Bühnenaufbau auskommen und für die Außenaufnahmen reiche der kaiserliche Wald, der damals gleich hinter den Studios begann. Die Gesellschaft war entzückt.

Doch man soll das Fell des Bären nicht verteilen, bevor er erlegt ist. Während die Arbeit an *Die Männer, die dem Tiger auf den Schwanz traten* voranschritt, verlor Japan den Krieg, und die US-Armee besetzte das Land.

In der Folgezeit kam es gelegentlich vor, daß amerikanische Soldaten uns bei den Dreharbeiten besuchten. Einmal kam sogar eine ganze Einheit. Vielleicht erschienen ihnen die Bräuche, die ich in meiner Produktion zeigte, als wunderlich; ich weiß es nicht. Jedenfalls zückten sie ihre Photoapparate und Filmkameras, und einige von ihnen wollten gar photographiert werden, während jemand mit einem japanischen Schwert auf sie losging. Die Dinge gerieten außer Kontrolle, und ich mußte die Dreharbeiten für diesen Tag abbrechen.

Ein andermal drehten wir gerade eine Szene aus der Vogelperspektive, bei der auch Tonaufzeichnungen gemacht wurden, als eine Gruppe von Admirälen und hochrangigen Offizieren erschien. Sie verhielten sich bemerkenswert ruhig, beobachteten eine Weile die Dreharbeiten und gingen dann wieder. Später erfuhr ich, daß auch der Filmregisseur John Ford unter ihnen gewesen war. Er selbst erzählte mir das zu meinem größten Erstaunen, als wir Jahre später einmal in London zusammentrafen. Offenbar hatte er nach meinem Namen gefragt und eine Nachricht mit Grüßen für mich hinterlassen. »Haben Sie sie erhalten?« fragte er mich. Aber ich hatte sie natürlich nicht erhalten, noch hatte ich eine Ahnung davon, daß John Ford mich jemals bei Dreharbeiten besucht hatte, bevor ich ihn in England traf.

Was wurde denn nun aus *Die Männer, die dem Tiger auf den Schwanz traten?* Um eben diese Frage zu beantworten, traten wieder einmal die Zensoren in Aktion. Als die US-Armee Japan besetzte, begann sie sogleich mit einem Kreuzzug gegen den japanischen Militarismus. Teil dieses Kreuzzuges war auch die Entlassung der Zensoren und der Sicherheitspolizei.

Und dennoch mußte ich vor eben diesen alten Zensoren erscheinen. Sie ließen uns wissen, sie hätten Einwände gegen den Film. Selbst Iwao Mori, der damals für die Produktion bei Tōhō verantwortlich zeichnete, war so überrascht, daß er mich zu sich bat und mir sagte: »Diese Leute haben das Recht verspielt, überhaupt noch etwas zu sagen. Gegen Sie hin, und sagen Sie Ihnen genau das, was Sie von ihnen halten.« Mori war stets derjenige gewesen, der mein ungestümes Temperament zu zügeln versucht hatte; wenn er mich nun aufforderte, ihnen »genau das« zu sagen, was ich von ihnen hielt, dann hieß das, daß auch er mit seiner Geduld am Ende war. Solcherart gestärkt, machte ich mich auf den Weg.

Tatsächlich hatte man die Zensoren aus ihren Büros im Innenministerium vertrieben und an anderer Stelle untergebracht. Hier verbrannten sie nun ihre alten Akten in großen Blecheimern und sägten die Beine ihrer Stühle ab, um das Feuer in Gang zu halten. Der Anblick all dieser nun zur Armseligkeit geschrumpften Macht hätte mich beinahe gerührt.

Aber diese Unverbesserlichen konnten nun einmal nicht von ihrem Dünkel und ihrer Anmaßung lassen und zogen mich gleich in ein rachsüchtiges Verhör. »Wissen Sie, was Ihr Film ist? Er ist eine Verballhornung des großen klassischen japanischen Kabuki-Stückes *Kanjinchō*. Er ist eine Verhöhnung dieses Klassikers.«

Ich übertreibe nicht; genau das sagten sie wortwörtlich. Selbst wenn ich es gerne vergäße, so könnte ich es doch nicht. Ich erwiderte darauf: »Sie sagen, *Die Männer, die dem Tiger auf den Schwanz traten* sei eine Verballhornung des Kabuki-Stücks *Kanjinchō*. Nun, ich denke, das Kabuki-Stück ist seinerseits schon eine Verballhornung des Nō-Stückes *Ataka*. (Tatsächlich basiert das Kabuki-Stück auf diesem Nō-Stück.) Im übrigen: Wenn hier behauptet wird, mein Film sei eine Verhöhnung des Kabuki-Klassikers, dann kann ich nur sagen, daß eine solche Absicht mir ganz gewiß fernlag; ich sehe auch nicht, von welchen Aspekten des Films man behaupten könnte, sie zögen das Kabuki-Stück ins Lächerliche. Erklären Sie mir also bitte am konkreten Detail, wo eine solche Verhöhnung stattfinden soll.«

Eine Zeitlang hüllten sich sämtliche Zensoren in Schweigen. Dann erwiderte einer von ihnen: »Schon allein die Tatsache, daß Sie den Komiker Enoken in *Kanjinchō* eingebaut haben, ist ein Akt der Verhöhnung.« Ich versetzte darauf: »Das ist allerdings seltsam. Enoken ist ein großer Komiker. Wenn Sie behaupten, seine Mitwirkung in diesem Film sei bereits ein Affront gegen das Kabuki-Stück, dann ziehen Sie damit sein Talent als Schauspieler in Zweifel. Wollen Sie damit sagen, die Komödie sei eine geringere Kunstform als die Tragödie? Wollen Sie behaupten, der komische Darsteller sei von geringerem Wert als der tragische? Don Quixote hat einen komischen Begleiter namens Sancho Pansa. Was ist daran auszusetzen, wenn ich Yoshitsune und seinen Gefolgsleuten Enoken als Diener und komische Figur beigebe?«

Meine Argumentation war ein wenig wirr, aber ich war zornig und schickte mich an, darin fortzufahren. Da ging einer der Zensoren, ein Grünschnabel, dem man die Eliteausbildung förmlich ansah, zähnefletschend auf mich los: »Jedenfalls ist dieser Film völlig bedeutungslos. Was haben Sie sich dabei gedacht, einen so langweiligen Film zu machen?«

Mein ganzer aufgestauter Zorn entlud sich nun über diesem Bürschchen: »Wenn ein bedeutungsloser Mensch etwas für bedeutungslos erklärt, dann ist das wahrscheinlich ein Beweis dafür, daß es durchaus Bedeutung hat; und wenn ein langweiliger Mensch etwas für langweilig erklärt, dann ist es höchstwahrscheinlich überaus interessant.« Das Gesicht des jungen Zensors wechselte von Blau zu Rot und Gelb und durchlief sämtliche Farben des Spektrums. Ich sah dem Schauspiel eine Weile zu, stand auf und ging nach Hause.

Dieser Vorfall führte leider dazu, daß das General Headquarters der US-Armee die Aufführung des Films verbot. Der Grund lag allein darin, daß die Zensoren von all ihren Berichten über die damals in Produktion befindlichen japanischen Filme nur den über *Die Männer, die dem Tiger auf den Schwanz traten* nicht an das G.H.Q. weitergaben. Auf diese Weise wurde er zu einem unautorisierten, »illegalen« Film, und das G.H.Q. verbot ihn.

Drei Jahre später sah der Leiter der Filmabteilung im G.H.Q. den Streifen; er fand ihn sehr interessant und hob das Verbot auf. Interessante Dinge sind nun einmal interessant, ganz gleich wer sie sieht – ausgenommen natürlich langweilige Menschen.

Auch die amerikanischen Zensoren sind hier der Erwähnung wert. Japan hatte den Krieg verloren, und die amerikanische Armee besetzte das Land stellvertretend für die Alliierten. Man pries die Demokratie und stellte die Redefreiheit wieder her (freilich in den Grenzen, die General MacArthurs Militärpolizei zog). Im selben Augenblick blühte auch die japanische Filmindustrie auf. Für uns war natürlich die Vertreibung der Zensoren Anlaß zu grenzenloser Freude.

Wir, die wir bis dahin nichts von dem hatten ausdrücken dürfen, was wir wirklich dachten, begannen nun alle zugleich zu sprechen. Direkt nach Kriegsende schrieb ich einen Einakter mit dem Titel *Shaberu* (Reden). Die Szene spielt in einem Fischladen an einer belebten Straße in der Stadt und

zeigt auf komische Weise, wie die Japaner alle zugleich zu reden beginnen.
Mein Stück erregte die Aufmerksamkeit des Leiters der Theaterabteilung im G.H.Q. Er bat mich zu sich, und wir redeten fast einen ganzen Tag lang miteinander.
Ich weiß nicht, wie dieser Amerikaner hieß, aber offenbar kannte er sich auf dem Gebiet des Theaters bestens aus. Jede Zeile meines Stückes hatte er mit Anmerkungen versehen, und er stellte mir äußerst präzise, elaborierte Fragen zur Regie. Manchmal lächelte er über meine Antworten, manchmal lachte er aus ganzem Herzen.
Ich berichte hier darüber, weil mir dieses Erlebnis ein seltsames Vergnügen bereitete, wie ich es während des Krieges niemals erlebt hatte. Dabei war dieses Vergnügen im Grunde gar nicht seltsam, sondern von einer Art, die wir stets empfinden können sollten. Dieser Mann bestand nicht auf einer einseitigen Sicht der Dinge, sondern bemühte sich um ein wechselseitiges Verständnis als Grundlage für unser Gespräch. Die Begegnung mit diesem amerikanischen Zensor ist mir eine herzerfrischende Erinnerung geblieben. Ich hatte in einer Zeit gelebt, die keine Achtung vor dem Schöpferischen hatte, und nun sah ich, daß schöpferische Freiheit möglich war. Ich bedaure nur, daß ich den Namen dieses Mannes nie erfuhr.
Natürlich will ich damit nicht sagen, alle amerikanischen Zensoren seien wie er gewesen. Doch sie alle sind uns mit großer Höflichkeit begegnet. Kein einziger von ihnen hat uns wie Kriminelle behandelt, wie es bei den japanischen Zensoren üblich gewesen war.

Die Japaner

NACH DEM KRIEG ging es mit meiner Arbeit wieder aufwärts; doch bevor ich davon berichte, möchte ich noch einen Blick auf mein Leben während des Krieges werfen. Ich habe dem japanischen Militarismus keinerlei Widerstand entgegengesetzt. Leider muß ich eingestehen, daß ich nicht den Mut hatte, Widerstand zu leisten; ich schmuggelte mich durch, indem ich mich, falls nötig, einschmeichelte oder die Zensur umging. Dafür schäme ich mich, aber ich muß es der Ehrlichkeit halber eingestehen.
Weil ich mich so verhalten habe, kann ich heute wohl kaum eine selbstgefällige Miene aufsetzen und die Dinge, die während des Krieges gesche-

hen sind, kritisieren. Es ist nun einmal nicht so, daß ich für die Freiheit und die Demokratie der Nachkriegszeit gekämpft und sie endlich errungen hätte; vielmehr wurden sie mir von Mächten geschenkt, die stärker sind als ich. Darum erschien es mir um so wichtiger, daß ich mich ihnen mit dem ernsthaften, demütigen Wunsch, zu lernen, näherte, um sie mir zu eigen zu machen. Doch die meisten Japaner schlangen die Konzepte der Freiheit und der Demokratie damals nach dem Kriege einfach herunter und warfen mit Schlagworten um sich, ohne zu begreifen, was sie eigentlich bedeuteten.

Am 15. August 1945 rief man mich wie alle übrigen auch ins Studio, damit wir dort einer folgenschweren Radioansprache zuhörten: Der Kaiser selbst sollte sprechen. Niemals werde ich die Szene vergessen, die sich mir bot, als ich an diesem Tag durch die Straßen ging. Die Einkaufsstraße, die ich auf meinem Weg von Sôshigaya zu den Studios in Kinuta passierte, schien gänzlich auf den »ehrenhaften Tod der hundert Millionen« vorbereitet. Die Atmosphäre war gespannt und voller Schrecken. Einige Ladenbesitzer hatten gar ihr Schwert aus der Scheide gezogen; sie saßen da und starrten auf die blanke Klinge.

Als ich nach der Ansprache des Kaisers auf demselben Wege wieder nach Hause ging, hatte sich die Szene völlig verändert. Die Menschen liefen mit fröhlichen Gesichtern umher, als wollten sie sich auf ein Fest am nächsten Tage vorbereiten. Ich weiß nicht, ob das nun von der Anpassungsfähigkeit der Japaner oder von ihrer Dummheit zeugt. Aber es steht außer Zweifel, daß beides Facetten der japanischen Persönlichkeit sind; und auch in meiner Persönlichkeit sind beide Facetten enthalten.

Hätte der Kaiser in seiner Ansprache nicht dazu aufgerufen, die Waffen niederzulegen; hätte er statt dessen den »ehrenhaften Tod der hundert Millionen« befohlen, so hätten diese Menschen auf der Straße in Sôshigaya höchstwahrscheinlich getan, was man von ihnen verlangte, und sich selbst entleibt. Und wahrscheinlich hätte ich es ihnen gleichgetan. Die Japaner sehen in der Behauptung der eigenen Person etwas Unmoralisches, in der Selbstaufopferung dagegen die wahre Tugend. Diese Lehre war uns in Fleisch und Blut übergegangen, und niemand hätte sie in Zweifel gezogen.

Ich kam damals zu der Einsicht, daß Freiheit und Demokratie keine Chance hätten, wenn es nicht gelänge, das Ich als einen positiven Wert zu etablieren. Mein erster Film nach dem Kriege, *Waga seishun ni kui nashi* (Ich bereue meine Jugend nicht) nimmt dieses Problem des Ich auf.

Doch bevor ich darauf zu sprechen komme, möchte ich noch etwas über mich und mein Leben während des Krieges sagen. In der Kriegszeit ähnelten wir alle Taubstummen. Wir konnten nichts sagen, und wenn wir es doch taten, so konnten wir nur wie Papageien die Dogmen nachplappern, die unsere militaristische Regierung uns lehrte. Wenn wir dennoch uns selbst ausdrücken wollten, mußten wir dies auf eine Weise tun, die keinerlei gesellschaftliche Probleme berührte. Das ist der Grund, weshalb die Haiku-Dichtung während des Krieges eine neue Blüte erlebte.

Die Lehre von den »Blumen, Vögeln und Ahnungen in der Dichtung«, die der moderne Haiku-Dichter Kyoshi Takahama aufgestellt hatte, bot eine Möglichkeit, dem Zugriff der Zensur zu entgehen. Wir gründeten gar einen Haiku-Club in den Tōhō-Studios. Von Zeit zu Zeit trafen wir uns in einem buddhistischen Tempel außerhalb Tokyos, um Gedichte zu verfassen. Dahinter stand freilich nicht nur die Freude an der Haiku-Dichtung, sondern auch der prosaische Gedanke, daß die Versorgungslage außerhalb Tokyos etwas besser war und wir daher sicher sein durften, etwas zu essen zu finden.

Doch mit leerem Magen kann man sich nicht zusammensetzen und in einem Gefühl der Muße gute Haiku produzieren, selbst wenn man dabei die Köpfe gegeneinanderschlüge. Gutes bringt man überhaupt nur zustande, wenn man seine volle Kraft und seinen Willen beisammen hat. Auch ich schrieb damals eine ganze Reihe von Haiku-Gedichten, doch keines von ihnen wäre es wert, hier zitiert zu werden. Sie alle sind überaus künstlich und affektiert.

Damals stieß ich in einem Buch über Kyoshi Takahamas poetische Theorie auf ein Haiku, das ich nur empfehlen kann. Es trägt den Titel »Ein Wasserfall«.

Auf dem Berg
Tritt das Wasser heraus
Und stürzt hinab.

Als ich das Gedicht zum erstenmal las, war ich zutiefst beeindruckt. Offensichtlich stammte es von einem Amateur, doch mir war, als hätte mir die reine, klare Sicht und der schlichte, offene Ausdruck einen Schlag vor den Kopf versetzt. Die Wertschätzung für meine eigenen Gedichte verflog vollständig; es waren nichts als aneinandergereihte, auf diverse Arten ineinander verschachtelte Wörter. Zugleich erkannte ich, daß es mir an Bildung und Talent fehlte, und ich fühlte mich tief beschämt. Es

mußte viele solche Dinge geben, die ich zu verstehen glaubte, von denen ich aber in Wahrheit nichts wußte.
Ich zog daraus die Konsequenz, mich eingehend mit der traditionellen japanischen Kultur auseinanderzusetzen. Bis dahin hatte ich nicht die mindeste Ahnung von Keramik und Porzellan, und meine Kenntnisse über die übrigen Handwerkskünste Japans waren allenfalls oberflächlich zu nennen. Was mein ästhetisches Urteil betraf, war die einzige Kunst, die ich damals wirklich zu würdigen verstand, die Malerei. Und in der darstellenden Kunst war mir die spezifisch japanische Theatergattung des Nō nicht einmal aufgefallen. Ich begann darum, regelmäßig einen Freund zu besuchen, der sich auf dem Gebiet der alten japanischen Künste bestens auskannte, und bat ihn, mich in die Feinheiten der Keramik einzuweihen.
Ich hatte das Interesse dieses Freundes an Raritäten stets mit einer gewissen Verächtlichkeit bedacht, ohne recht zu wissen, warum. Doch als ich ihm nun zuhörte, wurde mir langsam klar, daß man auf diesem Gebiet nicht alles in einen Topf mit dem Etikett »Interesse an Raritäten« werfen darf. Wie anderswo, so gibt es auch bei den Antiquitäten Tiefes und Seichtes. Ein ganzes Spektrum, vom zurückgezogenen Dilettanten bis hin zum ernsthaften Gelehrten und Ästheten, ist unter den Kennern alter japanischer Kunst und Kultur vertreten. Der Geist einer Zeit und die Lebensweise der Menschen dieser Zeit können aus einer einzigen alten Schale hervortreten. Als ich meinem Freund bei seinen Ausführungen über die Keramik zuhörte, wurde mir klar, daß es noch unendlich viel zu studieren und in mich aufzunehmen gab.
Während des Krieges hatte ich nach Schönheit förmlich gelechzt; deshalb versenkte ich mich begierig in die Welt der traditionellen japanischen Künste; es war wie ein Fest.
Vielleicht stand dahinter auch der Wunsch, der Realität um mich her zu entfliehen; doch was ich dabei trotz dieses Motivs lernte, war von größtem Wert für mich. Zum erstenmal sah ich das Nō-Theater. Ich las die kunsttheoretischen Schriften, die der große Nō-Theaterschriftsteller des vierzehnten Jahrhunderts Zeami hinterlassen hat. Ich las alles, was es über Zeami selbst zu lesen gab, und ich verschlang Bücher über das Nō-Theater.
Das Nō-Theater zog mich an, weil ich seine Einzigartigkeit bewunderte; dazu gehörte vielleicht auch, daß seine Ausdrucksformen so weit von denen des Films entfernt sind. Jedenfalls ergriff ich die Gelegenheit, mich mit dem Nō vertraut zu machen, und hatte das Vergnügen, die Vorstel-

lungen der großen Darsteller der verschiedenen Schulen zu sehen: Roppeita Kita, Manzaburō Umewaka und Kintarō Sakurama.
Viele dieser Vorstellungen werde ich nie vergessen, doch den stärksten Eindruck hinterließ bei mir Manzaburōs *Hanjo* (Dame Han). Draußen ging ein heftiger Gewitterregen nieder, aber als ich ihm auf der Bühne zusah, merkte ich nichts mehr vom Wetter. Als er dann wieder auf die Bühne kam und den Tanz des *jo*-Vorspiels begann, da traf plötzlich die Abendsonne seine Gestalt. »Ah, die Mondwinde ist aufgeblüht«, dachte ich entzückt. Es war ein Augenblick, der mir die Möglichkeit bot, den melancholisch-poetischen Bezug des Stückes auf das Mondwindenkapitel im *Roman vom Fürsten Genji* in seiner ganzen Tiefe auszukosten.
Die Japaner haben kostbare Talente. Mitten im Krieg ermunterte uns die militaristische, nationalistische Politik zu einer tieferen Wertschätzung der Traditionen und Künste; doch eigentlich bedarf es solcher Förderung gar nicht. Ich glaube, Japan kann zu jeder Zeit stolz darauf sein, daß es sich eine ganz eigentümliche ästhetische Welt geschaffen hat. Diese Einsicht führte mich auch zu einem besseren Verständnis meiner selbst – und zu größerem Selbstvertrauen.

Ich bereue meine Jugend nicht

DER TITEL meines ersten Nachkriegsfilms wurde zu einem Schlagwort. Nachdem er in die Kinos gekommen war, las und hörte man in Zeitungen und anderen Medien häufig die Wendung »Ich bereue … nicht«. Bei mir löst dieser Titel freilich eher das entgegengesetzte Gefühl aus: Ich bereue manches an diesem Film. Der Grund liegt in der Tatsache, daß das Drehbuch gegen meinen Willen umgeschrieben wurde.
Der Film entstand genau zwischen den beiden großen Streiks bei der Tōhō. Der erste Tōhō-Streik fand im Februar 1946 statt, der zweite im Oktober desselben Jahres. *Ich bereue meine Jugend nicht* entstand in den sieben Monaten zwischen diesen beiden Ausbrüchen. Dank ihres Sieges beim ersten Streik erfuhr die Tōhō-Betriebsgewerkschaft einen beträchtlichen Machtzuwachs, und die Zahl der KP-Mitglieder unter den Beschäftigten nahm erheblich zu. Auch in Fragen der Filmproduktion hatte ihre Stimme nun deutlich mehr Gewicht als zuvor, und man bildete ein Komitee zur Prüfung von Drehbüchern. Dieses Komitee gelangte nun zu

der Ansicht, das Drehbuch für *Ich bereue meine Jugend nicht* müsse umgeschrieben werden; der Film wurde dann nach der überarbeiteten Fassung gedreht. Der Grund lag aber nicht etwa darin, daß man am Inhalt meines Drehbuchs etwas auszusetzen gehabt hätte, sondern in dem Umstand, daß man dem Komitee zur selben Zeit ein anderes, aber auf einem ähnlichen Stoff basierendes Drehbuch vorgelegt hatte.

Ich war damals der Ansicht, daß die beiden Drehbücher auf demselben Stoff basieren mochten, daß sie diesen Stoff jedoch in ganz unterschiedlicher Weise behandelten. Daher war ich sicher, daß daraus auch zwei ganz unterschiedliche Filme entstehen würden. Das jedenfalls sagte ich vor dem Komitee für die Prüfung von Drehbüchern, aber man verwarf meine Einschätzung.

Als die beiden Filme fertig waren, sagten mir einige Mitglieder des Komitees: »Sie hatten recht. Wenn wir gewußt hätten, daß die Sache so ausläuft, hätten wir Sie nach Ihrem ersten Drehbuch drehen lassen.« Das war der Gipfel der Verantwortungslosigkeit. Eijirō Hisaitas erstes Drehbuch für meinen Film war ein so wundervolles Werk gewesen, daß es mich heute noch schmerzt, wenn ich daran denke, daß es von so gedankenlosen Menschen zerstört worden ist.

Die zweite Version des Drehbuchs für *Ich bereue meine Jugend nicht* war eine reichlich gezwungene Umarbeitung der ersten; dabei wurde auch die Geschichte etwas verzerrt. Das zeigt sich insbesondere in den letzten zwanzig Minuten des Films. Und gerade auf diese letzten zwanzig Minuten kam es mir an. Ich legte meine ganze Energie in diese siebenhundert Meter Film mit seinen gut zweihundert Einstellungen. All mein Zorn über das Komitee für die Prüfung von Drehbüchern fand Eingang in diese Schlußbilder.

Als ich den Film fertig hatte, war ich so erregt und erschöpft, daß ich ihn nicht mit kühlem Kopf zu beurteilen vermochte. Aber ich war sicher, daß ich da etwas sehr Merkwürdiges produziert hatte. Die Gesellschaft arrangierte eine Vorführung für die amerikanischen Zensoren. Während der Film lief, unterhielten sie sich ungeniert miteinander; das bestärkte mich in der Überzeugung, daß ich versagt hätte. Doch als die letzten zwanzig Minuten begannen, wurden alle ganz ruhig und schauten gebannt auf die Leinwand. Man meinte fast, sie alle hielten den Atem an, bis dann der Abspann erschien. Als die Lichter angingen, standen sie sogleich auf, kamen zu mir und schüttelten mir die Hand. Sie lobten den Film in den Himmel und gratulierten mir; aber ich stand nur verwundert da.

Erst als ich gegangen war, kam mir langsam die Erkenntnis, daß der Film ein Erfolg war. Einer der amerikanischen Zensoren, ein Mr. Garky, gab später eine Party zu Ehren des Films. Während des zweiten Tōhō-Streiks hatten sich die Schauspieler, die die wichtigsten Rollen in *Ich bereue meine Jugend nicht* gespielt hatten, mit anderen Darstellern zur »Gruppe der zehn« zusammengeschlossen. Sie hatten sich dem Streik widersetzt und waren zur Shin Tōhō (Neue Tōhō) gegangen. Mr. Garky, der sich unserer Sicht der Dinge nicht anschließen mochte, bestand darauf, auch sie zu der Party einzuladen. Er hoffte, wir alle würden einsehen, daß er eine Party zur Feier des Films geben könne, da wir schließlich gemeinsam an seiner Verwirklichung gearbeitet hatten. Er glaubte damit eine Gelegenheit zu schaffen, bei der wir einander wieder die Hand reichen könnten. (Es zeigte sich indessen, daß sie nicht zur Party kamen; auch kamen sie, zumindest für die nächsten zehn Jahre, nicht zurück. Das galt nicht nur für diese Stars, sondern auch für die Filmtechniker, die mit ihnen weggegangen und die Shin Tōhō gegründet hatten. Die Tōhō hatte offenbar in einem einzigen Zuge nicht nur die Harmonie zwischen den Beschäftigten über Bord geworfen, die aufzubauen zehn Jahre beansprucht hatte, und dazu noch die Menschen, die der Firma ihre Ausbildung verdankten, sondern auch noch weitere zehn Jahre, die nötig waren, um neue Leute heranzubilden.)

Ich bereue meine Jugend nicht entstand inmitten dieser Wirren. Für mich war dieser Film, der erste, den ich in der freiheitlichen Atmosphäre der Nachkriegszeit drehte, mit ganz besonders tiefen Gefühlen verbunden. Die Drehplätze in der alten Hauptstadt Kyōto – die grasbedeckten Hügel, die blumengesäumten Seitenstraßen, die Bäche mit ihren Reflexionen – findet man heute in den trivialsten Filmen, doch damals hatten sie eine besondere Bedeutung für uns. Mir war, als tanzte mein Herz vor Freude, als hätte ich Flügel und stiege hinauf zwischen die Wolken.

Während des Krieges hatten wir uns sehr vorsehen müssen, wenn wir solche Aufnahmen machten. Unter den damals herrschenden Bedingungen war es uns unmöglich gewesen, die Fülle der Jugend im Kino zur Geltung zu bringen. Wie die Zensoren die Dinge sahen, war Liebe anstößig und das frische unbekümmerte Gefühl von Jugend ein Geisteszustand »britisch-amerikanischer« Verweichlichung. Damals bedeutete jung sein, das Geräusch des eigenen Atems zu unterdrücken in jener Gefängniszelle, die man die »Heimatfront« nannte.

Doch wenn die japanische Nachkriegsjugend ihren Lebensatem wiedererlangen wollte, mußte sie noch manch weitere Schwierigkeiten durchstehen. Das sollte das Thema meines nächsten Filmes sein.

An einem wunderschönen Sonntag

ALS DIE GRUPPE der zehn Stars gegangen war und die Shin Tōhō gegründet hatten, stand die Tōhō gänzlich ohne namhafte Schauspieler und Schauspielerinnen da, die sie in ihren Filmen hätte einsetzen können. Die beiden Studios unterschieden sich deutlich durch ihre verschiedenartigen Ansätze: das Regisseursystem bei der alten, das Starsystem bei der neuen Gesellschaft, und diese beiden Ausrichtungen entwickelten sich schon bald zu Feldstandarten, unter denen sich die jeweiligen Anhänger sammelten. In der Tat kam es in der Folgezeit zu einem »Bürgerkrieg«, bei dem sich der Bruder gegen den Bruder wandte.

Die Shin Tōhō kündigte eine Reihe von Produktionen mit eindrucksvollen Starbesetzungen an. Die Tōhō reagierte mit einem Treffen sämtlicher Vertragsregisseure, Drehbuchautoren und Produzenten in einem Gasthaus auf der Halbinsel Izu südlich von Tokyo. Die Atmosphäre bei diesem Treffen hatte große Ähnlichkeit mit dem hektischen Treiben einer Generalstabssitzung am Abend vor einer großen Schlacht. Es war eine recht pompöse Angelegenheit, und das Ergebnis war eine Liste neuer Produktionen, die unter dem Namen des jeweiligen Regisseurs herauskommen sollten. Teinosuke Kinugasa, Kajirō Yamamoto, Mikio Naruse und Shirō Toyoda sollten jeweils einen von vier Teilen eines Films mit dem Titel *Yotsu no koi no monogatari* (Vier Liebesgeschichten) inszenieren. Heinosuke Gosho sollte *Ima hitotabi no* (Nun noch einmal) drehen, Satsuo Yamamoto zusammen mit Fumio Kamei *Sensō to heiwa* (Krieg und Frieden) und ich *Subarashiki nichiyōbi* (An einem wunderschönen Sonntag); und schließlich sollte Senkichi Taniguchi seinen ersten Film, *Ginrei no hate* (Über den silbernen Gipfeln) machen. Mir fiel dabei die Aufgabe zu, nicht nur das Drehbuch für meinen eigenen Film, *An einem wunderschönen Sonntag,* zu schreiben, sondern auch noch eine der vier Episoden für *Vier Liebesgeschichten* und das Drehbuch für Sen-chans *Silberne Gipfel.*

Zunächst einmal setzte ich mich mit Keinosuke Uekusa zusammen und diskutierte mit ihm in den Grundzügen den Aufbau von *An einem wunderschönen Sonntag;* die Einzelheiten überließ ich ihm. Senkichi Taniguchi und ich blieben nach der Abreise der übrigen in dem Gasthaus, um am Drehbuch für *Über den silbernen Gipfeln* zu arbeiten, das wir dort fertigzustellen gedachten. Danach wollte ich dann in wenigen Tagen meine Episode für die *Vier Liebesgeschichten* niederschreiben, bevor ich nach Tokyo zurückkehrte, um mit Uekusa zusammen das Drehbuch für meinen eigenen Film abzuschließen.

Es zeigte sich, daß ich diese unmögliche Planung tatsächlich einhalten und die drei Drehbücher in einem Zuge niederschreiben konnte. Doch wenn nicht der Druck der Konkurrenz mit dem Starsystem bei der Shin Tōhō und mein Wunsch, darauf angemessen zu antworten, gewesen wären, hätte ich es kaum geschafft. Was das Drehbuch für *Über den silbernen Gipfeln* anging, wußten wir anfangs nur, daß es ein sehr männlicher Action-Film werden sollte, und da Sen-chan Bergsteiger war, sollte der Film im Hochgebirge spielen.

Drei Tage lang saßen Sen-chan und ich uns an einem Schreibpult gegenüber und starrten uns an; aber es kam nichts sonderlich Bewegendes dabei heraus. Schließlich wurde mir klar, daß hier nur ein Frontalangriff weiterhelfen konnte, und schrieb eine Art Zeitungsschlagzeile nieder: »Präfektur Nagano. Drei Bankräuber ins Gebirge geflüchtet. Suchtrupp errichtet Hauptquartier am Fuße der Japanischen Alpen.« Die drei Räuber verstecken sich im Schnee der Japanischen Alpen; ich schickte einen Polizeiinspektor hinter ihnen her, und auf Sen-chans Erfahrung und Wissen als Bergsteiger zurückgreifend, schrieben wir jeden Tag ein wenig. Nach drei Wochen hatten wir das Drehbuch für *Über den silbernen Gipfeln* fertig, und die Story war nicht einmal so übel.

Direkt im Anschluß machte ich mich an meinen Teil der *Vier Liebesgeschichten*. Da es nur eine von vier Episoden war und ich die Story bereits fertig im Kopf hatte, schrieb ich das Drehbuch in vier Tagen nieder. Dann endlich konnte ich mich mit Uekusa an einen Tisch setzen und das Drehbuch für meinen Film *An einem wunderschönen Sonntag* schreiben.

Inzwischen waren fünfundzwanzig Jahre vergangen, seit »Murasaki« Uekusa und »Shōnagon« Kurosawa ihre jeweiligen Schreibstile am selben Tisch aneinander gemessen hatten. Wir waren beide nun siebenunddreißig Jahre alt. Doch bei der Arbeit wurde mir bald klar, daß wir uns zwar äußerlich verändert hatten, im Inneren aber immer noch dieselben geblieben waren. Als wir uns dort nun Tag für Tag gegenübersaßen, schienen die Jahre uns wie ein Traum zu schwinden, und diese beiden Männer im mittleren Alter wurden wieder zu »Kei-chan« und »Kuro-chan«. Es dürfte nur wenige Menschen auf dieser Erde geben, die sich so wenig verändern, wie Keinosuke es getan hatte. Ich weiß nicht, ob das an der Reinheit seines Herzens oder einfach an seinem Starrsinn lag. In seiner Schwäche demonstriert er nach außen hin Stärke, und trotz seiner romantischen Gefühle geriert er sich als Realist. Ständig tut er Dinge, die einem

Unbehagen bereiten. Seit unserer Grundschulzeit macht er mir nur Schwierigkeiten.

Zehn Jahre vor *An einem wunderschönen Sonntag* saß ich bei Außenaufnahmen zu *Tōjūrōs Liebe* einmal oben auf dem Kran und dirigierte die Statisten, die wir gerade filmten; da winkte jemand aus der Menge zur Kamera herauf. Nun gehört es zu den allerersten Grundsätzen beim Filmemachen, daß der Darsteller niemals in die Kamera schaut; deshalb sprang ich empört von meinem Hochsitz hinunter, um dem Kerl die Meinung zu sagen. Als ich ihn erreichte, grinste mich eine seltsame Gestalt mit einem schiefsitzenden Haarknoten an. »Hallo, Kuro-chan.« Da erkannte ich, daß es Uekusa war. Erstaunt fragte ich ihn, was er hier tue, und er erwiderte mir stolz, daß er in letzter Zeit eine ganze Menge Geld als Statist verdient hätte. Ich war zu beschäftigt für seine Streiche; ich gab ihm deshalb fünf Yen und sagte ihm, er solle nach Hause gehen. Er nahm das Geld, ging aber nicht weg, wie sich später herausstellte. Er gestand mir einmal, daß er sich damals ein herrenloses Samurai-Kostüm mit einem tiefsitzenden Strohhut angezogen hatte, der ihn vor meinem Blick verbarg; und er hatte nicht nur das Geld eingesteckt, das ich ihm gegeben hatte, sondern auch noch sein volles Statistenhonorar. Als er mir das erzählte, erinnerte ich mich an einen seltsamen Samurai, der hartnäckig immer an den falschen Stellen auftauchte und mir nichts als Schwierigkeiten bereitete. Keinosuke ist und bleibt schon ein lästiger Kerl.

Vielleicht aufgrund eines Karmas aus einem früheren Leben verschwindet dieser Bursche Uekusa immer wieder urplötzlich aus meinen Augen, um dann irgendwann genauso plötzlich wieder aufzutauchen. Und in den Zeiten, da er aus meinem Gesichtskreis verschwunden ist, macht er die erstaunlichsten Dinge. Er arbeitete als Vorarbeiter in einer Kiesgrube und als Statist beim Film. Einmal schloß er sich der Parade der Prostituierten im Tokyoter Vergnügungsviertel Yoshiwara an. Und zwischen alledem fand er Zeit, ausgezeichnete Theaterstücke und Filmdrehbücher zu schreiben.

Vielleicht war der unstete Uekusa einfach des beständigen Umherwanderns müde geworden, jedenfalls zeigte er, als er sich erst einmal hingesetzt und die Arbeit am Drehbuch für *An einem wunderschönen Sonntag* aufgenommen hatte, äußerste Ruhe und Konzentration. Seine Hingabe mag auch daher gerührt haben, daß der Stoff – ein völlig mittelloses Liebespaar schlägt sich durch im besiegten Japan – ihm bestens lag, hatte er sich doch schon immer von Underdogs und von den dunklen Seiten

des Lebens angezogen gefühlt. Jedenfalls paßte ihm das Thema so gut, daß unsere Ansichten nur in ganz wenigen Punkten auseinandergingen.
Bei der Szene, die den Höhepunkt am Ende des Films bilden sollte, hatten wir freilich eine kleine Meinungsverschiedenheit. Das arme Paar sitzt in einer leeren Konzerthalle und hört im Geiste Schuberts »Unvollendete«. Natürlich hat der Film keine Musik an dieser Stelle. Das Mädchen bricht nun die Regeln des Filmemachens und wendet sich von der Leinwand herab ans Publikum. »Wenn Sie Mitleid mit uns haben, dann, bitte, klatschen Sie jetzt. Ich bin sicher, daß wir dann die Musik hören können.« Das Publikum applaudiert, und der junge Mann in dem Film nimmt einen Taktstock auf. Sobald er damit zu »dirigieren« beginnt, erklingt tatsächlich die »Unvollendete«.
Mit dieser direkten Ansprache des Publikums wollte ich es zu einer Beteiligung am Film animieren. Wenn man ins Kino geht, ist man stets mehr oder weniger an der Filmhandlung beteiligt, insofern man sich davon emotional ergreifen läßt und sich selbst vergißt. Doch diese Anteilnahme ist auf die Herzen der Menschen beschränkt und setzt sich allenfalls durch spontanen Applaus einmal in Handlung um. Ich dagegen wollte die Zuschauer mit dieser Szene tatsächlich in die Filmhandlung einbeziehen; ich wollte den Anschein erwecken, als hätten Sie Einfluß auf den Ausgang des Films.
Hier nun schlug Uekusa eine etwas andere Lösung vor. Er wollte, daß der Applaus, um den das Mädchen bittet, aus der Konzerthalle kommt, die bei Beginn der Szene noch leer war. Die Kamera sollte dann hier und da in der Dunkelheit Paare herausgreifen, die den Protagonisten ähnelten und die sich dadurch als Quelle des Applauses erwiesen. So ähnlich jedenfalls wollte Uekusa die Szene gestalten, und sein Vorschlag war durchaus nicht uninteressant, aber ich lehnte ihn ab. Der Grund für meine Ablehnung war keineswegs so ernst, wie Uekusa es meint, wenn er behauptet, wir seien zwei grundverschiedene Charaktere. Ich wollte lediglich an meiner eigenen Idee festhalten, wenn ich schon solch ein Regieexperiment wagte. In Japan erwies sich dieses Experiment freilich als Fehlschlag. Das japanische Publikum rührte sich nicht, und weil wir es nicht zum Applaudieren bewegen konnten, ging die ganze Sache natürlich schief. In Paris dagegen hatten wir Erfolg. Das Publikum reagierte mit einem begeisterten Applaus, und als dann beim Abklingen dieses Applauses das Orchester anhob, da stellte sich tatsächlich jenes machtvolle, ungewöhnliche Gefühl ein, auf das ich gehofft hatte.
Noch etwas wird mir unvergeßlich bleiben an dieser Szene aus *An einem*

wunderschönen Sonntag. Den Helden der Geschichte, der bei der »Unvollendeten« den Taktstock schwingt, spielte Isao Numasaki, ein Schauspieler, der völlig unmusikalisch war. Es gibt zahlreiche Formen mangelnden Verständnisses für Musik, doch Numasaki hatte nicht den mindesten Sinn für die elementaren Qualitäten eines Musikstücks. Selbst Tadashi Hattori, der die Filmmusik zu diesem Film machte, war bei ihm mit seinem Latein am Ende und gab auf. Aber natürlich konnten wir es dabei nicht bewenden lassen. Hattori und ich nahmen uns Numasaki vor, der stocksteif dastand und die Hände wie ein Zinnsoldat auf- und niederfahren ließ, und arbeiteten Tag für Tag mit ihm, damit er lernte, diese Symphonie zu dirigieren. Ich selbst bin so ungeschickt, daß man von mir sagt, ich sähe aus wie ein Schimpanse, wenn ich mir am Telefon zu schaffen mache, doch bei unseren gemeinsamen Bemühungen, Numasaki das Dirigieren beizubringen, stellte Hattori mir das Zeugnis aus, ich sei »in der Lage, den ersten Satz von Schuberts ›Unvollendeter‹ zu dirigieren«; daraus mag man ersehen, welche Mühe ich aufwenden mußte.
Die Hauptrollen in meinem Film *An einem wunderschönen Sonntag* spielten Numasaki und Chieko Nakakita, die damals beide noch unbekannt waren. Wenn wir in der Stadt drehen wollten, brauchten wir daher nur die Kamera zu tarnen; die Gesichter der Darsteller kannte niemand. Wenn wir mit verborgener Kamera arbeiteten, legten wir sie in einen Kasten und hüllten den Kasten in ein Tragetuch; nur das Objektiv schaute durch eine Öffnung heraus. Das Ganze konnte man in der Hand tragen.
Einmal wollten wir im Tokyoter Bahnhof Shinjuku Aufnahmen machen. Ich stellte den Kasten mit der Kamera auf den Bahnsteig und wartete, daß der Zug einfuhr. Wir wollten filmen, wie Nakakita aus dem Zug stieg. Doch als ich dort stand, kam von irgendwoher ein alter Mann und stellte sich genau vor die Kamera. Ich versuchte ihn wegzudrängen. Doch als ich ihn von der Seite anrempelte, griff er hastig in die Tasche und sah nach, ob sein Geldbeutel noch da war. Er hielt mich für einen Taschendieb.
Ein andermal filmten wir mit versteckter Kamera auf einem Bürgersteig in Shinjuku. Doch während wir Numasaki und Nakakita filmten, wie sie auf die Kamera zukamen, drängte ein Fußgänger sich dazwischen und verdeckte unsere Hauptdarstellerin. Die Kamera schien natürlich auf nichts anderes gerichtet. Für Numasaki und Nakakita gab es keine Möglichkeit, die Aufmerksamkeit davon abzulenken. Numasaki trug einen ausgebeulten Anzug und einen Soldatenmantel, Nakakita einen viel zu weiten Regenmantel und ein Kopftuch, wie man es überall sah; man konnte also wahrhaftig nicht sagen, daß sie sich von der umgebenden

Menge abgehoben hätten. Ja, sie fügten sich so gut in das Bild der übrigen Paare mit derselben abgetragenen Kleidung ein, daß sowohl der Kameramann als auch ich selbst sie immer wieder aus den Augen verloren. Die Story verlangte ein junges Paar, wie man es damals allenthalben in Japan finden konnte; in dieser Hinsicht waren sie also bestens für den Part geeignet. Und wenn ich an die beiden zurückdenke, dann erscheinen sie mir heute aus eben diesem Grunde eher als ein Paar, das ich durch Zufall kurz nach dem Krieg in Shinjuku traf und mit dem ich mich anfreundete, denn als Protagonisten eines Spielfilms.

Ein paar Tage, nachdem *An einem wunderschönen Sonntag* in den Kinos angelaufen war, erhielt ich eine Postkarte mit folgender Mitteilung: »Als der Film *An einem wunderschönen Sonntag* zu Ende war und die Lichter im Saal wieder angingen, standen alle Zuschauer auf und gingen hinaus. Nur ein alter Mann blieb schluchzend sitzen...« Ich las weiter und hätte fast vor Freude aufgeschrien. Der alte Mann, der da im Kino saß und weinte, war Herr Tachikawa, der Grundschullehrer, der mich und Uekusa so hingebungsvoll gefördert und erzogen hatte. Auf Seiji Tachikawas Postkarte hieß es weiter:

»Als ich im Abspann las ›Drehbuch Uekusa Keinosuke; Regie: Kurosawa Akira‹, da verschwamm die Schrift vor meinen Augen, und ich konnte den Rest kaum noch lesen.«

Ich rief sogleich Uekusa an, und wir beschlossen, Herrn Tachikawa ins Wohnheim des Tōhō-Studios zum Abendessen einzuladen. Bei der schlechten Versorgungslage konnten wir sicher sein, dort etwas so Nahrhaftes wie Sukiyaki zu bekommen.

Es war bereits fünfundzwanzig Jahre her, daß wir zum letzten Mal gemeinsam mit Herrn Tachikawa gespeist hatten. Es stimmte uns traurig, sehen zu müssen, wie klein er geworden war, und seine Zähne waren so schwach, daß er das Fleisch kaum noch kauen konnte. Doch als ich etwas Weicheres für ihn besorgen wollte, hielt er mich zurück. Es sei ihm schon Fest genug, sagte er, daß er uns noch einmal sehen dürfe. Zutiefst gerührt von seiner Bewegung, gehorchten wir und setzten uns wieder hin. Er schaute uns an und nickte, leise Worte der Anerkennung murmelnd, mit dem Kopf. Und als ich ihn anschaute, da verschwammen mir die Gesichtszüge meines alten Lehrers, und meine feuchten Augen vermochten ihn kaum noch zu sehen.

Eine Gegend mit einem Abwassertümpel

AUCH MEIN NÄCHSTES DREHBUCH schrieb ich gemeinsam mit Uekusa. Wir hatten uns in einem Gasthaus in Atami, einem an der Küste gelegenen Urlaubsgebiet mit heißen Quellen, einquartiert. Aus unserem Zimmer hatten wir einen Blick über die Bucht, und von dort aus sah ich einen vor der Küste auf Grund gelaufenen und gesunkenen Frachter, der einen merkwürdigen Anblick bot. Das Schiff war aus Beton – ein Produkt der japanischen Kriegswirtschaft kurz vor der Niederlage, als man nicht mehr genug Stahl für den Bau von Kriegsschiffen hatte. An den verbleibenden warmen Tagen dieses Spätsommers benutzten die Kinder den aus dem Wasser ragenden Bug des Betonschiffes gern als Sprungbrett, von dem aus sie hinunter in die glitzernde See sprangen. Wenn ich ihnen bei ihrem Spiel zusah, dann erschien mir diese Bucht mit dem gesunkenen Betonschiff wie eine Parodie auf das besiegte Japan. Das deprimierende Bild, auf das wir dort beim Schreiben des Drehbuchs jeden Tag blickten, fand seinen Niederschlag in dem abfallverschmutzten Teich in dem Film *Yoidore tenshi* (Betrunkener Engel, 1948; dt. Verleihtitel: Engel der Verlorenen).

Die Idee zu *Betrunkener Engel* geht ursprünglich auf eine bereits existierende Filmkulisse zurück. Direkt nach dem Krieg hatte Yama-san einen Film mit dem Titel *Shin baka jidai* (Das neue Zeitalter der Narren) gedreht, in dem er die Verhältnisse schildert, unter denen wir in dieser chaotischen Zeit leben mußten. Die Gesellschaft hatte für diesen Film eine ganze Einkaufsstraße gebaut, und später fragte man mich, ob ich diese Kulisse nicht auch für einen anderen Film benutzen könne. Yama-sans Film handelte von den Schwarzmärkten, die allenthalben im Nachkriegsjapan aus dem Boden schossen wie Bambussprossen nach einem warmen Regen. Dazu gehörten – in der Realität wie in Yama-sans Film – auch die Yakusa, die im Milieu des Schwarzmarktes Fuß fassen konnten. Ich wollte diesen Gangstergestalten noch intensiver nachgehen, als Yama-san es getan hatte; ich wollte ein Skalpell nehmen und die Yakusa sezieren.

Was waren das für Menschen? Welcher Art sind die Verpflichtungen, die ihre Organisation zusammenhalten? Wie ist die individuelle Psyche der Bandenmitglieder beschaffen, und was hat es mit der Gewalt auf sich, auf die sie so stolz sind?

Um diese Fragen zu untersuchen, beschloß ich, meinen Film in einer Schwarzmarktgegend anzusiedeln und einen Gangster, der für dieses

Revier zuständig war, zum Helden des Films zu machen. Damit seine Persönlichkeit schärfere Konturen gewann, wollte ich zum Kontrast eine zweite Hauptfigur einführen. Zunächst dachte ich dabei an einen sehr menschlich gesonnenen jungen Arzt, der gerade seine Praxis in dieser Region aufbaute. Doch sosehr Uekusa und ich uns auch bemühten, wir brachten es einfach nicht zustande, der idealisierten Figur dieses Arztes Leben einzuhauchen; er war so vollkommen, daß ihm jegliches Leben abging. Die Figur des Gangsters dagegen war inzwischen so wirklichkeitsnah, daß man fast ihren Atem zu spüren meinte; aus jeder Bewegung sprach das Leben selbst. Das hatte einen einfachen Grund: Die Gestalt basierte auf einem realen Vorbild, mit dem Uekusa regelmäßig zusammentraf. Tatsächlich entwickelte Uekusa eine beängstigende Sympathie für die Unterwelt und ließ sich so rückhaltlos auf die Lebensweise der Gangster ein, daß wir später darüber in Streit gerieten.

Als Hintergrund für die Charakterisierung der Personen wählten wir einen unansehnlichen Abwassertümpel, in den die Menschen ihren Müll kippten. Er wurde zum Symbol für die Krankheit, die diese ganze Region auffraß, und in unseren Köpfen wuchs er von Tag zu Tag an. Um so verzweifelter waren wir darüber, daß unser zweiter Protagonist, der junge Arzt, der gerade seine Praxis aufbaute, eine leblose Marionette blieb, die sich weigerte, auch nur eine eigenständige Bewegung auszuführen. Tag für Tag saßen Uekusa und ich uns gegenüber, umgeben von Bergen bekritzelten und zerknüllten Papiers, und starrten uns an. Ich glaubte fast schon, wir würden nie einen Ausweg finden, und dachte sogar daran, das ganze Projekt aufzugeben.

Aber wenn ich ein Drehbuch schreibe, kommt eigentlich immer ein Punkt, an dem ich am liebsten aufgeben möchte. Aus meinen vielfältigen Erfahrungen mit dem Schreiben von Drehbüchern hatte ich eines gelernt: Wenn ich nur trotz dieser Leere und Verzweiflung durchhalte und der Taktik des Bodhidharma, des Begründers der Zen-Sekte, folge, der auf die Wand, die ihm im Wege stand, starrte, bis seine Beine ganz nutzlos wurden, dann wird sich ein Weg auftun.

Auch in diesem Fall beschloß ich, die Sache durchzustehen. Tag um Tag saß ich da und starrte mit meinem inneren Auge auf das leblose Bild dieses Arztes, der sich so standhaft weigerte, eine lebendige Gestalt zu werden. Dann, nach fünf Tagen, kam Uekusa und mir fast im selben Augenblick endlich die Erleuchtung. Wir beide erinnerten uns an einen Arzt, dem wir begegnet waren. Bevor wir uns hingesetzt hatten, um die Arbeit am Drehbuch zu beginnen, hatten wir möglichst viele Schwarzmarktgegenden besucht, um »Feldstudien« zu betreiben. Dabei waren wir in einem Slum der Hafenstadt Yokohama auch einem Arzt begegnet, der dem Alkohol verfallen war. Dieser Mann faszinierte uns durch sein arrogantes Auftreten, und wir nahmen ihn mit in drei oder vier Bars, um uns seine Geschichten anzuhören, während er trank. Offenbar praktizierte er ohne Zulassung; seine Patienten waren die Straßenmädchen des Viertels. Er sprach in so vulgären Ausdrücken von seiner gynäkologischen Praxis, daß sich uns der Magen umdrehte, aber ebensooft machte er äußerst treffende Bemerkungen über die menschliche Natur, die von einem bitteren Sarkasmus erfüllt waren. Zwischendurch brach er immer wieder in ein lautes Gelächter aus; und in diesem rauhen Gelächter, das aus seinem aufgerissenen Mund drang, lag etwas von einer rohen, ungeschliffenen Menschlichkeit. Wahrscheinlich war er ein rebellischer junger Mann, der eines Tages im Zynismus enden würde; doch Uekusa und ich erinnerten uns an ihn, wir sahen uns an und wußten sogleich: »Das ist es.« Als wir uns erst einmal an diesen dem Alkohol verfallenen Arzt erinnert hatten, schien es uns unbegreiflich, daß er uns nicht eher eingefallen war.

Damit war der marionettenhafte junge Arzt, der ein Bild mitmenschlicher Hingabe hatte sein sollen, erledigt. Der »betrunkene Engel« betrat die Bühne. Und sogleich nahm die Gestalt Leben an; sie atmete und bewegte sich. Er war ein Mann in der zweiten Hälfte der Fünfziger, ein Arzt mit eigener Klinik, der dem Alkohol verfiel. Er kehrte Geld und Ruhm den Rücken und ließ sich bei den einfachen Menschen nieder. Als Arzt bemühte er sich mit äußerster Hartnäckigkeit um greifbare Ergebnisse, und diese Hartnäckigkeit machte ihn bei den Menschen beliebt. Stets hatte er einen Drei-Tage-Bart; sein Haar war in Unordnung, und wenn ihm jemand mit Arroganz begegnete, reagierte er in gefährlich barschem Tone; doch hinter seinem nachlässigen Äußeren verbarg sich ein aufrechter, guter Charakter.

Diese neugeschaffene Arztfigur steckten wir nun in eine Klinik auf der anderen Seite des Abwassertümpels, dem Schwarzmarktviertel gerade gegenüber. Auf diese Weise erhielt der Yakusa, der das Gebiet jenseits des Teiches kontrollierte, ein ausgezeichnetes Gegengewicht. Was den Fortgang der Handlung betraf, brauchten wir nur noch abzuwarten, was geschah, wenn die beiden Männer aufeinandertrafen.

Uekusa und ich ließen den Gangster und den Arzt gleich in der ersten Szene des Films aneinandergeraten. Der Gangster wird bei einem Bandenkrieg verletzt und sucht den Arzt auf, um sich die Kugel entfernen zu lassen. Bei der Versorgung der Schußwunde stellt der Arzt fest, daß der Gangster auch in der Lunge ein Loch hat, und zwar eines, das die Tuberkulose gefressen hat. Diese Tuberkulose nun schafft die Verbindung zwischen den beiden Männern. Damit die Handlung ihren Lauf nahm, brauchten wir die beiden jetzt nur noch unterschiedlicher Auffassung hinsichtlich der Folgerungen aus dieser Entdeckung sein zu lassen, und die Tuberkulose wurde zum Angelpunkt der ganzen Geschichte. Als dieses Grundmuster erst einmal feststand, schrieben wir das ganze Drehbuch nahezu in einem Zuge nieder.

Die rasche Fertigstellung des Drehbuchs bedeutete freilich nicht, daß zwischen Uekusa und mir alles glattging. Ich weiß nicht genau, woran es lag. Vielleicht hatte Uekusa sich bei seinen »Studien« doch allzusehr auf unser Gangstervorbild eingelassen. Vielleicht ließ er sich auch einfach von der Sympathie überwältigen, die er für die Schwachen, die Verwundeten und für alle hegte, die auf der dunklen Seite des Lebens standen. Jedenfalls begann er sich meiner Auffassung, daß man sich gegen das Yakusa-System wenden müsse, zu widersetzen.

Uekusas Unbehagen läßt sich in dem Argument zusammenfassen, daß die Mängel und Verrenkungen in der Persönlichkeit der Yakusa nicht allein die Schuld des einzelnen seien. Das mag durchaus zutreffen. Doch auch wenn die Gesellschaft, die sie hervorgebracht hat, zu einem Teil und vielleicht sogar zum größeren Teil für die Existenz der Yakusa verantwortlich ist, so kann ich ihr Tun dennoch nicht billigen. In derselben Gesellschaft, die dieses Böse hervorgebracht hat, gibt es auch gute Menschen, die ein ehrbares Leben führen. Ich kann nicht entschuldigen, daß Menschen sich ihren Lebensunterhalt beschaffen, indem sie diese guten Menschen bedrohen oder gar vernichten; noch akzeptiere ich die Kritik, wer sich gegen Menschen wie die Yakusa wende, der spreche lediglich aus der egoistischen Position des Stärkeren. Es mag schon etwas Wahres sein an der Theorie, wonach gesellschaftliche Defekte die Kriminalität erzeugen; dennoch bin ich der Auffassung, daß derjenige, der diese Theorie zur Verteidigung der Kriminalität benutzt, die Tatsache übersieht, daß es in dieser defizienten Gesellschaft viele Menschen gibt, die ohne die Zuflucht zu kriminellen Handlungen überleben. Das Gegenargument ist bloße Sophisterei.

Uekusa behauptet, er und ich seien grundlegend unterschiedliche Charaktere. Ich dagegen denke, wir sind uns im Grunde sehr ähnlich. Die Unterschiede betreffen nur die Oberfläche. Er sagt, ich hätte niemals Kummer, Verzweiflung oder Niederlagen erlebt; ich sei als Starker geboren. Er dagegen sei als Schwacher geboren und habe immer nur mit Schmerz, Trauer und Bitterkeit im Herzen gelebt. Doch diese Sicht bleibt meines Erachtens der Oberfläche verhaftet. Um gegen die Pein, die das Leben mit sich bringt, anzugehen, trage ich die Maske des Starken, während Uekusa, um sich dem Schmerz, den das Leben mit sich bringt, hinzugeben, die Maske des Schwachen aufgesetzt hat. Er trägt nur eine Maske. Doch das betrifft die Oberfläche; an der Oberfläche sind wir verschieden; darunter aber sind wir dieselben schwachen Menschen.

Ich spreche hier von diesen persönlichen Differenzen zwischen Uekusa und mir nicht, weil ich ihn angreifen will, und auch nicht, um mich selbst zu verteidigen. Ich hatte lediglich den Eindruck, daß sich mir hier eine Möglichkeit bot, mich verständlich zu machen. Ich bin kein besonderer Mensch; ich bin nicht besonders stark; ich bin nicht besonders begabt. Ich liebe es nur nicht, meine Schwäche zu zeigen, und ich hasse es, zu verlieren; deshalb gebe ich mir immer die größte Mühe. Das ist alles.

Als wir das Drehbuch zu *Betrunkener Engel* abgeschlossen hatten, verschwand Uekusa wieder einmal. Doch das hatte nichts mit jener unüberbrückbaren Kluft zu tun, die Uekusa zwischen unseren beiden Persönlichkeiten festgestellt haben will. So ernst war die Sache nicht. Das ist nur eine Ausrede. In Wirklichkeit packte ihn wieder die alte Ruhelosigkeit, und er nahm seine merkwürdige Gewohnheit unsteten Umherwanderns wieder auf.

Daß diese angeblich grundlegenden Differenzen gar nicht existieren, zeigte sich, als ich das Material für dieses Buch sammelte; damals kam Uekusa zu mir und unterhielt sich mit sichtbarem Vergnügen einen ganzen Abend lang mit mir. Ja, es machte ihm soviel Spaß, daß er wiederkam; wir setzten unsere Unterhaltung fort, vergaßen die Zeit und verbrachten die ganze Nacht miteinander. Uekusa und ich sind einfach sehr gute Freunde, und dies seit unseren Kindertagen; freilich sind wir Freunde, die beständig im Kampf miteinander liegen.

Betrunkener Engel

ICH KANN über meinen Film *Betrunkener Engel,* der 1948 in die Kinos kam, nicht sprechen, ohne dem Schauspieler Toshirō Mifune einen Abschnitt zu widmen. Im Juni 1946 – das sei hier erwähnt, um die Atmosphäre dieser Nachkriegsaktivitäten zu verdeutlichen – veranstaltete die Tōhō offene Hörproben, um neue Vertragsschauspieler zu gewinnen. Eine Anzeige mit der Überschrift »Gesucht: Neue Gesichter« brachte eine Unzahl von Bewerbungen.

An dem Tag, für den die Auswahlgespräche und das Vorspielen angesetzt waren, war ich mitten in den Dreharbeiten für *Ich bereue meine Jugend nicht* und konnte mich deshalb nicht an der Jury beteiligen. Doch in der Mittagspause sprach mich die Schauspielerin Hideko Takamine an – sie hatte in Kajirō Yamamotos Film *Pferde,* an dem ich als erster Regieassistent mitgewirkt hatte, die Hauptrolle gespielt. »Da ist einer, der ist wirklich phantastisch. Aber er ist ein ziemlich grober Klotz; ich glaube, sie werden ihn nicht nehmen. Können Sie ihn sich nicht einmal ansehen?«

Ich ließ das Mittagessen aus und ging in das Studio, in dem die Einstellungstests stattfanden. Ich öffnete die Tür und blieb wie gebannt stehen.

Ein junger Mann tobte wie ein Rasender durch den Raum. Der Anblick war so erschreckend wie der eines verwundeten oder gefangenen wilden Tieres, das sich zu befreien versucht. Ich erstarrte und stand wie angewurzelt. Doch es zeigte sich, daß dieser junge Mann nicht wirklich wütend war; er spielte; er hatte »Zorn« als das Gefühl gewählt, das er bei seinem Vorspielen darstellen wollte. Als er seine Vorstellung beendet hatte, ging er erschöpft auf seinen Platz zurück, ließ sich auf den Stuhl fallen und blitzte die Juroren feindselig an. Nun, ich wußte sehr wohl, daß dies nur eine Maske war, hinter der sich in Wahrheit ein scheues, schüchternes Wesen verbarg, aber die Jury schien sein Verhalten als Mißachtung zu deuten.

Ich fand diesen jungen Mann auf seltsame Weise anziehend, und die Sorge um die Entscheidung der Juroren begann mich von meiner Arbeit abzulenken. Ich kehrte zu den Dreharbeiten zurück, beendete sie dann aber vorzeitig und ging in den Raum, in dem die Jury ihre Beratung hielt. Obwohl Yama-san sich nachdrücklich für den jungen Mann einsetzte, fiel die Abstimmung gegen ihn aus. Plötzlich hörte ich mich selbst rufen: »Warten Sie einen Augenblick.«

Die Jury bestand aus zwei Gruppen: einerseits aus Filmleuten (Regisseure, Kameraleute, Produzenten und Schauspieler) und andererseits aus Gewerkschaftsvertretern. Die beiden Gruppen waren gleich stark vertreten. Damals wurden die Gewerkschaften von Tag zu Tag mächtiger; ihre Vertreter tauchten überall auf, wo etwas geschah. Auf ihre Veranlassung mußten sämtliche Entscheidungen durch Abstimmung erfolgen. Aber daß ihr Urteil bei der Auswahl von Schauspielern zählen sollte, ging wirklich zu weit. Und wenn ich sage »es ging zu weit«, dann ist dieser Ausdruck wahrhaftig untertrieben angesichts des unterdrückten Zornes, der in mir kochte. Ich verlangte eine Unterbrechung.

Ich sagte, wer die Qualität und die Zukunftsaussichten eines Schauspielers beurteilen wolle, der brauche das Talent und die Erfahrung eines Fachmannes. Es gehe nicht an, daß man bei der Auswahl eines Schauspielers die Stimme von Fachleuten mit der Stimme gänzlich Außenstehender gleichsetze. Auch bei der Beurteilung eines Edelsteines werde ja niemand dem Urteil eines Gemüsehändlers dasselbe Gewicht beilegen wie dem eines Juweliers. Deshalb müsse bei der Beurteilung von Schauspielern die Stimme eines Fachmannes drei- oder sogar fünfmal soviel wiegen wie die eines Laien. Ich forderte, die Stimmen nochmals auszuzählen und dabei der Meinung der Fachleute das Gewicht zu geben, das ihr zustehe.

Die Jury geriet in Aufruhr. »Das ist undemokratisch; das würde den Regisseuren das Monopol verschaffen«, rief jemand. Doch sämtliche Filmleute in der Jury hoben die Hand und stimmten meinem Vorschlag zu; selbst einige Gewerkschaftsvertreter nickten mit dem Kopf. Schließlich sagte Yama-san, der den Vorsitz in der Jury führte, er als Filmregisseur verbürge sich für das Talent und die Entwicklungsmöglichkeiten des jungen Schauspielers, um den es ging. Dank seiner Fürsprache wurde der junge Mann dann doch angenommen. Es war natürlich Toshirō Mifune.

Nach seinem Eintritt bei der Tōhō spielte Mifune in Sen-chans *Über den silbernen Gipfeln* den wildesten und gewalttätigsten von den drei Bankräubern, den Bösewichtern in dieser Geschichte. Und er spielte mit einer unglaublichen Energie. Direkt im Anschluß übernahm er die Rolle eines Gangsterbosses in Yama-sans *Das neue Zeitalter der Narren,* und diesmal spielte er eine ganz andersartige, durch großes Raffinement geprägte Grausamkeit. Ich war tief beeindruckt von den schauspielerischen Fähigkeiten, die Mifune in diesen beiden Filmen zeigte, und wollte ihn darum für die Hauptrolle in *Betrunkener Engel* haben. Ich weiß, daß viele Leute glauben, ich hätte Mifune entdeckt und geformt. Das trifft jedoch nicht zu. Wie aus der obigen Schilderung der Ereignisse hervorgeht, entdeckte nicht ich, sondern Yama-san das noch ungeformte Talent, das in Toshirō Mifune schlummerte. Er und Sen-chan waren es dann, die dieses Rohmaterial formten. Ich habe nur gesehen, was sie geschaffen hatten; ich nahm Mifunes schauspielerisches Talent und präsentierte es in seiner ganzen Größe in *Betrunkener Engel.*

Mifunes Talent war von einer Art, wie ich sie nie zuvor in der Welt des japanischen Films angetroffen hatte. Frappierend daran war an erster Stelle die Geschwindigkeit, mit der er etwas auszudrücken verstand. Wo der normale japanische Schauspieler drei Meter Film benötigte, um etwas auszudrücken, da kam Mifune mit einem Meter aus. Seine Bewegungen waren so schnell, daß er in einer Handlung ausdrücken konnte, wozu normale Schauspieler drei verschiedene Bewegungen benötigten. Bei ihm kam alles direkt und geradeheraus; nie habe ich bei einem japanischen Schauspieler solch einen Sinn für das richtige Timing gefunden. Und dennoch war er bei all seiner Schnelligkeit zu überraschend feinen Gefühlsnuancierungen fähig.

Es mag den Anschein haben, als striche ich Mifune hier doch ein wenig zu sehr heraus; aber alles, was ich sage, ist wahr. Wenn man mich drängte, auch einen Mangel zu nennen, so könnte ich sagen, daß seine Stimme etwas zu rauh klingt, so daß er bei Tonaufnahmen manchmal etwas schwer zu verstehen ist. Aber dennoch: Es kommt selten vor, daß ein Schauspieler mich wirklich beeindruckt; doch Mifune hat mich ganz und gar überwältigt.

Leider kann ein Regisseur sich eines solchen Kapitals kaum erfreuen, ohne daß es ihm nicht auch zu einer schweren Last würde. Wenn ich Mifune in der Rolle des Gangsters allzu attraktiv werden ließ, mußte dies das Gleichgewicht zwischen ihm und dem von Takashi Shimura gespielten Arzt zerstören, und das hätte wiederum den gesamten Aufbau des Films verzerrt. Andererseits wäre es wirklich eine Vergeudung seines Talentes gewesen, wenn man Mifunes Attraktivität ausgerechnet am Anfang seiner glanzvollen Karriere unterdrückt hätte, nur um die Ausgewogenheit im Aufbau meines Films zu retten. Und außerdem ließen Mifunes machtvolle und angeborene persönliche Qualitäten seine Attraktivität ganz unvermeidlich hervortreten. Wenn man verhindern wollte, daß er auf der Leinwand allzu attraktiv wurde, gab es nur eine Möglichkeit: Man mußte ihn ganz von der Leinwand fernhalten. Ich befand mich in einem wirklichen Dilemma. Mifunes Anziehungskraft bereitete mir Freude und Sorgen zugleich.

Betrunkener Engel entstand inmitten all dieser Widersprüche. Mein Dilemma zerstörte tatsächlich die Struktur der Geschichte, und das Thema des Films wurde ein wenig unscharf. Aber durch meinen Kampf mit dem großartigen Phänomen Mifune vermochte ich mich aus einem gewissermaßen geistigen Gefängnis zu befreien. Plötzlich fand ich mich außerhalb.

Kurosawa als Säugling mit seiner Kinderfrau; auf dem Schaukelpferd; im Alter von fünf Jahren – rechts sitzend – mit seinem Bruder Heigo und Cousine Mikiko; als Dreijähriger mit seinem Lieblingshut neben Bruder Heigo.

Als Abiturient der Keika-Mittelschule, 1927.

Die erste Zeit in den P.C.L.-Studios, 1935.

Kurosawa und sein Lehrer »Yama-san« – Yamamoto Kajiro.

Kurosawa als Regieassistent von Naruse Mikio – rechts – während der Dreharbeiten zu *Lawine,* 1938.

Kurosawa während der Dreharbeiten zu *Die Männer, die dem Tiger auf den Schwanz traten,* 1945, mit den Hauptdarstellern Denjiro Okochi und Susumu Fujita.

Links oben: Gruppenphoto nach Abschluß der Dreharbeiten zu *Chūshingura,* 1939. Regisseur Yamamoto Kajiro ist der dritte von rechts in der hinteren Reihe, Kurosawa – mit heller Jacke, dunklem Schal und Schiebermütze – in der zweiten Reihe Mitte. Man beachte den Salz-»Schnee« auf dem Boden.

Links unten: Schauspieler und Stab nach Abschluß der Dreharbeiten zu Takizawa Eisukes *Chinetsu,* 1938. Kurosawa ist der dritte von links in der vorderen Reihe.

Während der Dreharbeiten zu *An einem wunderschönen Sonntag,* 1947.

Während der Dreharbeiten zu *Ich bereue meine Jugend nicht,* 1946. Oben: Kurosawa – mit hellem Hut – gibt Regieanweisungen an eine Studentengruppe vor dem Haupteingang der Universität von Kyoto.

Mit den Hauptdarstellern von *An einem wunderschönen Sonntag,* 1947: Nakika Chieko und Numasaki Isao.

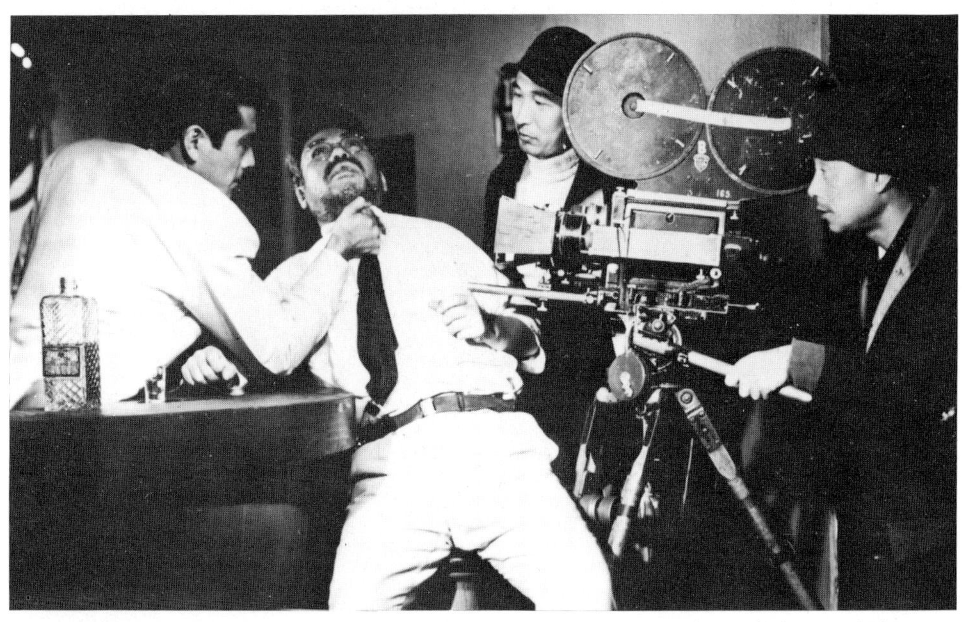

Kurosawa – hinter der Kamera – bei Nahaufnahmen von Toshiro Mifune – links – und Shimura Takashi für *Betrunkener Engel,* 1948.

Kurosawa, ca. 1950.
Photo: Francis Haar.

Kurosawa in einem Thermal-Hotel beim Schreiben eines Drehbuchs, ca. 1950.

Shimura spielte den heruntergekommenen Arzt wirklich ausgezeichnet, aber weil sein Gegenspieler Mifune noch ein Stück besser war, tat er mir ein wenig leid.
Leid tut mir auch, daß Reizaburō Yamamoto, der danach mit dem Filmen Schluß machte, zu kurz kam. Er spielte den Bandenchef, der aus dem Gefängnis kommt und versucht, Mifune seine Frau und sein Revier wieder abzujagen. Nie habe ich so furchteinflößende Augen gesehen wie die seinen; als ich ihn zum erstenmal sah, hatte ich Angst, ihm so nahe zu kommen, wie es für ein Gespräch nötig gewesen wäre. Als ich dann endlich mit ihm sprach, war ich überrascht, welch ein feiner Mensch er war.
Bei *Betrunkener Engel* arbeitete ich zum erstenmal mit dem Komponisten Fumio Hayasaka zusammen. Von da an bis zu seinem Tode machte Hayasaka die Musik zu allen meinen Filmen. Auch wurde er einer meiner engsten Freunde.
Während ich an diesem Film arbeitete, starb mein Vater. Ich erhielt ein Telegramm, in dem man mir mitteilte, daß er sehr rasch verfiel; doch ich war so sehr damit beschäftigt, den Film bis zum festgesetzten Uraufführungstag fertigzustellen, daß ich nicht hinaus in die Präfektur Akita fahren konnte, um an seiner Seite zu sein.
An dem Tag, da ich die Nachricht vom Tode meines Vaters erhielt, ging ich allein nach Shinjuku. Ich versuchte es mit Trinken, aber das machte mich noch trauriger. Frustriert trat ich hinaus und wanderte durch die Menschenmenge in den Straßen von Shinjuku. Ziel hatte ich keines. Plötzlich ertönten plärrend aus einem Lautsprecher von irgendwoher die Klänge des »Kuckuckswalzers«. Die aufreizende Fröhlichkeit der Weise ließ meine düstere Stimmung erst recht hervortreten und steigerte meinen Schmerz ins Unerträgliche. Ich beschleunigte meinen Schritt, um dieser schrecklichen Musik zu entkommen.
In *Betrunkener Engel* gibt es eine Szene, in der Mifune, der Yakusa, in finsterer Stimmung durch die Schwarzmarktstraße geht; er hat gerade erfahren, daß Reizaburō Yamamoto zurückgekehrt ist, um sein Revier wieder in Besitz zu nehmen. Beleidigungen seitens der Ladenbesitzer bestätigen ihm seinen plötzlichen Machtverlust; dazu kommt das Wissen um seine Tuberkulose, und so werden seine Gefühle immer düsterer und verzweifelter, je weiter er geht.
Als ich mit Hayasaka die Vertonung dieser Sequenz besprach, schlug ich ihm vor, den Kuckuckswalzer aus einem Lautsprecher erschallen zu lassen, so daß er Mifune auf seinem ganzen Weg begleitete. Hayasaka sah

mich erstaunt an, doch dann huschte ein Lächeln über sein Gesicht: »Ah, Kontrapunkt«, sagte er. »Genau«, bestätigte ich. »Der Scharfschütze«. Dieser Ausdruck »Der Scharfschütze« gehörte zu einer Privatsprache, die Hayasaka und ich entwickelt hatten. Er bezog sich auf einen sowjetischen Film, der in Japan unter diesem Titel in die Kinos gekommen war; darin war die Kontrapunktierung von Ton und Bild so virtuos eingesetzt, wie ich es noch nicht erlebt hatte. Deshalb wurde »Der Scharfschütze« zu einem Kürzel für alles, was mit der Technik dieses filmischen Effekts zu tun hatte. Hayasaka und ich hatten bereits darüber gesprochen, daß wir in *Betrunkener Engel* irgendwo mit dieser Technik experimentieren wollten.

Bei der Vertonung führten wir dieses Experiment nun tatsächlich durch. Aus einem Lautsprecher drang die Melodie des Kuckuckswalzers und überflutete das unglückliche Gesicht des Gangsters Mifune, der die Straße hinunter ging. Von dieser leichten Musik unterstützt, kamen die düsteren Gedanken des Gangsters mit eindrucksvoller Intensität auf die Leinwand. Hayasaka sah mich an und lächelte glücklich. Als Mifune die kleine Bar betrat, in der er gewöhnlich verkehrte, und die Tür hinter sich schloß, war auch die Musik zu Ende. Hayasaka wandte sich erstaunt zu mir: »Haben Sie beim Schnitt schon auf die Länge des Stücks geachtet?« fragte er. Ich erwiderte ihm, daß ich das nicht getan hätte, und in der Tat war ich selbst höchst erstaunt.

Ich hatte zwar geplant, durch die Gegenüberstellung der Bilder dieser Sequenz und des Kuckuckswalzers eine Kontrastwirkung zu erzielen, aber die Länge der beiden Sequenzen hatte ich nicht gemessen. Mir selbst war unerklärlich, wie diese Übereinstimmung zustande kommen konnte. Ich frage mich, ob es wohl sein könnte, daß ich die genaue Länge dieser Musik unbewußt registrierte, als ich sie damals nach dem Tod meines Vaters hörte, während ich ganz ähnliche Empfindungen hegte wie der Gangster in meinem Film.

Nach diesem Erlebnis mit dem Kuckuckswalzer ist mir ähnliches noch häufig passiert. Anscheinend denke ich unablässig über meine Arbeit nach, ganz gleich, was mir in meinem persönlichen Leben geschieht, und ohne mir dessen bewußt zu sein. Dieses Phänomen hat etwas von einem Karma. Und wahrhaftig muß die Tatsache, daß ich Regisseur geworden bin und es in diesem Beruf so weit gebracht habe, eine Belohnung oder eine Strafe sein für etwas, das ich in einem früheren Leben getan habe.

An den Ufern des Sai

ZUR SELBEN ZEIT, da mein Film *Betrunkener Engel* in die Kinos kam, im April 1948, brach der dritte Tōhō-Streik aus. Als ich den Film fertiggestellt hatte, fand ich wenigstens die Zeit, nach Akita zu fahren und die buddhistischen Gedächtniszeremonien für meinen Vater auszurichten. Aber man rief mich sogleich wegen des Streiks zurück, und ich geriet mitten hinein.

Wenn ich heute darauf zurückblicke, erscheint mir dieser dritte Streik wie ein Streit zwischen Kindern. Es war, als stritten zwei Geschwister um eine Puppe, und jedes zieht auf seiner Seite an Armen und Beinen, bis die Puppe endlich entzweibricht. Die beiden Kinder, die hier miteinander stritten, waren die Tōhō und die Gewerkschaft, und die Puppe war das Studio.

Der Streik begann mit einer Offensive der Geschäftsleitung; man entließ eine Reihe von Beschäftigten, um das starke linke Element in der Betriebsgewerkschaft zu schwächen. Im Dezember des vorangegangenen Jahres hatten die für Personalangelegenheiten zuständigen Vorstandsherren es für sinnvoll erachtet, einen erprobten »Roten-Hasser« zum Präsidenten der Gesellschaft zu machen. Zudem hatten sie einen Spezialisten für die Streikbekämpfung mit dem Ressort für Arbeitsfragen betraut, und man machte keinen Hehl daraus, daß Gewerkschaftsmitglieder mit linken Neigungen Gefahr liefen, ihren Arbeitsplatz zu verlieren. Es traf freilich zu, daß die Linke in der Betriebsgewerkschaft das stärkste Gewicht hatte, und in manchen Dingen ging die Gewerkschaft einfach zu weit, etwa wenn sie verlangte, daß die Beschäftigten über die Produktion entscheiden sollten.

Doch zu dem Zeitpunkt, da die Geschäftsleitung ihre Strafaktion begann, hatten die Gewerkschaft und die Regisseure die Kritik, die an der Arbeit im Studio geübt wurde, durchaus bereits angenommen, und sie waren sich bewußt, daß die Situation außer Kontrolle geraten war. Sie selbst bemühten sich bereits um eine bessere Disziplin, und die Produktion begann schon wieder etwas reibungsloser zu funktionieren. Genau in diesem kritischen Augenblick schlug die Geschäftsleitung mit ihrer Gewaltaktion dazwischen. Das war eine schlimme Überraschung für uns. Endlich waren wir dabei, die Produktion nach den Wirren des zweiten Tōhō-Streiks wieder auf eine feste Grundlage zu stellen. Wir waren empört. Ich kann auch nicht glauben, daß dieser Gang der Dinge der

Geschäftsleitung irgendeinen Nutzen brachte. Ein Vorfall war von solcher Torheit, daß ich ihn nicht vergessen kann. Wir Regisseure versuchten gerade, dem neuen Präsidenten der Firma die Situation zu verdeutlichen. Er hörte uns zu, und es schien, als könnten wir ihn von unserem Standpunkt überzeugen. Genau in diesem Augenblick lenkte etwas unsere Aufmerksamkeit auf die riesigen Glasfenster des Raumes, in dem wir beisammen saßen. Draußen fand eine Gewerkschaftsdemonstration statt, und vorneweg flatterte eine große rote Fahne. Genausogut hätte man einem wütenden Stier den roten Umhang der Toreros vorhalten können. Kein einziges Wort konnten wir mehr mit unserem neuen Präsidenten, dem alles Rote so verhaßt war, wechseln. Der dritte Streik begann; er sollte 195 Tage dauern.

Meine persönlichen Erfahrungen während dieses Streiks waren – von seinem unglücklichen Anfang bis an sein Ende – ausschließlich bitterer Natur. Wieder einmal spaltete sich die Betriebsgewerkschaft des Studios. Die Abtrünnigen verbanden sich mit denen, die nach dem voraufgegangenen Streik weggegangen waren und nun bei dem Konkurrenzunternehmen Shin Tōhō (Neue Tōhō) arbeiteten. Dadurch erfuhr die Shin Tōhō eine weitere Stärkung, und sie machte sich an den Versuch, die Tōhō-Studios zurückzuerobern. Im Tōhō-Studio entstand eine Atmosphäre, wie sie bei der Schlacht von Guadalcanal geherrscht haben mag.

Um das Studio vor den täglichen Angriffen seitens der Shin Tōhō zu schützen, besetzten die Beschäftigten das Betriebsgelände und verwandelten es in eine Festung. Das mag aus heutiger Sicht wie eine kindliche Balgerei oder wie ein dummer Scherz erscheinen, doch damals war es eine mit tödlichem Ernst geplante Strategie. Zunächst spannten sie überall dort, wo man ins Studiogelände hätte eindringen können, Stacheldraht. Dann stellten die Beleuchtungstechniker ihre Scheinwerfer auf, damit auch nachts niemand unbemerkt eindringen konnte. Doch der genialste Einfall betraf die Windmaschinen; davon stellte man nämlich jeweils eine wie schwere Artillerie an das vordere und hintere Tor. Für den Fall eines Sturmangriffs auf die Tore hatte man große Mengen Cayenne-Pfeffer bereitgelegt, die man den Angreifern mit den Windmaschinen ins Gesicht blasen wollte, um sie zu blenden.

Diese Schlachtvorbereitungen waren indessen nicht allein dazu bestimmt, mögliche Angriffe seitens der Shin Tōhō abzuschlagen. Den Streikenden war nicht entgangen, daß auch die Geschäftsleitung hinter den Kulissen alle Hebel in Bewegung setzte, und es war nicht auszuschließen, daß die Tōhō selbst zu anderen Mitteln greifen würde, um den Streik zu beenden.

Den Streikenden war klar, daß man möglicherweise die Polizei einschalten werde, um sie wieder an die Arbeit zu bringen, und auch dagegen richteten sich die Verteidigungsmaßnahmen. Es mag heute übertrieben erscheinen, aber das alltägliche Leben der Beschäftigten hing vom Ausgang des Streiks ab. Auch für uns Regisseure, die wir dort unsere Ausbildung erfahren hatten, waren die Studiobühnen und die Ausrüstung zu einem Teil unserer selbst geworden, und diese Bindungen waren nicht leicht aufzugeben. Auch wir waren bereit, all das mit unserer ganzen Kraft zu verteidigen.

Wahrscheinlich standen hinter dem Plan der Shin-Tōhō-Leute, das Studio zurückzuerobern, ganz ähnliche Motive. Doch die Abneigung, die wir ihnen gegenüber empfanden, war inzwischen zu einem tiefen, starken Gefühl geworden. In den anderthalb Jahren seit ihrem Weggang war unsere Ablehnung noch um so nachhaltiger gewachsen, als wir mancherlei Widrigkeiten durchstehen mußten, um das Studio wieder aufzubauen. Als sich dann noch einmal eine Gruppe abspaltete und sich ihnen anschloß, wurde die Kluft zwischen uns noch tiefer. Und als wir dann noch feststellen mußten, daß hinter den Aktionen der Shin Tōhō Rädelsführer standen, die unserem unmittelbaren Gegner, der Geschäftsleitung der Tōhō nämlich, in die Hände zu arbeiten gedachten, da wurde aus der Kluft ein unwiderruflicher Bruch, ein Abgrund, den ein Erdbeben aufgerissen hatte.

Die schmerzlichsten Augenblicke des Streiks kamen für mich, als ich zwischen die Linien der Beschäftigten des Tōhō-Studios und der Shin-Tōhō-Leute geriet. Dort stand ich mitten im Kreuzfeuer zwischen »Laßt uns ein!« und »Laßt sie nicht durch!«. Doch unter den Shin-Tōhō-Leuten, die mit Schieben und Stoßen ins Studio zu gelangen trachteten, waren auch einige, die mir zu helfen versuchten. Die da ihre eigenen Genossen zurückdrängten und -zogen, waren ehemalige Mitglieder meines Teams. Und all diese erwachsenen Männer weinten.

Bei diesem Anblick kochte eine unbändige Wut in mir auf. Weit davon entfernt, aus ihren Fehlern beim zweiten Streik zu lernen, fügte die Geschäftsleitung den alten nun noch neue hinzu. Ohne Sinn und Verstand zerstörte sie die kostbare Fähigkeit zur Zusammenarbeit, die wir in vielen Jahren aufgebaut hatten.

Noch heute treibt uns der Schmerz dieser alten Wunden die Tränen in die Augen. Doch für die Geschäftsleitung gab es an diesen Erfahrungen nichts Befremdliches oder gar Schmerzliches. Sie hat nie begriffen, daß Filme aus der Zusammenarbeit individueller menschlicher Talente entstehen. Sie hat nie begriffen, wieviel Mühe es kostet, solch eine Zusammenarbeit Wirklichkeit werden zu lassen. So konnten sie denn alles, was wir aufgebaut hatten, mit der größten Gleichgültigkeit zerstören. Und wir glichen den Kindern in der buddhistischen Vorhölle, die ihren Eltern im Tode vorangegangen sind. An den Ufern des Sai schichten sie Steine zu kleinen Türmen auf, doch sobald ein Turm fertig ist, kommt ein böser Dämon daher und wirft ihn um. Es war wie bei Sisyphus, der den Fels den Berg hinaufzuwälzen versucht.

Der Präsident der Gesellschaft und der Direktor für Arbeitsbeziehungen kamen beide von außerhalb und hatten keinerlei Sinn für den Film, noch liebten sie das Kino. Der für Arbeitsfragen zuständige Manager war überdies noch bereit, zu den gemeinsten Tricks zu greifen, um den Streik zu gewinnen. Einmal lieferte er den Zeitungen eine Geschichte, wonach ich von der Gewerkschaft gezwungen worden sei, bestimmte Sätze in die Dialoge eines Films aufzunehmen. Da diese Behauptung jeder Grundlage entbehrte – wäre sie wahr gewesen, hätte ich mich als Regisseur nie mehr erhobenen Hauptes in der Welt des Films blicken lassen können –, verlangte ich eine Erklärung. Die Antwort war: »Wenn Sie sagen, daß es nicht so gewesen sei, werden Sie wohl recht haben.« Und er entschuldigte sich auf der Stelle. Doch auch wenn er sich bei mir entschuldigte, änderte das nichts daran, daß die Nachricht in großer Aufmachung herausgekommen war und jedermann sie gelesen hatte. Eine Gegendarstellung würde dagegen nur ganz klein eingerückt werden und auf wenige Zeilen beschränkt sein. All das war im voraus berechnet; da kam ihm natürlich die Entschuldigung leicht und gelassen über die Lippen.

In seiner Empörung über diese Hinterhältigkeit schlug der Filmregisseur Hideo Sekigawa beim Direktor für Arbeitsbeziehungen mit der Faust auf den Tisch, um seiner Auffassung Nachdruck zu verleihen. Die gläserne Tischplatte ging dabei zu Bruch. Am folgenden Tag berichteten die Zeitungen, ein leitender Angestellter der Firma sei bei den Streikverhandlungen von einem Regisseur tätlich angegriffen worden. Wieder verlangten wir eine Erklärung, und wieder entschuldigte sich der Direktor, ohne einen Augenblick zu zögern.

Angesichts dieses Gespanns aus einem Arbeitsdirektor, der ein Genie in unfairem Spiel war, und einem Präsidenten, den jegliche Vernunft verließ, sobald ihm etwas Rotes unter die Augen kam, fühlten wir uns in arger Bedrängnis. Wir schworen, in Zukunft unter keinen Umständen unter diesen beiden Männern mehr zu arbeiten. Darauf antworteten sie mit der drohenden Bemerkung: »Das einzige, was noch fehlt (um dem

Streik ein Ende zu setzen), ist ein Schlachtschiff.« In der Tat stand bewaffnete Polizei vor dem Vordertor; vor dem hinteren Tor hatten amerikanische Panzer Stellung bezogen, und über dem Gelände patrouillierten Flugzeuge. Dagegen und gegen die Schützenlinie um das Studiogelände waren freilich die gigantischen Windmaschinen und der Cayenne-Pfeffer an den Toren gänzlich wirkungslos. Wir hatten keine andere Wahl, wir mußten das Studio an die Geschäftsleitung übergeben.

Wenige Stunden nach unserem Rückzug durften wir das Gelände des Studios wieder betreten. Die einzig sichtbare Veränderung war ein Anschlagbrett mit einer gerichtlichen Verfügung darauf. Nichts schien zu fehlen oder verändert, und dennoch fühlten wir, daß etwas nun nicht mehr da war. Verschwunden war das Gefühl der Hingabe, das wir einst für das Studio empfunden hatten.

Am 19. Oktober 1948 fand der dritte Tōhō-Streik sein Ende. Der Herbst schritt voran, und der Streit, der im Frühling begonnen hatte, verwehte in dem kalten Wind, der durch das Studio blies. Die Leere, die wir empfanden, war weder Trauer noch Verlorenheit; sie war wie ein gleichgültiges Schulterzucken. Ich war fest entschlossen, zu tun, was ich gesagt hatte, und nicht mehr mit diesen beiden Männern zusammenzuarbeiten. Ich hatte begriffen, daß dieses Studio, von dem ich gedacht hatte, es sei mein Zuhause, in Wirklichkeit Fremden gehörte. Ich ging zum Tor hinaus und nahm mir vor, niemals zurückzukehren. Ich hatte es satt, Steine an den Ufern des Sai aufzuhäufen.

Stilles Duell

IM SELBEN JAHR, 1948, aber noch vor dem Streik, war eine neue Organisation entstanden, die den Namen Eiga Geijutsu Kyōkai (Filmkunst-Vereinigung) führte. Gegründet hatten sie vier Filmregisseure: Kajirō Yamamoto, Mikio Naruse, Senkichi Taniguchi und ich. Hinzu kam noch der Produzent Sōjirō Motoki. Kurz nach der Gründung hatte der Streik begonnen, so daß die Vereinigung zunächst keine Aktivitäten entfaltete. Aber als der Streik vorüber war und ich die Tōhō verlassen hatte, erschien mir diese neue Gruppe als die geeignete Arbeitsgrundlage für die Zukunft.

Meine erste Arbeit nach meinem Weggang von der Tōhō war *Shizuka naru kettō* (Stilles Duell), den ich für die Daiei inszenierte. Der 195 Tage anhaltende Streik hatte nicht nur die Haushaltskasse meiner Familie ganz schrecklich in Mitleidenschaft gezogen; ich war auch begierig, endlich wieder Filme machen zu können. Da ich in meiner Regieassistentenzeit schon Drehbücher für Daiei geschrieben hatte, war diese Gesellschaft die erste, die mir nach meinem Weggang von der Tōhō die Chance bot, Regie zu führen.

Senkichi Taniguchi arbeitete mit mir am Drehbuch zusammen; für die Hauptrolle gewann ich Toshirō Mifune. Seit seinem Debüt hatte er fast ausnahmslos Gangster gespielt, und ich wollte ihm die Chance geben, seinen künstlerischen Horizont zu erweitern. In bewußter Abkehr von dem Stereotyp, auf das er bereits festgelegt schien, dachte ich mir für ihn die Rolle eines Intellektuellen mit überaus scharfen Geistesgaben aus. Daiei zeigte sich überrascht von dieser Rolle, und es gab viele in dieser Firma, die offen ihre Bedenken äußerten. Doch Mifune erwies sich als großartig in der Darstellung des jungen Arztes, der es ablehnt, die Frau, die er liebt, zu heiraten, weil er befürchtet, sie mit der nahezu unheilbaren Syphilis anzustecken, die er sich bei der Behandlung eines Syphilitikers während des Krieges zugezogen hatte. Selbst seine Haltung und seine Bewegungen waren nun völlig anders, und es gelang ihm so überzeugend, die Qual dieses pathetischen Helden zum Ausdruck zu bringen, daß ich selbst überrascht war.

Es gehört zu den Unsitten des Filmgeschäfts, daß man Schauspieler, die in einer bestimmten Rolle Erfolg haben, am liebsten nur noch in ähnlichen Rollen einsetzt. Das rührt natürlich daher, daß dies für die, die ihn einsetzen, am bequemsten und vorteilhaftesten ist; aber für den Schauspieler gibt es kein größeres Mißgeschick. Es ist unerträglich, immer und immer wieder dieselbe Rolle spielen und wie eine Maschine dieselben Bilder produzieren zu müssen. Ein Schauspieler, der nicht ständig neue Rollen und neue Sujets erhält, an denen er sich beweisen kann, trocknet aus und verdorrt wie ein Baum, den man in den Garten pflanzt und dann zu bewässern vergißt.

Unvergeßlich werden mir die Dreharbeiten zu der Szene bleiben, die den Höhepunkt von *Stilles Duell* bildet. Die Not und die Qual, die der Held bis dahin im stillen ertragen hat, überwältigen ihn schließlich, und er offenbart das Geheimnis, weshalb er seine Verlobte nicht heiraten will, der ehemaligen Prostituierten, die nun als Krankenschwester für ihn arbeitet. Ich hatte vor, diese Szene in einer einzigen, für die damalige Zeit

ungewöhnlich langen Einstellung zu drehen – sie sollte ganze fünf Minuten dauern.
In der Nacht vor der Aufnahme konnten weder Mifune noch Noriko Sengoku, die die Krankenschwester spielte, Schlaf finden. Auch ich verbrachte, gewissermaßen in dem Gefühl, vor der entscheidenden Schlacht zu stehen, eine schlaflose Nacht.
Schon als wir am nächsten Tag dann die Kamera für die Aufnahme vorbereiteten und alles für die Tonaufzeichnung fertigmachten, herrschte Hochspannung. Um die Regieanweisungen bei dieser Szene zu geben, nahm ich zwischen zwei Scheinwerfern Aufstellung und stellte jeweils einen Fuß auf die beiden Sockel. Mifune und Sengoku spielten, als ginge es um Leben oder Tod. Die Sekunden verstrichen, und ihr Spiel erreichte eine fiebernde Anspannung; man meinte fast die sprühenden Funken eines Feuerwerks zu sehen. Ich fühlte den Schweiß, der sich in meinen zusammengeballten Fäusten bildete. Als dann Mifune schließlich unter der Last des ganzen Leides, das er offenbarte, in Tränen ausbrach, hörte ich, wie die Scheinwerfer neben mir zu rappeln begannen.
Ich erkannte sogleich, daß ich dieses Rappeln erzeugte. Mein ganzer Körper zitterte vor Erregung, und dadurch gerieten die Scheinwerfer, auf deren Sockeln ich stand, ins Schwingen. »Verdammt«, dachte ich, »ich hätte mich auf einen Stuhl setzen sollen.« Aber nun war es zu spät. Ich schlang beide Arme fest um meinen Oberkörper, um das Zittern unter Kontrolle zu bringen, und schaute zur Kamera hinüber; doch was ich da sah, hätte mir beinahe den Atem verschlagen. Der Kameramann, der durch den Sucher blickte und die Kamera bediente, weinte wie ein Baby. Alle paar Sekunden nahmen ihm offenbar die Tränen die Sicht und er wischte sich rasch die Augen aus.
Mein Herz begann heftig zu pochen. Die Tränen des Kameramanns bewiesen eindeutig, wie ergreifend Mifune und Sengoku spielten, doch wenn die Aufnahme danebenging, weil es den Schauspielern gelang, den Kameramann zu Tränen zu rühren, war alles umsonst. Meine Aufmerksamkeit richtete sich von nun an mehr auf den Kameramann als auf das Spiel der Darsteller. Nie zuvor oder danach ist mir eine einzelne Einstellung so unerträglich lang erschienen. Als der Kameramann endlich am Ende der Szene mit tränenüberströmtem, verzerrtem Gesicht sein »O.K. Schnitt!« herauspreßte, da überkam mich ein überwältigendes Gefühl der Erleichterung. Während alle übrigen noch in der extremen Spannung der Szene gefangen blieben, fühlte ich mich wie in einem Rausch. Dann

wurde mir klar, daß ich, der Regisseur, vergessen hatte, »O.K. Schnitt!« zu sagen. Ich war wohl noch recht jung damals.

Heute vermag ich in vollkommener Ruhe und Konzentration zuzuschauen, ganz gleich wie ergreifend die Szene und wie packend die Darstellungskunst der Schauspieler auch sein mögen. Ich bin auch ein wenig traurig über diese Fähigkeit. Eine Szene wie den Höhepunkt in *Stilles Duell* konnten wir nur deshalb mit solcher Begeisterung und Hingabe filmen, weil wir alle, Mifune, Sengoku und ich, damals noch jung waren. Wollten wir sie heute wiederholen, könnten wir es gar nicht. Das ist der Grund, weshalb *Stilles Duell* heute in mir sehr nostalgische Erinnerungen weckt.

Weil dies mein erster Film außerhalb der Tōhō war, kam er mir zudem wie ein zweites Erstlingswerk vor. Auch das trägt zu der Nostalgie bei, die dieser Film bei mir auslöst. Nach meiner Niederlage im Tōhō-Streik und meinem überstürzten Wechsel zur Daiei behandelte das Team, mit dem ich bei diesem Film zusammenarbeitete, mich mit warmer Herzlichkeit.

Die Daiei-Studios liegen an der Kōshū-Kaidō-Straße in Chōfu, einem Außenbezirk von Tokyo. Der Tamagawa fließt ganz in der Nähe vorbei; an seinen Ufern findet man zahlreiche Gasthäuser und Restaurants mit einer der Mode entsprechend auf ländlich getrimmten Atmosphäre. Das Studio selbst hatte noch etwas vom Flair jener Menschen, die einst die »Flickers« gedreht hatten; die Leute dort waren eigensinnig, aber voller Großmut.

So unterschiedlich die Atmosphäre in den verschiedenen Studios auch gewesen sein mag, waren doch alle, die vor Ort arbeiteten, eingefleischte Kinoliebhaber. Darum gab es für mich auch keinerlei Unannehmlichkeiten, als ich zum erstenmal mit einem Daiei-Team arbeitete, und die Dreharbeiten kamen zügig und problemlos voran. Doch wenn ich mein Daiei-Team ansah, dachte ich mit Sorge an die ehemaligen Mitarbeiter meines Tōhō-Teams, die bei dem Streik ihren Arbeitsplatz verloren hatten.

Alte Geschichten eines Lachses

GANZ WIE DIE LACHSE kann ich den Ort, wo ich geboren bin, nicht vergessen. Als ich von der Tōhō wegging, war ich neununddreißig Jahre alt; in den folgenden drei Jahren wechselte ich von Daiei zu Shin Tōhō und schließlich zu Shōchiku. Doch mit zweiundvierzig kehrte ich zur Tōhō zurück; seither gehe ich wieder in jenem Studio aus und ein, in dem ich meine Laufbahn begonnen habe.

Ganz gleich wo ich bin, der Ort, an dem ich meine Ausbildung erfahren habe, wird stets in meinem Herzen bleiben; die Ströme jenes Flusses namens Tōhō-Studio gehen mir einfach nicht aus dem Sinn. Am meisten zu denken geben mir bis auf den heutigen Tag die Regieassistenten, die bei dem Streik ihre Arbeiten verloren. Es waren Männer, die für die Zukunft vieles erwarten ließen; doch weil der Streik eher einem Krieg ähnelte, setzte man sie auf die Entlassungsliste, und sie wurden in alle Winde zerstreut. Ganz ohne Zweifel ging dem japanischen Film dadurch eine Reihe großer Regisseure verloren.

Als ich später zur Tōhō zurückkehrte und meine Vorbereitungen für den nächsten Film aufnahm, kam einer der leitenden Herren zu mir und klagte: »Heutzutage haben die Regieassistenten längst nicht mehr den Ehrgeiz, den sie früher hatten.« Ich erwiderte ihm darauf: »Schließlich waren Sie es, die die alten Regieassistenten hinausgeworfen haben.« Er sah mich mit einem schmerzlichen Ausdruck an und meinte: »Ob sie sich wohl inzwischen eines Besseren besonnen haben?« Meine Stimme wurde unwillkürlich lauter: »Sie scherzen wohl. Nicht die Regieassistenten, sondern Sie sollten sich eines Besseren besinnen.«

Mit der Entlassung dieser jungen Regieassistenten begann erst eigentlich der Abstieg der japanischen Filmindustrie. Wenn keine jungen Menschen mehr ausgebildet werden, die das Reservoir an kreativen Geistern aufzufüllen vermögen, dann führt der natürliche Alterungsprozeß unausweichlich zu einem Kräfteverlust. Das gilt für jedes Unternehmen. Ich weiß nicht, ob die Alten in der Filmindustrie aktiv blieben, weil kein Nachwuchs ausgebildet wurde, oder ob kein Nachwuchs ausgebildet wurde, weil die Alten die Stellen besetzt hielten. Jedenfalls kümmerte sich niemand um die Ausbildung junger Leute.

Doch man vernachlässigt nicht nur die Nachwuchsförderung; die japanische Filmindustrie zeigt überdies auch keinerlei Neigung, neue filmische Techniken einzuführen. Heute spricht alle Welt vom Niedergang des

Kinos, als ob das eine weltweite Erscheinung wäre. Aber wie kommt es dann, daß der amerikanische Film zur Zeit wieder eine neue Blüte erlebt?

Das Rückgrat des amerikanischen Films ist eine Institution mit dem Namen »Academy of Motion Picture Arts and Sciences« (Akademie für Filmkunst und Filmwissenschaften); sie beruht auf der grundlegenden Einsicht, daß Filmkunst und Wissenschaft aufs engste miteinander verbunden sind.

Wenn der Film gegen die neue Unterhaltungsmacht Fernsehen bestehen will, muß er zu Waffen greifen, die seinen Sieg sicherstellen. Ich glaube nicht, daß die Filmindustrie ihre besondere Anziehungskraft gegenüber der Fernsehtechnologie wird behaupten können, wenn sie nicht ihre veraltete Ausrüstung endlich modernisiert. Film und Fernsehen mögen recht ähnlich erscheinen, doch sie sind grundverschieden. Die da im Fernsehen den großen Feind der Filmindustrie erblicken, haben nur ein oberflächliches Verständnis vom Film. Die Filmindustrie ist der Hase, der sich ein Schläfchen genehmigt, während die Schildkröte vorbeizieht.

Schlimmer ist freilich, daß die Filmindustrie in Japan begonnen hat, das Fernsehen nachzuahmen und Filme zu produzieren, die Fernsehfilmen ähneln. Nur wenige Menschen dürften exzentrisch genug sein, eine teure Eintrittskarte zu kaufen, um sich dann im Kino einen Fernsehfilm anzuschauen.

Ich bin wieder abgeschweift, aber es ist schon schwer für einen Filmregisseur, der ein Lachs ist. Wenn der Fluß, in dem er geboren und aufgewachsen ist, verschmutzt wird, kann er nicht mehr stromaufwärts schwimmen, um seine Eier abzulegen – es fällt ihm schwer, Filme zu machen. Und so verlegt er sich aufs Klagen.

Solch ein Lachs sah einmal keine andere Möglichkeit mehr; er schwamm einen russischen Fluß hinauf und produzierte etwas Kaviar. So entstand 1975 mein Film *Dersu Uzala* (Uzala, der Kirgise). Nun glaube ich zwar nicht, daß die Sache so schlecht wäre. Aber für einen japanischen Lachs ist es eigentlich das Natürlichste, seine Eier in einem japanischen Fluß abzulegen.

Der streunende Hund

ICH SPRECHE NICHT GERNE über meine Filme. Alles, was ich sagen will, ist in den Filmen selbst enthalten; noch mehr zu sagen ist für mich, als »malte ich einer Schlange Beine«, wie es im Sprichwort heißt. Doch manchmal habe ich den Eindruck, daß ein Gedanke, den ich im Film mitteilen wollte, nicht von allen verstanden wird. Dann fühle ich den Drang, über meine Arbeit zu sprechen. Dennoch halte ich mich zurück. Wenn ein Film etwas Wahres zu sagen hat, wird es auch jemand verstehen.

So ist es auch mit *Stilles Duell*. Offenbar verstanden die meisten nicht, was mir darin besonders am Herzen lag; aber einige wenige verstanden es sehr wohl. Weil ich diesen Punkt deutlicher herausarbeiten wollte, beschloß ich, *Nora inu* (Der streunende Hund, 1949) zu drehen. Ich glaube, das Problem liegt darin, daß ich bei *Stilles Duell* meine Gedanken selbst noch nicht ausreichend geordnet hatte und sie auch nicht in der bestmöglichen Form auszudrücken verstand. Maupassant hat angehenden Schriftstellern einmal geraten, den Blick auf Bereiche zu richten, die niemand anderer auszuloten vermag, und beharrlich daraufhinzuarbeiten, daß das bislang Unsichtbare für alle sichtbar wird. Nach diesem Grundsatz handelnd, beschloß ich, das Problem aus *Stilles Duell* in *Der streunende Hund* nochmals aufzunehmen und mich dabei beharrlich auf den entscheidenden Punkt zu konzentrieren, bis jedermann ihn sehen könnte.

Zunächst schrieb ich die Geschichte in Form eines kurzen Romans nieder. Da ich Georges Simenons Werk sehr schätze, übernahm ich den Stil seiner sozialkritischen Kriminalromane. Dazu brauchte ich insgesamt weniger als sechs Wochen; daher nahm ich an, daß ich für die Erstellung des Drehbuchs allenfalls zehn Tage brauchen würde. Aber da hatte ich mich beträchtlich verrechnet. Es zeigte sich, daß die Bearbeitung der Romanvorlage weitaus schwieriger war als die Abfassung eines Originaldrehbuchs, und ich brauchte nahezu zwei Monate.

Wenn ich darüber nachdenke, erscheint es mir durchaus begreiflich, daß es so kommen mußte. Ein Roman und ein Drehbuch sind zwei ganz verschiedene Dinge. Die Freiheit zur psychologischen Beschreibung, die man beim Schreiben eines Romans hat, läßt sich nur unter größten Schwierigkeiten auf das Drehbuch übertragen, sofern man keinen Erzähler einführt. Doch dank der unerwarteten Mühe, die mir die Übertragung der Beschreibungen aus dem Roman auf das Drehbuch bereitete, gelangte ich zu einem ganz neuen Verständnis für das Spezifische an Drehbuch und

Film. Zugleich konnte ich eine Fülle für den Roman typischer Ausdruckselemente in das Drehbuch einbauen.
Ich wußte zum Beispiel, daß man beim Aufbau eines Romans bestimmte Techniken anwenden kann, um die Wirkung eines Geschehens zu verstärken und den Blick darauf zu lenken. Ich lernte nun, daß man beim Filmschnitt durch solche Verfahren eine ganz ähnliche Intensivierung erreichen kann. Die Geschichte von *Der streunende Hund* beginnt folgendermaßen: Ein junger Kriminalbeamter kehrt von Schießübungen auf dem Polizeischießstand nach Hause zurück. Er steigt in einen überfüllten Bus. Es ist ein ungewöhnlich heißer Sommertag, und im Gedränge wird ihm die Pistole gestohlen. Als ich diese Sequenz nun in ihrer tatsächlichen zeitlichen Abfolge filmte und schnitt, da war das Ergebnis ganz fürchterlich. Als Auftakt einer dramatischen Geschichte war sie zu langsam, der Brennpunkt blieb unscharf, und der Betrachter blieb völlig unbeteiligt.
Einigermaßen bestürzt, sah ich mir daraufhin an, wie ich die Romanfassung begonnen hatte. Dort hatte ich geschrieben: »Es war der heißeste Tag des ganzen Sommers.« Sogleich dachte ich: »Das ist es.« Ich brauchte die Aufnahme eines Hundes, der mit weit aus dem Maul hängender Zunge nach Luft hechelte. Damit beginnt die Geschichte dann so: »Es war ein unerträglich heißer Tag.« Es folgt ein Schild auf einer Tür mit der Aufschrift »Polizeipräsidium. Abteilung 1«, dann eine Einstellung im Zimmer dahinter: Der Chef der 1. Kriminalabteilung blickt von seinem Schreibtisch auf. »Was? Ihre Pistole ist gestohlen worden?« Vor ihm steht zerknirscht der junge Beamte, der Held der Geschichte. Durch diesen neuen Schnitt wurde die Eröffnungssequenz zwar sehr kurz, aber sie zog den Betrachter mit einem Schlage mitten ins Geschehen hinein.
Allerdings sollte die erste Einstellung mt dem hechelnden Hund, dem die Zunge aus dem Maul hängt, mir noch größte Unannehmlichkeiten einbringen. Das Gesicht des Hundes erschien unter dem Filmtitel, weil es einen Eindruck von der Hitze vermitteln sollte. Das brachte mir ganz schuldlos eine Rüge – oder vielmehr eine Klage – seitens einer amerikanischen Dame ein, die bei den Dreharbeiten zugegen war. Sie war eine Vertreterin der »Society for the Prevention of Cruelty to Animals« (Gesellschaft zur Verhinderung von Tierquälerei) und behauptete, ich hätte ein gesundes Tier mit Tollwuterregern infiziert. Diese Beschuldigung war natürlich völlig aus der Luft gegriffen. Der Hund war streunend aufgegriffen worden; wir hatten ihn aus einem Tierheim, das bereits einen neuen Besitzer für ihn gefunden hatte. Die Leute, die das Tierheim führten, hatten sich seiner mit großer Zuneigung angenommen. Er war

ein Bastard, aber er hatte ein sehr feines Gesicht; deshalb hatten wir mit etwas Make-up nachgeholfen, damit er wilder aussah, und ein Mann hatte ihn eine Zeitlang neben seinem Fahrrad herlaufen lassen, damit er hechelte. Als er begann, die Zunge aus dem Maul heraushängen zu lassen, filmten wir ihn. Aber wir konnten der Dame von der amerikanischen Tierschutzvereinigung noch soviel erklären, sie weigerte sich, uns zu glauben. Da die Japaner Barbaren waren, sah es uns natürlich ähnlich, einen Hund mit Tollwuterregern zu infizieren; für die Wahrheit hatte sie keine Zeit. Yama-san kam sogar vorbei, um ihr zu versichern, daß ich ein Tierfreund sei und so etwas niemals tun würde, doch die amerikanische Dame bestand darauf, Anzeige gegen mich zu erstatten.

Da verlor ich die Geduld. Es fehlte nicht viel und ich hätte ihr gesagt, daß die Tierquälerei von ihrer Seite käme. Auch die Menschen sind Tiere, und wenn man uns so behandelt, dann brauchen wir eine Gesellschaft zur Verhinderung von Menschenquälerei. Meine Kollegen taten ihr Bestes, um mich zu beruhigen. Am Ende mußte ich eine eidesstattliche Erklärung niederschreiben. Nie habe ich größeres Bedauern darüber empfunden, daß Japan den Krieg verloren hatte.

Abgesehen von diesem einen unglücklichen Vorfall gestaltete sich die Arbeit an *Der streunende Hund* höchst erfreulich. Die Produktion lag in den Händen der Filmkunstvereinigung und der Shin Tōhō; daher hatte ich das Glück, zahlreiche Leute in meinem Team zu haben, die der Tōhō-Streik von mir getrennt hatte. Schon aus der Zeit des alten P.C.L. kannte ich meinen Toningenieur Fumio Yanoguchi und meinen Beleuchtungstechniker Chōshichirō Ishii; und an der Kamera stand Asakazu Nakai, der so oft mit mir zusammengearbeitet hat wie sonst niemand. Die Musik machte auch diesmal Hayasaka, und als ersten Regieassistenten hatte ich einen alten Freund aus P.C.L.-Tagen, Inoshirō Honda. Die Ausstattung besorgte Shū Matsuyama; sein damaliger Assistent, Yoshirō Muraki, sollte in allen meinen späteren Filmen die Ausstattung übernehmen.

Dazu kam noch, daß wir das Ōizumi-Studio benutzten. Die Wogen des Streiks hatten sich noch nicht gänzlich gelegt; darum wäre es unter Umständen schwierig für mich geworden, in den Studios der Shin Tōhō zu arbeiten, und so fanden wir uns denn am Ende am alten Ort wieder. Damals war dieses Studio nahezu verlassen. Auf dem Gelände stand ein kleiner Bau in der Art eines Appartementhauses; dort zogen wir ein. Wir arbeiteten pausenlos und gönnten uns keine Zerstreuungen.

Es war Hochsommer, als wir *Der streunende Hund* drehten. Wenn die Arbeit so um fünf Uhr herum zu Ende war, stand die Sonne noch hoch am

Himmel, und auch wenn wir dann zu Abend gegessen hatten, war es draußen immer noch hell. Damals, kurz nach dem Krieg, konnte man abends nicht viel unternehmen, selbst wenn wir ins Stadtzentrum gegangen wären (von Ōizumi aus hieß das ins Zentrum von Ikebukuro). So schlugen wir denn die Zeit tot und warteten darauf, daß es dunkel würde und wir ins Wohnheim zurückgehen konnten. Oft sagte dann einer von uns: »Sollen wir nicht noch etwas arbeiten?« Und so verbrachten wir manchen Abend mit Dreharbeiten.

Der streunende Hund besteht aus zahlreichen kurzen Szenen, die an vielen verschiedenen Schauplätzen spielen; deshalb mußten die Umbauten in dem kleinen Tonstudio, das wir benutzten, immer sehr schnell erfolgen. An manchen Tagen drehten wir dort in fünf oder sechs verschiedenen Dekorationen. Sobald die Dekoration stand, drehten wir, und schon mußte die nächste Dekoration her. Deshalb blieb den Studiohandwerkern nichts anderes übrig, als nachts zu arbeiten. Der Ausstatter Shū Matsuyama hatte neben meinem gleichzeitig noch drei andere Filme zu betreuen; darum skizzierte er meist nur, was er haben wollte, und erschien nur selten am Drehplatz. Die beiden, die wirklich schufteten, um alles zusammenzubekommen, waren sein Assistent Muraki und eine Assistentin.

Eines Abends ging ich hinaus zu einem unserer Drehplätze auf dem Freigelände, um nachzusehen, wie die Arbeit an den Bauten dort vorankam. Da sah ich oben auf dem baumbestandenen Hügel zwei Silhouetten, die sich gegen den Abendhimmel abhoben. Es waren Muraki und die Assistentin, die dort schweigend und völlig erschöpft nebeneinander saßen. Ich wollte schon hinaufrufen und ihnen für ihre Mühe danken, da bemerkte ich, daß ein tiefer Ernst in ihrem Verhalten lag, und ich zog mich zurück. Der Kameramann und die Beleuchtungstechniker, die mit mir herausgekommen waren, blickten mich verwundert an und wollten etwas sagen. Doch ich gab ihnen mit einer Handbewegung zu verstehen, daß sie schweigen sollten, sah hinauf zu den beiden Silhouetten auf dem baumbestandenen Hügel und sagte leise: »Sieht so aus, als gäbe es bald eine Hochzeit zu feiern.«

Meine Prophezeiung sollte sich bewahrheiten; kurz nach Abschluß der Dreharbeiten heirateten Muraki und das Mädchen. Frau Muraki, die mit Vornamen Shinobu heißt, wurde gleichfalls eine erstklassige Ausstatterin. Ich hatte noch nie zuvor als offizieller Heiratsvermittler fungiert; aber offensichtlich habe ich diese beiden durch die harte Arbeit, die ich ihnen bei *Der streunende Hund* abverlangte, zusammengebracht; ohne es zu wissen, wurde ich auf diese Weise zum Ehestifter.

Aus dieser kleinen Anekdote mögen Sie ersehen, welche Atmosphäre bei der Arbeit an *Der streunende Hund* herrschte. Von der harmonischen Stimmung eines Ausfluges war nur selten etwas zu spüren.

Inoshirō Honda machte vor allem Second-Unit-Arbeiten für mich. Jeden Morgen sagte ich ihm, was ich haben wollte, und er fuhr hinaus in die Ruinen des Nachkriegs-Tokyo und filmte es. Nicht viele Menschen sind von solcher Aufrichtigkeit und Verläßlichkeit wie Honda. Getreulich brachte er genau das mit, was ich verlangt hatte; so konnte ich beim Schnitt des Films fast alles gebrauchen. Man hat mir oft gesagt, ich hätte in *Der streunende Hund* die Nachkriegsatmosphäre in Japan sehr schön eingefangen; wenn das zutrifft, verdanke ich das zu einem beträchtlichen Teil der Arbeit Inoshirō Hondas.

Die Hauptrollen in diesem Film spielten wiederum Mifune und Takashi Shimura; auch die meisten übrigen Darsteller waren alte Freunde, so daß die Arbeit in einer sehr vertrauten Atmosphäre ablief. Probleme machte nur Keiko Awaji, eine Tänzerin, die ich von der Shōchiku-Revuetanztruppe geholt hatte. Diese kleine Unschuld brachte es fertig, uns nichts als Schwierigkeiten zu machen. Sie war erst sechzehn, hatte noch nie vor der Kamera gestanden und wollte nur eines wirklich: tanzen nämlich. Sie verpfuschte alles, ganz gleich, was man von ihr verlangte. An Stellen, an denen sie hätte weinen sollen, prustete sie vor Lachen, und das aus purer Widerborstigkeit.

Mit der Zeit freundeten wir uns mit ihr an, und es schien, als könne sie ihrer Arbeit etwas mehr Interesse abgewinnen. Doch leider war da ihre Aufgabe auch schon beendet. Wir alle versammelten uns, um sie am Tor zu verabschieden. Als sie im Wagen saß, brach sie in Tränen aus. Da meinte sie: »Als ich weinen sollte, konnte ich es nicht; und jetzt sehen Sie mich mal an.«

Bei keinem meiner Filme liefen die Dreharbeiten so glatt wie bei *Der streunende Hund*. Selbst das Wetter spielte bereitwillig mit. In einer Szene brauchten wir einen abendlichen Regenguß. Wir holten den Feuerwehrwagen heraus und machten die Kamera bereit. Ich befahl »Wasser marsch!«, Kamera und Klappe, da ging plötzlich ein heftiger Regenschauer nieder. Wir bekamen eine großartige Aufnahme.

Ein andermal drehten wir im Studio, aber wir brauchten einen kräftigen Gewittersturm vor den Fenstern. Wieder gehorchte der Himmel, und wir konnten sogar den Donner, den wir brauchten, gleich mit aufnehmen.

Dann allerdings – es war noch eine ganze Reihe von Außenaufnahmen zu machen – näherte sich ein Taifun. Ich war gezwungen, meine Pläne

umzustellen. Hastig wickelten wir die Dreharbeiten ab, mit einem Ohr stets am Radio, um die Wetterberichte zu verfolgen. Von Minute zu Minute nahm der Sturm an Heftigkeit zu; auf dem Drehgelände entwikkelte sich eine Atmosphäre wie auf einem Schlachtfeld. Genau an dem Abend, als der Sturm seine größte Stärke erreichen sollte, konnten wir die Dreharbeiten abschließen. Als wir in dieser Nacht hinausgingen, um nachzusehen, was der Sturm angerichtet hatte, fanden wir sämtliche Bauten in der Straße natürlich vollkommen zerstört. Der Blick über die Trümmer der Dekoration, in der wir noch ein paar Stunden zuvor gedreht hatten, gab mir ein eigenartig unverfälschtes Gefühl der Befriedigung.
Jedenfalls liefen die Dreharbeiten zu *Der streunende Hund* bemerkenswert glatt, und wir konnten sie früher als geplant abschließen. Dieser glatte Verlauf der Dreharbeiten und die überaus angenehme Zusammenarbeit aller Team-Mitglieder sind dem fertigen Film anzumerken.
Ich erinnere mich noch, wie es Samstag abends war, wenn wir gemeinsam in einen Bus stiegen, um nach einer vollen Woche harter Arbeit für einen Tag nach Hause zu fahren. Alle waren glücklich. Da ich damals in Komae, weit außerhalb der Stadt in der Nähe des Tamagawa wohnte, war ich gegen Ende der Fahrt stets allein im Bus. Wenn ich dann als einsamer letzter Passagier in diesem höhlengleichen leeren Bus meinem Zuhause entgegen fuhr, empfand ich stets mehr die Verlassenheit angesichts der Trennung von meinem Team als die Freude über das Wiedersehen mit meiner Familie.
Heute erscheint mir das Vergnügen, das mir die Arbeit an *Der streunende Hund* bereitete, wie ein ferner Traum. Die Filme, an denen das Publikum wirklich Freude hat, sind jene, deren Herstellung bereits Spaß gemacht hat. Freude an der Arbeit kann jedoch nur aufkommen, wenn man weiß, daß man all seine Kraft hineingelegt und sein Bestes gegeben hat, um sie mit Leben zu erfüllen. Aus einem Film, der in diesem Geiste gemacht worden ist, sprechen die Herzen der Team-Mitglieder.

Skandal

NACH DEM KRIEG machte man viel Lärm um das Recht auf Redefreiheit, und natürlich kam es schon bald zu Fällen von Mißbrauch und mangelnder Selbstbeschränkung. Eine einschlägige Massenpresse meinte mit schamlos vulgären Artikeln die Neugier der Leser reizen und Skandale auslösen zu müssen. Eines Tages, als ich mit dem Zug zur Arbeit fuhr, sah ich ein Werbeplakat für eine dieser Zeitschriften, und ich war schockiert. »Wer raubte X die Unschuld?« lautete die Schlagzeile. Der Text war in einer Weise geschrieben, die Mitgefühl für X zu suggerieren schien, doch in Wirklichkeit sollte er sie zu einem wehrlosen Spielzeug machen. Hinter der Dreistigkeit dieser Schreibe stand freilich etwas anderes: die kalte Berechnung nämlich, daß X, die in ihrem Beruf ja von ihrer Popularität abhing, es nicht wagen würde, irgend etwas gegen diesen Artikel zu unternehmen.

Ich kannte X nicht persönlich. Ich kannte nur ihren Namen und ihren Beruf, aber als ich sah, wie sensationslüstern dieser Artikel präsentiert wurde, da dachte ich unwillkürlich, wie hilflos sie sich nun fühlen müsse. Voller Empörung reagierte ich so, als hätte sich der Artikel gegen mich selbst gerichtet. Ich konnte einfach nicht stillschweigend darüber hinweggehen. Solche Verleumdung und Ehrabschneidung darf man einfach nicht dulden. In meinen Augen war das Gewalt gegen einen Menschen von Seiten derer, die über die Waffe eines öffentlichen Mediums verfügten. Dieser Tendenz mußte Einhalt geboten werden, bevor sie sich ausbreiten konnte. Jemand mußte sich hervorwagen und gegen diese Gewalt angehen, dachte ich; es hatte keinen Sinn, sich zornig in den Schlaf zu weinen.

Das gab den Anstoß zu meinem Film *Skyandaru* (Skandal, 1950). Natürlich sind meine Befürchtungen inzwischen längst wahr geworden; niemand denkt sich mehr etwas bei diesen Skandalblättern. Anders ausgedrückt: Der Film *Skandal* erwies sich als völlig ungeeignete Waffe im Kampf gegen die Ehrabschneiderei. Aber ich habe nicht aufgegeben. Ich warte immer noch auf den Tag, da jemand aufsteht, der den Mut hat, diese Form verbalen Gangstertums zum Entscheidungskampf in die Schranken zu fordern. Am liebsten würde ich noch einen Film über dieses Thema drehen. *Skandal* war nicht stark genug; ich würde sehr gerne einen stärkeren Film machen.

Je mehr ich darüber nachdenke, desto klarer wird mir, wie wenig Biß

Skandal doch in dieser Hinsicht hatte. Als ich das Drehbuch schrieb, trat eine gänzlich unerwartete Gestalt immer stärker in den Vordergrund; sie überflügelte die Hauptfiguren an Lebendigkeit und führte mich schließlich an der Nase herum. Dieser Kerl war der korrupte Rechtsanwalt Hiruta (Blutegel-Feld). Für Geld macht er gegen den eigenen Mandanten, den Kläger, der sich aufrecht bemüht, das verbale Gangstertum vor Gericht zu bekämpfen, gemeinsame Sache mit den Beklagten. Von diesem Punkt an lief der Film in eine Richtung, die ich nicht beabsichtigt hatte.

Filmfiguren haben ein Eigenleben. Der Filmemacher hat hier keine Freiheit. Wenn er auf seine Autorität pocht und seine Figuren wie Puppen dirigiert, verlieren sie jegliches Leben. Von dem Augenblick an, da Hiruta auftauchte, schien der Stift, mit dem ich mein Drehbuch schrieb, wie verhext. Ich schrieb und schrieb und schilderte Hirutas Tun und Reden, als führte er selbst die Feder. Ich hatte schon viele Drehbücher geschrieben, doch das hatte ich noch nicht erlebt. Ich dachte gar nicht über die Verhältnisse nach, in denen er lebte; der Stift glitt einfach über das Papier und beschrieb seine Ärmlichkeit und seine Schande. Damit usurpierte die Figur des Hiruta natürlich den gesamten Film und drängte den eigentlichen Helden beiseite. Obwohl ich durchaus sah, was da geschah, und es keineswegs gut fand, konnte ich nichts daran ändern.

Gut ein halbes Jahr nach der Uraufführung des Films fuhr ich nach einem Kinobesuch in Shibuya mit der Inokashira-Linie nach Hause. Plötzlich hätte ich beinahe laut aufgeschrien. Als der Zug die erste Station außerhalb von Shibuya passierte, fuhr es mir plötzlich wie ein Blitz durch den Kopf: Ich war diesem Hiruta schon einmal im wirklichen Leben begegnet. Ich hatte neben ihm gesessen, als ich in einer kleinen Bar namens Komagata-ya gleich dort bei dem Bahnübergang in Kami-Izumi etwas getrunken hatte. Die Erinnerung überraschte mich sehr, und ich konnte nicht begreifen, weshalb ich nicht daran gedacht hatte, als ich am Drehbuch für *Skandal* arbeitete. Der menschliche Verstand macht seltsame Dinge. Dieser reale Hiruta muß irgendwo tief in meinem Gehirn gesteckt haben. Warum wählte er gerade diesen Augenblick, um wieder hervorzukommen?

In meiner Zeit als Regieassistent hatte ich regelmäßig in der Komagata-Bar verkehrt. Es gab dort ein nettes Barmädchen namens O-Shigechan; sie verstand uns gut, hatte unsere Zuneigung gewonnen und ließ uns auf Kredit trinken. Gewöhnlich gingen wir Regieassistenten zusammenn dorthin.

Aus irgendeinem Grunde war ich eines Abends allein in der Komagata-Bar. Sonst gingen wir meist hinauf in einen schmutzigen, aber bequemen Raum im ersten Stock, aber ich hatte keine Lust, allein zu trinken, und setzte mich in die Bar im Erdgeschoß. Bei dieser Gelegenheit saß Hiruta neben mir. Er war bereits recht betrunken und wollte sich unbedingt mit mir unterhalten. Der Barbesitzer, O-Shigechans Vater, wollte ihn schon hindern, mich zu belästigen, aber ich nickte ihm zu, zum Zeichen, daß ich nichts dagegen hätte. Ich trank und hörte dabei seinem Redestrom zu.

In der Erscheinung dieses Mannes – er näherte sich den Fünfzigern – und in seiner Art zu sprechen lag etwas überaus Bitteres und zugleich Ergreifendes. Er stammelte kein zusammenhangloses Zeug, wie es Betrunkene sonst tun. Ich fragte mich, wie oft er diese Geschichte wohl schon wiederholt hatte, bevor er sie mir erzählte. Er sprach, als hätte er seine Rede auswendig gelernt; er trug sie flüssig und in gleichgültigem Ton vor. Doch dieser gleichgültige Tonfall brachte den traurigen Inhalt seiner Rede nur um so eindrucksvoller zur Geltung.

Immer wieder kam er dabei auf seine Tochter zu sprechen. Sie litt an Tuberkulose und war vollkommen ans Bett gefesselt; immer wieder betonte er, was für ein wundervolles Mädchen sie sei. Sie sei »wie ein Engel«, »wie ein leuchtender Stern« – Charakterisierungen, die unter normalen Umständen unerträglich süßlich geklungen hätten. In diesem Falle jedoch war ich seltsam berührt und hörte ihm mit offenem Sinn zu.

Er sagte weiter, verglichen mit seiner Tochter sei er ein gänzlich nichtswürdiges Wesen. Und er führte eine ganze Liste von Beispielen auf, die beweisen sollten, um wie vieles er unter seiner Tochter stand. An diesem Punkt nun schien O-Shigechans Vater genug zu haben. Er stellte eine bedeckte Glasschüssel vor den Mann und sagte: »Also gut, das ist genug für heute. Sie gehen jetzt besser nach Hause. Ihre Tochter wartet schon auf Sie.« Der Mann verstummte und starrte eine Weile auf die Schüssel. Er rührte sich nicht. In der zugedeckten Schüssel war etwas, das so aussah wie die Speisen, die man Fieberkranken gibt. Plötzlich stand er auf, ergriff die Schüssel, klemmte sie vorsichtig unter den Arm und eilte zur Tür hinaus.

O-Shigechans Vater entschuldigte sich bei mir, während ich noch auf die Tür starrte, durch die der Mann verschwunden war. »Er ist ein schwieriger Fall. Jeden Tag kommt er her, vertrinkt den ganzen Abend und erzählt immer dieselbe Geschichte.« Ich fragte mich, was der Mann, der da gerade hinausgeeilt war, wohl seiner Tochter sagen mochte, wenn er

abends nach Hause kam. Als ich darüber nachdachte, wie ihm wohl zumute war, fühlte ich selbst Schmerz in mir aufkommen.
Soviel ich auch an diesem Abend noch trank, ich konnte keine Erleichterung finden. Ich war sicher, daß ich seine Geschichte niemals würde vergessen können. Aber ich tat es. Als ich dann das Drehbuch zu *Skandal* schrieb, schlich sich die Erinnerung an ihn unbewußt ein und ließ den Stift über das Papier tanzen. Die Figur des Hiruta hat in Wirklichkeit jener Mann geschrieben, den ich in der Komagata-Bar getroffen hatte. Von mir stammt sie nicht.

Rashōmon

IN DIESER ZEIT nahm das Tor in meiner Vorstellung immer gewaltigere Ausmaße an. Ich war in Kyōto, der alten Hauptstadt, und suchte nach Drehplätzen für *Rashōmon,* meinen Film über ein Geschehen aus dem elften Jahrhundert. Bei Daiei war man nicht sonderlich glücklich über mein Projekt. Man sagte, der Inhalt sei zu schwierig und der Titel habe keinen Biß. Darum zögerten sie den Drehbeginn hinaus. Während ich wartete, wanderte ich Tag für Tag durch Kyōto und die noch ältere Hauptstadt Nara, ein paar Kilometer entfernt, und studierte die klassische Architektur. Je mehr ich sah, desto gewaltigere Dimensionen nahm das Rashō-Tor in meiner Vorstellung an.
Anfangs hatte ich gedacht, es sollte etwa die Größe des Eingangstors zum Tō-Tempel in Kyōto haben. Dann wurde es so groß wie das Tengai-Tor in Nara, und schließlich erreichte es die Ausmaße der zweistöckigen Haupttore des Ninna- und des Todai-Tempels in Nara. Diese Vergrößerung ging nun nicht darauf zurück, daß ich inzwischen Gelegenheit gehabt hatte, selbst Tore aus dieser Zeit zu sehen; vielmehr hatte ich aus Dokumenten und den Überresten erfahren, wie das längst zerstörte Rashō-Tor tatsächlich beschaffen gewesen war.
»Rashōmon« bezieht sich eigentlich auf das Rajō-Tor; der Name wurde später in einem Nō-Stück von Nobumitsu Kanze abgeändert. »Rajō« bezeichnet den äußeren Hof einer Burg; »Rajōmon« ist also das Tor zum äußeren Bezirk der Burg. Das Tor, das meinem Film *Rashōmon* den Namen gab, war das Haupttor zu den Außenbezirken der alten Hauptstadt Kyōto, die damals allerdings »Heian-Kyō« hieß. Betrat man die

Stadt durch das Rajō-Tor und ging auf der Hauptstraße Richtung Norden weiter, so gelangte man am anderen Ende an das Shujaku-Tor; und im Osten und Westen lagen entsprechend der Tō- und der Sai-Tempel. Angesichts dieser Anlage der Stadt wäre es seltsam, wenn das äußere Haupttor nicht das größte von allen gewesen wäre. Es gibt auch einen greifbaren Beleg dafür, daß dem wirklich so war: Die blauen Dachziegel, die vom alten Rajō-Tor erhalten geblieben sind, zeigen, daß es sehr groß war. Doch die tatsächlichen Dimensionen des zerstörten Baus konnten wir trotz intensiver Nachforschungen nicht ermitteln.
Deshalb mußten wir das Rashō-Stadttor für unseren Film nach dem Vorbild noch existierender Tempeltore gestalten, wohl wissend, daß es in Wirklichkeit wahrscheinlich anders ausgesehen hat. Und es wurde ein gewaltiger Bau. Er war so groß, daß unsere Stützpfosten ein ganzes Dach gar nicht hätten tragen können. Als Ausweg nutzten wir die Tatsache, daß der Bau zu dieser Zeit bereits verfallen war, und gaben ihm nur ein halbes Dach; so kamen wir mit unseren Abmessungen zu Rande. Wären wir historisch korrekt gewesen, hätte man den Kaiserpalast und das Shujaku-Tor sehen müssen, wenn man nach Norden durch das Tor schaute. Doch das Daiei-Freigelände ließ solche Entfernungen gar nicht zu, und selbst wenn genügend Platz gewesen wäre, hätte das Budget diesen Aufwand verboten. So setzten wir dann als Kulisse einen Berg hinter das Tor. Dennoch waren die Bauten von ungewöhnlicher Größe für eine Außendekoration.
Als ich mein Projekt der Daiei vorstellte, sagte ich ihnen, an Außendekorationen bräuchte ich lediglich das Tor und die Mauer des Gerichtshofes, in dem die Überlebenden, Beteiligten und Zeugen der Vergewaltigung und des Mordes vernommen werden, um die es in meinem Film geht. Alles weitere, versprach ich, würde ich an Originalschauplätzen drehen. In Erwartung eines niedrigen Budgets nahm Daiei mein Projekt freudig an.
Später beklagte sich Matsutarō Kawaguchi, der damals Manager bei Daiei war, ich hätte sie ganz schön an der Nase herumgeführt. Zwar hätte man nur das Tor bauen müssen; aber für den Preis dieses Mammutbaus hätte man leicht hundert normale Dekorationen erstellen können. In Wahrheit hatte ich selbst mir das Tor anfangs nicht so groß vorgestellt. Erst während der langen Wartezeit und meiner Studien nahm es in meiner Vorstellung so eindrucksvolle Ausmaße an. Als ich *Skandal* für die Shōchiku-Studios fertiggestellt hatte, fragte die Daiei mich, ob ich nicht noch einen Film für sie machen wolle. Bei der Themensuche fiel mir

plötzlich wieder ein Drehbuch ein, das auf der Kurzgeschichte »Yabu no naka« (In einem Hain) von Ryūnosuke Akutagawa basierte. Geschrieben hatte es Shinobu Hashimoto, der bei dem Regisseur Mansaku Itami gelernt hatte. Es war ein sehr gutes Drehbuch, aber leider nicht lang genug, um einen Spielfilm daraus zu machen. Shinobu Hashimoto hatte mich besucht, und wir hatten uns stundenlang miteinander unterhalten. Er hatte offenbar Substanz, und ich faßte Zuneigung zu ihm. Später schrieb er dann die Drehbücher zu *Ikiru* (Ikiru – einmal wirklich leben, 1952) und *Shichinin no samurai* (Die sieben Samurai, 1954) mit mir zusammen. Das Drehbuch, an das ich mich damals erinnerte, war seine Akutagawa-Adaptation »Mann und Frau«.
Wahrscheinlich sagte mir mein Unterbewußtsein, daß es nicht richtig von mir gewesen sei, dieses Drehbuch beiseite zu legen; wahrscheinlich dachte ich unbewußt ständig darüber nach, ob ich es nicht in irgendeiner Weise verwenden könnte. Und genau in diesem Augenblick kam die Erinnerung wieder aus irgendeiner Gehirnwindung hervor und sagte mir, ich solle ihm eine Chance geben. Zugleich fiel mir ein, daß »In einem Hain« aus drei Geschichten besteht; wenn ich nun noch eine Geschichte hinzufügte, mußte der Stoff für einen Spielfilm reichen. Und schließlich erinnerte ich mich an die Akutagawa-Erzählung »Rashōmon«. Ebenso wie »In einem Hain« spielte die Geschichte in der Heian-Zeit (794-1184). Langsam nahm der Film *Rashōmon* in meinem Kopf Gestalt an.
Seit der Einführung des Tonfilms in den dreißiger Jahren war vieles von dem, was den Reiz des alten Stummfilms ausmachte, vergessen worden und verloren gegangen. Mir wurde dieser ästhetische Verlust zu einer beständigen Quelle der Irritation. Ich empfand das Bedürfnis, zu den Ursprüngen des Films zurückzukehren und diese eigenartige Schönheit wiederzufinden; ich mußte in die Vergangenheit zurückgehen.
Vor allem, glaubte ich, sei aus den französischen Avantgarde-Filmen der zwanziger Jahre noch manches zu lernen. In Japan gab es damals noch kein Filmarchiv. Ich mußte umständlich nach alten Filmen suchen; ich kramte aus meiner Erinnerung die Filme hervor, die ich als Junge gesehen hatte, und dachte über die Ästhetik nach, die sie so unverwechselbar gemacht hatte.
Rashōmon sollte mein Experimentierfeld werden, der Ort, an dem ich all die Ideen und Wünsche erproben wollte, die aus meinen Stummfilmstudien erwachsen waren. Den symbolträchtigen Hintergrund sollte dabei Akutagawas Geschichte »In einem Hain« liefern, denn sie dringt in die Tiefen des menschlichen Herzens ein, als sezierte sie es mit dem

Skalpell eines Chirurgen, und legt bloß, was darin an dunklen Strebungen und bizarren Verwindungen anzutreffen ist. Diese befremdlichen Strebungen des menschlichen Herzens wollte ich durch ein sorgsam gestaltetes Spiel von Licht und Schatten verdeutlichen. Die Menschen im Film verirren sich im Dickicht ihres Herzens und wandern immer tiefer in die Wildnis hinein; darum verlegte ich den Schauplatz in einen großen Wald. Als Drehplatz wählte ich die unberührten Wälder in den Bergen um Nara und den Wald, der zum Kōmyō-Tempel außerhalb Kyōtos gehörte.

Es gab nur acht Figuren, doch die Handlung war zugleich komplex und tief. Das Drehbuch faßten wir so knapp und klar wie möglich; ich hoffte, damit bei den Dreharbeiten eine visuell möglichst dichte und über den Text hinausgehende filmische Umsetzung zu ermöglichen. Glücklicherweise konnte ich für die Kamera einen Mann gewinnen, mit dem ich schon lange hatte zusammenarbeiten wollen: Kazuo Miyagawa. Hayasaka machte die Musik, und die Ausstattung besorgte Matsuyama. Die Besetzung bestand aus Toshirō Mifune, Masayuki Mori, Machiko Kyō, Takashi Shimura, Minoru Chiaki, Kichijirō Ueda, Daisuke Katō und Fumiko Honma – sämtlich Schauspieler, mit deren Temperament ich bestens vertraut war; eine bessere Besetzung hätte ich mir gar nicht vorstellen können. Außerdem spielte die Geschichte im Sommer, und so kam uns die flimmernde hochsommerliche Hitze von Kyōto und Nara sehr zustatten. Da sich alles so gut ergab, blieb mir wirklich nichts zu wünschen übrig. Nur anfangen mußten wir noch.

Doch eines Tages, kurz vor Beginn der Dreharbeiten, suchten die drei Regieassistenten, die Daiei mir zugewiesen hatte, mich in dem Gasthaus auf, in dem ich wohnte. Ich fragte mich, was es wohl für Probleme gäbe. Es zeigte sich, daß sie das Drehbuch verwirrend fanden; sie baten mich, es ihnen zu erklären. »Bitte lesen Sie es noch einmal aufmerksam durch«, riet ich ihnen. »Wenn Sie es sorgfältig lesen, werden Sie es auch verstehen, denn es ist in der Absicht geschrieben, verständlich zu sein.« Doch damit wollten sie sich nicht begnügen. »Wir haben es sehr sorgfältig gelesen, aber es bleibt uns völlig unverständlich. Deshalb möchten wir, daß Sie es uns erklären.« Weil sie so darauf bestanden, gab ich ihnen folgende einfache Erklärung:

»Die Menschen sind unfähig, aufrichtig zu sich selbst zu sein. Sie können nicht über sich sprechen, ohne das Bild zu schönen. Das Drehbuch beschreibt solche Menschen, die nicht leben können, ohne sich selbst zu belügen und sich besser zu machen, als sie sind. Es zeigt, daß dieser sündhafte Wunsch, ein falsches, schmeichelndes Bild von sich zu vermitteln, sogar über das Grab hinaus Bestand hat: Der Mann, der in dem Stück getötet wird, kann auch dann nicht von seinen Lügen lassen, als er durch ein Medium zu den Lebenden spricht. Egoismus ist ein Laster, das die Menschen von Geburt an verfolgt; sie sind nur äußerst schwer davon zu heilen. Dieser Film ist wie ein Rollbild, das im Entrollen das menschliche Ich enthüllt. Sie sagen, das Drehbuch sei Ihnen völlig unverständlich geblieben. Nun, das liegt daran, daß die Psyche des Menschen unauslotbar ist. Wenn Sie diese Unergründlichkeit des menschlichen Herzens vor Augen behalten und das Drehbuch nochmals lesen, werden Sie erkennen, worauf es darin ankommt.«

Als ich geendet hatte, nickten zwei der drei Regieassistenten mit dem Kopf und sagten, sie würden das Drehbuch nochmals lesen. Sie standen auf, um zu gehen, aber der dritte, der als erster Regieassistent fungieren sollte, war immer noch nicht überzeugt. Er ging mit einem verärgerten Ausdruck im Gesicht. (Es zeigte sich später, daß der erste Regieassistent und ich nicht miteinander auskamen. Ich bedaure heute noch, daß ich ihn bitten mußte, auszuscheiden. Doch ansonsten lief die Arbeit reibungslos.)

Wirklich sprachlos machte mich die Hingabe, mit der Machiko Kyō sich bei den Proben vor den Dreharbeiten einsetzte. Sie kam morgens in das Zimmer, in dem ich schlief, setzte sich hin, das Drehbuch in der Hand, und bat: »Bitte sagen Sie mir, was ich tun soll.« Ich lag da und konnte nur staunen. Auch die übrigen Schauspieler waren voll bei der Sache. Ihre Begeisterung zeigte sich in ihrer Arbeit, aber ebenso auch in ihren Eß- und Trinkgewohnheiten.

Sie erfanden ein Gericht, das sie Sanzoku-yaki (Bergbanditenschmaus) nannten und das sie oft aßen. Es bestand aus geschnetzeltem, in Öl gebackenem Rindfleisch, das man dann in eine Sauce aus zerlassener Butter und Curry tunkte. Doch während sie in der einen Hand die Stäbchen hielten, hatten sie in der anderen eine rohe Zwiebel. Von Zeit zu Zeit legten sie ein Stück Fleisch auf die Zwiebel und nahmen einen kräftigen Biß davon. Wirklich barbarisch!

Die Dreharbeiten begannen in den Urwäldern um Nara. Dort wimmelte es von Blutegeln. Sie ließen sich von den Bäumen auf uns herabfallen oder krochen uns die Beine hoch, um unser Blut zu saugen. Selbst wenn sie genug hatten, war es schwierig, sie abzuziehen, und wenn es einem endlich gelungen war, solch einen lästigen Parasiten aus der Haut zu ziehen, hinterließ er eine Wunde, die gar nicht aufhören wollte zu bluten. Um uns dagegen zu schützen, stellten wir einen Eimer Salz an den

Eingang des Gasthauses. Bevor wir uns morgens auf den Weg zum Drehplatz machten, rieben wir uns Nacken, Arme und Strümpfe mit Salz ein, denn ähnlich wie Schnecken mögen auch Blutegel kein Salz.

Damals fand man in den Urwäldern um Nara noch zahlreiche japanische Zedern und Zypressen; wie Pythonschlangen wanden sich üppige Efeuranken von Baum zu Baum. Man meinte, im tiefsten Gebirge und in verborgenen Schluchten zu sein. Jeden Tag wanderte ich durch diesen Wald, teils um nach geeigneten Drehplätzen Ausschau zu halten, teils zu meinem Vergnügen. Einmal schoß plötzlich ein schwarzer Schatten an mir vorbei: ein Hirsch, der aus dem Nara-Park ausgebrochen und in die Wildnis zurückgekehrt war. Als ich aufschaute, sah ich eine Horde Affen hoch oben über mir in den Bäumen.

Das Gasthaus, in dem wir logierten, lag am Fuße des Wakakusa. Einmal kam ein großer Affe – er schien der Anführer der Horde zu sein –, ließ sich auf dem Dach des Gasthauses nieder und schaute uns während unseres ganzen ausgelassenen und geräuschvollen Abendessens aufmerksam zu. Ein andermal ging der Mond hinter dem Wakakusa auf, und für einen Augenblick sahen wir vor der strahlend hellen Mondscheibe die Silhouette eines Hirsches. Nach dem Abendessen stiegen wir oft noch auf den Wakakusa, bildeten einen Kreis und tanzten im Schein des Mondes. Ich war noch jung, und die Schauspieler waren noch jünger und sprühten vor Lebenslust. Wir waren voller Begeisterung bei der Arbeit.

Als wir den Drehort von den Nara-Bergen in den Wald des Kōmyō-Tempels in Kyōto verlegten, war die Zeit des Gīon-Festes gekommen. Die schwüle Sommerhitze machte uns allen zu schaffen, und einige von uns erlitten gar einen Hitzschlag, doch die Arbeit lief planmäßig weiter. Jeden Nachmittag arbeiteten wir durch, ohne uns auch nur einen Schluck Wasser zu gönnen. Nach der Arbeit dann kehrten wir auf dem Rückweg in einer Bierhalle im Stadtteil Shijō-Kawaramachi ein. Dort trank jeder von uns vier riesige Gläser Faßbier. Beim Abendessen tranken wir dafür keinen Alkohol; anschließend ging jeder seinen privaten Beschäftigungen nach. Gegen zehn Uhr kamen wir dann wieder zusammen und schütteten Whiskey in uns hinein. Am nächsten Morgen jedoch hatten wir stets einen klaren Kopf und machten uns wieder an unsere schweißtreibende Arbeit.

Wo der Wald des Kōmyō-Tempels zu dicht und darum zu dunkel für Filmaufnahmen war, fällten wir ohne zu zögern und ohne eine Erklärung dafür zu geben ein paar Bäume. Der Abt des Tempels schaute uns

ängstlich zu. Mit der Zeit jedoch ergriff er die Initiative und zeigte uns, welche Bäume wir fällen sollten.
Als wir die Dreharbeiten beim Kōmyō-Tempel abgeschlossen hatten, ging ich zum Abt, um mich bei ihm zu bedanken. Er blickte mich mit großem Ernst an und sagte mit tiefer Bewegung: »Um aufrichtig zu sein, waren wir anfangs doch recht irritiert, als Sie die Tempelbäume fällten, als wären es die Ihren. Doch dann haben Sie uns mit Ihrer Hingabe und Begeisterung gewonnen. Dem Publikum etwas Gutes zu zeigen – darauf haben Sie all Ihre Kraft konzentriert und sich selbst dabei ganz vergessen. Bis ich Ihnen bei Ihrer Arbeit zusehen konnte, habe ich nicht gewußt, daß die Herstellung eines Films solch eine Kristallisation allergrößter Anstrengungen ist. Das hat mich tief beeindruckt.«
Damit schloß der Abt seine Rede und legte einen Fächer vor mich hin. Zur Erinnerung an unsere Dreharbeiten hatte er einen aus drei Zeichen bestehenden chinesischen Spruch darauf geschrieben: »Nütze der ganzen Menschheit.« Wortlos entließ er mich.
Die Dreharbeiten beim Kōmyō-Tempel und am Rashō-Tor verliefen parallel zueinander. An sonnigen Tagen filmten wir beim Kōmyō-Tempel; war der Himmel bewölkt, drehten wir die Regenszenen beim Tor. Da das Tor so gewaltige Ausmaße hatte, war es keine leichte Aufgabe, den Regen zu erzeugen. Wir liehen uns Feuerwehrwagen aus und gaben volles Rohr. Doch wenn wir die Kamera nach oben auf den Himmel über dem Tor richteten, war vom Regen nichts zu erkennen; deshalb färbten wir ihn mit Tusche schwarz. Tag für Tag arbeiteten wir bei Temperaturen von mehr als dreißig Grad; aber wenn der Wind durch das weit geöffnete Tor blies und der Kunstregen in Strömen niedergoß, dann fror es uns.
Ich mußte sicherstellen, daß dieses gewaltige Tor auch für die Kamera riesig erschien. Und ich mußte herausfinden, wie wir die Sonne nutzen konnten. Das war besonders wichtig, weil den Lichtern und Schatten des Waldes die Schlüsselrolle im ganzen Film zufallen sollte. Ich entschloß mich, das Problem so zu lösen, daß wir die Sonne direkt filmten. Heute ist es durchaus nicht ungewöhnlich, die Kamera direkt auf die Sonne zu richten; doch damals, als wir *Rashōmon* drehten, war dies noch ein absolutes Tabu in der Kameraführung. Man glaubte sogar, die Sonnenstrahlen würden den Film verbrennen, wenn sie durch das Objektiv direkt darauffielen. Doch mein Kameramann Kazuo Miyagawa setzte sich unbekümmert über diese Konvention hinweg und schuf großartige Bilder. Vor allem die Eingangssequenz, die den Zuschauer durch die

Lichter und Schatten des Waldes in eine Welt führt, in der das menschliche Herz sich verirren muß, ist ein wahrhaft meisterhaftes Stück Kameraarbeit. Ich glaube, diese Szene, die später auf dem Filmfestival in Venedig gefeiert wurde, weil hier zum erstenmal die Kamera tief in einen Wald eindrang, ist nicht nur Miyagawas persönliches Meisterstück, sondern auch ein Meisterstück der Schwarzweiß-Filmphotographie, dem Weltrang gebührt.

Ich weiß nicht, was mit mir los war. In meiner Begeisterung über Miyagawas Arbeit vergaß ich ganz, ihm das auch zu sagen. Wahrscheinlich glaubte ich, wenn ich mir selbst »wunderbar« sagte, daß ich es ihm gesagt hätte. Jedenfalls merkte ich nichts von meiner Unterlassungssünde, bis eines Tages Miyagawas alter Freund Takashi Shimura (der den Holzfäller in *Rashōmon* spielte) zu mir kam und mir sagte: »Miyagawa macht sich große Sorgen, ob Sie mit seiner Kameraarbeit zufrieden sind.« Da erst wurde mir klar, daß ich nie davon gesprochen hatte, und rief aus: »Hundert Prozent. Wirklich hundert Prozent für die Kamera. Und noch mehr.«

Es gäbe so viel über *Rashōmon* zu erzählen; aber wenn ich hier all meine Erinnerungen daran aufschriebe, käme ich nie ans Ende. Deshalb will ich zum Abschluß nur noch von einem Vorfall berichten, der einen unzerstörbaren Eindruck bei mir hinterlassen hat und der mit der Musik zusammenhängt.

Als ich das Drehbuch schrieb und dabei über die Darstellung des Geschehens durch die Frau nachdachte, ging mir ein Bolero-Rhythmus durch den Kopf. Ich bat Hayasaka, eine bolero-artige Musik für diese Szene zu schreiben. Als wir zur Vertonung der Szene kamen, setzte Hayasaka sich neben mich und sagte: »Ich will es einmal mit dieser Musik versuchen.« In seinem Gesicht spiegelten sich Unbehagen und Erwartung zugleich. Auch ich war nervös und hatte ein beklemmendes Gefühl in der Brust. Die Leinwand wurde hell und die Szene begann; zugleich begann auch in gedämpftem Rhythmus der Bolero. Während die Szene voranschritt, verstärkte sich auch der Rhythmus, doch Bild und Ton wollten absolut keine Einheit bilden; sie fielen völlig auseinander. »Verdammt«, dachte ich. Die wechselseitige Verstärkung von Ton und Bild, auf die ich gehofft hatte, kam offenbar nicht zustande. Ich brach in kalten Schweiß aus.

Es ging weiter. Die Bolero-Musik wuchs noch stärker an, und plötzlich fielen Bild und Ton in einen vollkommenen Gleichklang. Die Stimmung, die dadurch erzeugt wurde, war ganz und gar unheimlich. Ein eisiger Schauer lief mir über den Rücken, und unwillkürlich schaute ich zu

Hayasaka hinüber. Er sah mich an. Sein Gesicht war bleich, und ich sah, daß ihn dasselbe unheimliche Gefühl erschauern ließ, das auch mich gepackt hatte. Von da an schritten Bild und Musik mit unglaublicher Geschwindigkeit im Gleichschritt voran und übertrafen noch die kühnsten Erwartungen, die ich daran geknüpft hatte. Die Wirkung war äußerst seltsam und überwältigend.

So entstand *Rashōmon*. Während der Dreharbeiten gab es auf dem Gelände der Daiei-Studios zwei Brände. Doch da wir die Feuerwehrspritzen für unsere Arbeiten mobilisiert hatten, waren sie voll einsatzbereit, und der Schaden ließ sich in Grenzen halten.

Nach *Rashōmon* verfilmte ich Dostojewskis *Der Idiot* (*Hakuchi,* 1951), und zwar für Shōchiku. Der Film wurde zum Debakel. Ich geriet mit der Studioleitung aneinander, und als dann die Kritiken herauskamen, da schien es, als wären sie bloße Spiegelungen der von der Studioleitung vertretenen Auffassung. Ausnahmslos waren sie von verletzender Schärfe. Angesichts dieses Desasters zog die Daiei ihr Angebot, ich solle einen weiteren Film für sie machen, zurück.

Ich nahm diese kühle Ankündigung in den Chōfu-Studios der Daiei entgegen. Wie betäubt und in düsterer Stimmung ging ich zum Tor hinaus; den Zug zu nehmen, hatte ich keine Lust; so ging ich denn, über meine schlimme Lage nachsinnend, den ganzen Weg zu Fuß nach Hause. Ich kam zu dem Schluß, daß ich nun wohl für eine Weile »kalten Reis essen« müsse, und fand mich bereits mit dieser Tatsache ab. Es hatte keinen Sinn, sich zu ärgern; deshalb ging ich zum Angeln an den Tamagawa. Ich warf die Leine aus und hatte bald schon zwei Fische gefangen. Da ich keinen Behälter mitgenommen hatte, legte ich meine Ausrüstung beiseite. So war es also, wenn einen das Pech verfolgte, dachte ich mir und machte mich auf den Weg nach Hause.

Tief deprimiert kam ich zu Hause an und hatte kaum noch die Energie, die Eingangstür aufzuschieben. Da kam mir meine Frau entgegengeeilt. »Herzlichen Glückwunsch!« rief sie. »Wozu?« fragte ich ungehalten. »*Rashōmon* hat den Grand Prix bekommen.« *Rashōmon* hatte auf dem Internationalen Filmfestival in Venedig den Großen Preis erhalten, und mir blieb erspart, in Zukunft nur »kalten Reis zu essen«.

Wieder einmal war ein Engel aus dem Nichts erschienen. Ich wußte nicht einmal, daß man *Rashōmon* für Venedig nominiert hatte. Die Vertreterin der Italia-Film in Japan, Giuliana Stramigioli, hatte den Film gesehen und ihn für Venedig empfohlen. Es war, als hätte man die schwerhörigen Ohren der japanischen Filmindustrie mit Wasser ausgespült.

Später erhielt *Rashōmon* dann noch den American Academy Award for the Best Foreign Language Film. Japanische Kritiker vertraten damals die Auffassung, diese beiden Preise seien lediglich Ausdruck der westlichen Neugier und Vorliebe für fernöstliche Exotik – eine Ansicht, die mir unerträglich erschien und erscheint. Warum hat das japanische Volk kein Vertrauen in den Wert des eigenen Landes? Warum müssen die Japaner alles Ausländische in den Himmel heben und alles Japanische abwerten? Selbst die Holzschnitte eines Utamaro, Hokusai oder Sharaku fanden in Japan erst Anerkennung, als der Westen sie entdeckt hatte. Ich habe keine Erklärung für diesen Mangel an Selbstbewußtsein. Ich kann nur am Charakter meines eigenen Volkes verzweifeln.

Epilog

DURCH *Rashōmon* entdeckte ich noch einen weiteren unglücklichen Aspekt der menschlichen Persönlichkeit. Anlaß dazu gab die erste Fernsehausstrahlung von *Rashōmon* vor ein paar Jahren. Damals sendete man daneben auch ein Interview mit dem Präsidenten der Daiei, und ich traute meinen Ohren nicht.

Dieser Mann, der sich von Anfang an nur mit größtem Widerwillen auf das Projekt eingelassen hatte, der den Film nach der Fertigstellung als »unverständlich« bezeichnet und die zuständigen Abteilungsleiter sowie den Produzenten gemaßregelt hatte, nahm nun stolz und ausschließlich die gesamte Ehre dieses Erfolges für sich in Anspruch. Er strich heraus, daß hier zum erstenmal in der Filmgeschichte die Kamera mutig direkt auf die Sonne gerichtet worden sei. Doch in dem ganzen Gespräch erwähnte er kein einziges Mal meinen Namen oder den des Kameramannes, dessen Verdienst dies war: Kazuo Miyagawa.

Während ich dieses Interview verfolgte, hatte ich das Gefühl, in *Rashōmon* zurückversetzt zu sein. Es war, als kämen die pathetischen Selbsttäuschungen des Ich, jene Schwächen, die ich in meinem Film hatte darstellen wollen, nun im wirklichen Leben zum Vorschein. Und tatsächlich fällt es den Menschen sehr schwer, aufrichtig über sich selbst zu sprechen. Wieder einmal wurde ich daran erinnert, daß das menschliche Tier unter einem angeborenen Hang zur Selbstüberschätzung leidet.

Im Grunde habe ich freilich kaum das Recht, den Präsidenten der Daiei zu kritisieren. Ich bin nun so weit in dieser Beinahe-Autobiographie gekommen und fürchte, daß ich es nicht geschafft habe, wirklich aufrichtig über mich zu schreiben; daß ich meine häßlicheren Züge ausgelassen und den Rest mehr oder weniger geschönt habe. Jedenfalls fühle ich mich nicht fähig, unbekümmert weiterzuschreiben. *Rashōmon* war für mich das Tor zum Eintritt in die internationale Filmwelt, und dennoch ist es für mich als Autobiographen unmöglich, durch das Rashō-Tor zu schreiten und die Beschreibung meines Lebens fortzusetzen. Vielleicht werde ich es eines Tages können.

Aber es ist gar nicht so falsch, hier aufzuhören. Ich bin ein Filmemacher; der Film ist mein eigentliches Medium. Ich glaube, wer erfahren möchte, was nach *Rashōmon* aus mir geworden ist, der sieht sich am besten die Figuren in den Filmen an, die ich nach *Rashōmon* gedreht habe. Die Menschen vermögen zwar nicht mit vollkommener Aufrichtigkeit über sich zu sprechen; doch wenn sie sich in anderen Menschen darstellen, fällt es ihnen sehr viel schwerer, die Wahrheit zu umgehen. Dann zeigen sie oft viel von dem, was sie in Wirklichkeit sind. Bei mir, da bin ich ganz sicher, war das der Fall. Nichts sagt so viel über einen schöpferischen Menschen aus wie sein Werk.

Anhang
Einige Randbemerkungen zum Filmemachen

DIE NACHFOLGENDEN BEMERKUNGEN stammen ursprünglich aus dem Jahre 1975 und waren als Ratschläge für junge Leute gedacht, die sich beruflich mit dem Filmemachen beschäftigen wollen. Sie wurden 1975 von der Tōhō veröffentlicht. Audie E. Bock hat sie für die amerikanische Ausgabe überarbeitet.

★

WAS IST KINO? Eine Antwort auf diese Frage zu geben ist nicht leicht. Vor langer Zeit veröffentlichte der japanische Romancier Naoya Shiga einmal einen Aufsatz eines seiner Enkelkinder, der zum Bemerkenswertesten zählt, was es auf dem Gebiet der Prosa in dieser Zeit gab. Er publizierte ihn in einer Literaturzeitschrift. Der Aufsatz hatte den Titel »Mein Hund« und begann folgendermaßen: »Mein Hund ähnelt einem Bär; er ähnelt auch einem Dachs; er ähnelt auch einem Fuchs ...« Im weiteren zählt der Aufsatz noch zahlreiche weitere Besonderheiten dieses Hundes auf, indem er ihn jeweils mit einem anderen Tier vergleicht; am Ende entsteht so eine ganze Liste des Tierreichs. Zum Schluß aber heißt es: »Doch da er ein Hund ist, ähnelt er am meisten einem Hund.«
Ich weiß noch, daß ich laut lachen mußte, als ich diesen Aufsatz las; aber er vermittelt eine durchaus ernstzunehmende Wahrheit. Das Kino ähnelt so vielen anderen Künsten. Es hat ausgesprochen literarische Züge; es hat etwas vom Theater; es hat eine philosophische Seite; es zeigt Merkmale der Malerei und der Bildhauerei und schließlich auch musikalische Elemente. Aber letztlich ist es doch immer Kino.

★

ES GIBT ETWAS, das man als filmspezifische Schönheit bezeichnen könnte. Sie läßt sich nur im Film ausdrücken, und sie darf nicht fehlen, wenn ein Film ein bewegendes Werk sein soll. Wenn sie gut zum Ausdruck gebracht wird, erlebt man ein besonders tiefes Gefühl beim Betrachten des Films. Ich glaube, es ist diese Qualität, die das Publikum ins Kino zieht, und es ist die Hoffnung auf diese Qualität, die den Filmemacher in erster Linie dazu drängt, einen Film zu machen. Anders gesagt: Ich glaube, das Wesen des Films liegt in dieser filmspezifischen Schönheit.

★

WENN ICH ÜBER ein Filmprojekt nachzudenken beginne, habe ich stets eine Reihe von Ideen im Kopf, aus denen ich gerne einen Film machen möchte. Eine dieser Ideen beginnt dann plötzlich zu keimen und zu sprießen; diese Idee wähle ich aus und entwickele sie weiter. Ich habe nie ein Projekt angenommen, das mir ein Produzent oder eine Produktionsgesellschaft angeboten hat. Meine Filme entstehen immer aus dem Wunsch, eine bestimmte Sache zu einem bestimmten Zeitpunkt mitzuteilen. Die Wurzel meiner Filmprojekte ist stets das Bedürfnis, etwas auszudrücken. Das Drehbuch bringt diese Wurzel zum Austreiben und läßt einen Baum daraus werden. Und die Regie sorgt dafür, daß der Baum Blüten ansetzt und schließlich Früchte trägt.

★

ZU DEN AUFGABEN des Regisseurs gehören die Anleitung der Schauspieler, die Kameraführung, die Tonaufnahmen, die Ausstattung, die Musik, der Schnitt, die Vertonung und das Tonmischen. Obwohl man darin je gesonderte Tätigkeiten erblicken kann, halte ich sie nicht für unabhängig. Für mich verschmelzen sie alle in der umfassenden Arbeit des Regisseurs.

★

DER FILMREGISSEUR muß eine Vielzahl von Menschen dazu bewegen, ihm zu folgen und mit ihm zusammenzuarbeiten. Obwohl ich kein Militarist bin, sage ich gerne: Wenn man die Produktionseinheit mit einer Armee vergleicht, dann ist das Drehbuch die Standarte und der Regisseur der Kommandeur der Fronttruppen. Zu keiner Zeit während der Produktion eines Films läßt sich voraussehen, was geschehen wird. Der Regisseur muß auf jede Situation reagieren können, und er muß genügend Führungsqualitäten besitzen, um die ganze Einheit dazu zu bewegen, seinen Reaktionen gemäß zu handeln.

★

OBWOHL DAS DREHBUCH für einen Film ganz im voraus ausgearbeitet wird, ist die dort festgelegte Folge nicht unter allen Umständen auch die interessanteste Art, den Film zu gestalten. Es können unerwartet Dinge geschehen, die eine überraschende Wirkung haben. Kann man diese unvorhergesehenen Möglichkeiten nutzen und in den Film einbauen, ohne dessen Gleichgewicht zu stören, wird das Ganze oft sehr viel interessanter. Dieser Vorgang ähnelt dem, was mit dem Brenngut in einem Brennofen geschieht. Während des Brennens können Ascheteilchen und andere Partikel auf die geschmolzene Glasur niedergehen und zu unerwarteten, aber ästhetisch reizvollen Effekten führen. Bei der Arbeit an einem Film kann es zu ähnlich unerwarteten, aber interessanten Veränderungen kommen; ich nenne sie deshalb gern »Brennofenveränderungen«.

★

AUS EINEM GUTEN Drehbuch kann ein guter Regisseur ein Meisterwerk machen; aus demselben Drehbuch wird bei einem mittelmäßigen Regisseur noch ein passabler Film. Doch aus einem schlechten Drehbuch kann auch ein guter Regisseur keinen guten Film machen. Echtheit des filmischen Ausdrucks läßt sich nur erreichen, wenn Kamera und Mikrophon all ihre Möglichkeiten ausschöpfen können. Das macht den wahren Film aus. Das Drehbuch muß die Voraussetzungen dafür schaffen.

★

EIN GUTER AUFBAU für ein Drehbuch ist die Form der Symphonie mit ihren drei oder vier Sätzen und ihren verschiedenen Tempi. Auch die Struktur des Nō-Stückes mit seinem dreiteiligen Aufbau: *jo* (Einleitung), *ha* (Kampf) und *kyū* (Krise), eignet sich gut für Drehbücher. Wenn Sie sich eingehend mit dem Nō-Theater beschäftigen und etwas daraus lernen, wird es sich ganz von selbst in Ihren Filmen niederschlagen. Das Nō-Theater ist eine gänzlich einzigartige Kunst, die es sonst nirgendwo auf der Welt gib. Das Kabuki-Theater ist meines Erachtens dagegen steril. Für Menschen von heute dürfte freilich die symphonische Struktur am leichtesten zu verstehen sein.

★

WER DREHBÜCHER SCHREIBEN will, sollte zunächst einmal die großen Romane und Dramen der Weltliteratur studieren. Fragen Sie sich, was ihre Größe ausmacht. Was löst die Gefühle aus, die Sie beim Lesen empfinden? Welches Maß an Leidenschaft und welches Maß an nüchterner Präzision mußte der Autor aufwenden, um die Charaktere und Geschehnisse so zu schildern, wie er es getan hat? Lesen Sie sorgfältig und aufmerksam, bis Sie all diese Dinge verstanden haben. Sehen Sie sich auch große Filme an. Lesen Sie die großen Drehbücher und studieren Sie die Filmtheorien großer Regisseure. Wenn Sie Filmregisseur werden wollen, müssen Sie zunächst die Kunst des Drehbuchschreibens beherrschen.

★

ICH WEIß NICHT mehr, wer gesagt hat, Schöpfung sei Erinnern. Meine eigenen Erfahrungen und das, was ich gelesen habe, bleiben mir im Gedächtnis und bilden die Grundlage für meine schöpferische Arbeit. Aus dem Nichts heraus kann ich nichts schaffen. Deshalb habe ich seit meiner Jugend bei meiner Lektüre stets ein Notizbuch zur Hand. Darin notiere ich mir, wie ich reagiere und was mich besonders bewegt. Inzwischen haben sich ganze Stapel solcher Notizbücher angesammelt; darin lese ich, bevor ich ein Drehbuch schreibe. Oft verhelfen gerade sie mir zum Durchbruch. Selbst für einzelne Dialogzeilen ziehe ich sie zu Rate. Ich kann Ihnen also nur empfehlen, Bücher nicht im Bett zu lesen.

★

SEIT ETWA 1940 schreibe ich meine Drehbücher zusammen mit zwei anderen Leuten. Bis dahin hatte ich immer alleine geschrieben, und das war mir auch nicht schwergefallen. Doch wenn man alleine schreibt, besteht die Gefahr, daß die Deutung der Figuren zu einseitig ausfällt. Schreibt man dagegen mit zwei anderen über diese Figuren, so ergeben sich mindestens drei verschiedene Auffassungen, über die man dann diskutieren kann. Auch neigt man als Regisseur leicht dazu, den Helden und die Geschichte in ein Muster zu pressen, das einem bei der Regie die geringsten Schwierigkeiten bereitet. Auch dieser Gefahr kann man begegnen, wenn man gemeinsam mit zwei anderen schreibt.

★

EIN PUNKT, AUF den Sie besonders achten sollten, ist die Tatsache, daß die besten Drehbücher nur wenige Erläuterungen geben. Die deskriptiven Passagen eines Drehbuchs allzusehr aufzublähen ist die gefährlichste Falle, in die Sie tappen können. Es ist leicht, den Gemütszustand einer Figur für einen bestimmten Augenblick zu beschreiben; aber es ist äußerst schwer, diesen Zustand durch feinste Nuancen in Handlung und Dialog zum Ausdruck zu bringen. Unmöglich ist es freilich nicht. Darüber können Sie viel lernen, wenn Sie große Drehbücher lesen; auch Kriminalromane können hier sehr nützlich sein.

★

ICH BEGINNE MIT den Proben in der Schauspielergarderobe. Zunächst lasse ich sie den Text sprechen, dann kommen Schritt für Schritt die Bewegungen hinzu. Kostüme und Make-up gehören von Anfang an dazu. Schließlich wiederholen wir alles am eigentlichen Drehort. Da wir so sorgfältig proben, sind die Dreharbeiten immer sehr kurz. Die Proben beziehen jedoch nicht nur die Schauspieler ein, sondern auch die Kamera, die Beleuchtung und alles übrige.

★

DAS SCHLIMMSTE, WAS ein Schauspieler tun kann, ist, auf die Kamera zu achten. Wenn das Zeichen für die Klappe kommt, spannen sich viele Schauspieler, richten ihr Profil aus und präsentieren sich in ganz unnatürlicher Weise. Die Kamera registriert dieses Sich-seiner-selbst-bewußt-Sein sehr genau. Ich sage dann immer: »Sprechen Sie zu Ihrem Partner. Es ist hier nicht wie auf der Bühne, wo man zum Publikum spricht. Es ist nicht nötig, daß sie in die Kamera schauen.« Doch wenn der Schauspieler weiß, wo die Kamera ist, dreht er sich ganz unwillkürlich ein Drittel oder halb in diese Richtung. Setzt man dagegen mehrere bewegliche Kameras ein, vermag der Schauspieler nicht zu erkennen, welche ihn gerade filmt.

★

WENN EINE SZENE gefilmt wird, muß der Regisseur auf jedes kleinste Detail achten. Das heißt nicht, daß er konzentriert auf die Bühne starren müßte. Wenn die Kameras laufen, sehe ich die Schauspieler selten direkt an; ich blicke vielmehr irgendwo anders hin. Auf diese Weise merke ich sogleich, wenn etwas nicht stimmt. Etwas anschauen heißt nicht, den Blick darauf fixieren, sondern sich des Betrachteten in natürlicher Weise bewußt zu sein. Ich glaube, das ist es, was der mittelalterliche Theaterautor und Nō-Theoretiker Zeami meint, wenn er davon spricht, man solle »mit unbeteiligtem Blick schauen«.

★

VIELE REGISSEURE folgen den Bewegungen der Schauspieler gerne mit einem Zoom. Obwohl es am natürlichsten wäre, wenn die Kamera sich mit derselben Geschwindigkeit bewegte wie der Darsteller, warten viele, bis er stehenbleibt, und gehen dann mit einem Zoom auf ihn. Ich halte das für völlig falsch. Die Kamera sollte dem Schauspieler folgen, wenn er sich bewegt, und sie sollte einhalten, wenn er stehenbleibt. Wenn man diese Regel verletzt, bemerkt der Zuschauer die Kamera.

★

MAN HAT VIEL davon hergemacht, daß ich mehrere Kameras einsetze, wenn ich eine Szene filme. Es begann, als wir *Die sieben Samurai* drehten, und zwar, weil man unmöglich voraussehen konnte, was in der Szene geschehen würde, in der die Banditen das Dorf während eines heftigen Sturmregens angriffen. Hätte ich die Szene in der üblichen Weise Einstellung für Einstellung gefilmt, wäre es kaum möglich gewesen, die Handlung nochmals genau zu wiederholen. Deshalb setzte ich drei Kameras gleichzeitig ein. Das Ergebnis war äußerst überzeugend; also entschloß ich mich, diese Technik auch in weniger turbulenten Szenen einzusetzen; das war dann zum erstenmal wieder in *Ikimono no kiroku* (Ein Leben in Furcht). Als ich *Nachtasyl* drehte, gehörte dieses Verfahren schon fest zu meinem Repertoire.

★

MIT DREI KAMERAS gleichzeitig zu arbeiten ist nicht so einfach, wie es erscheinen mag. Es ist äußerst schwierig, ihre Bewegungen festzulegen. Wenn in einer Szene drei Darsteller auftreten, sprechen und bewegen sie sich frei und ungezwungen. Will man nun zeigen, wie die Kameras A, B und C bei dieser Szene geführt werden müssen, reicht selbst das ausführlichste Drehbuch nicht aus. Auch verstehen die meisten Kameraleute so komplizierte Skizzen für die Kameraführung gar nicht. In Japan dürften die einzigen Kameraleute, die das beherrschen, Asakazu Nakai und Takao Saito sein. Die drei Kameras haben bei Beginn und am Schluß der Szene ganz andere Positionen, und dazwischen durchlaufen sie noch mehrere Stationen. Verallgemeinernd könnte ich sagen: Kamera A erhält die orthodoxeste Position; Kamera B setze ich für schnelle, knappe Einstellungen ein, und Kamera C dient mir als eine Art Guerilla-Einheit.

*

DIE ARBEIT DER Beleuchtungstechniker ist überaus kreativ. Wirklich gute Beleuchter haben ihren eigenen Plan, den sie natürlich auch mit dem Kameramann und dem Regisseur besprechen. Doch wenn er kein eigenes Konzept einbringt, reduziert sich seine Arbeit auf die bloße Ausleuchtung der Szene. Ich glaube übrigens, daß die gegenwärtige Beleuchtungspraxis für Farbfilme falsch ist. Damit die Farben gut herauskommen, überflutet man alles mit Licht. Ich sage immer, man solle genauso vorgehen wie beim Schwarzweißfilm, ob die Farben nun kräftig herauskommen oder nicht, damit auch die Schatten zur Geltung kommen.

*

MIR WIRD OFT vorgeworfen, ich sei zu anspruchsvoll bei der Ausstattung, ich ließe der Authentizität wegen Dinge anfertigen, die im Film dann gar nicht sichtbar seien. Auch wenn ich selbst nicht darauf achte, so tut es mein Team für mich. Der erste japanische Regisseur, der eine authentische Ausstattung forderte, war Kenji Mizoguchi, und die Dekoration in seinen Filmen ist wirklich ausgezeichnet. Ich habe viel von ihm gelernt, und dazu gehört an erster Stelle auch die Sorgfalt bei der Ausstattung. Die Qualität der Ausstattung hat großen Einfluß auf die Qualität der Darstellung; wenn der Grundriß eines Hauses und der Zuschnitt eines Raumes der Realität entsprechen, kann der Schauspieler sich darin ganz natürlich bewegen. Wenn ich ihm dagegen sage, er solle nicht darüber nachdenken, welche Lage dieses Zimmer im Verhältnis zum übrigen Haus hat, dann ist ihm diese Natürlichkeit verwehrt. Deshalb lasse ich die Dekoration immer so bauen wie die reale Räumlichkeit, für die sie steht. Das behindert zwar gelegentlich die Aufnahmen, aber es stärkt das Gefühl der Authentizität.

★

SOBALD ICH MIT einem Film beginne, denke ich nicht nur über die Musik, sondern auch über die Soundeffekte nach. Bevor ich eine Szene filme, überlege ich mir – neben all den übrigen Dingen –, wie der Ton beschaffen sein soll. In einigen meiner Filme, etwa in *Die sieben Samurai* und *Yojimbo,* habe ich für die verschiedenen Hauptfiguren oder für verschiedene Gruppen von Figuren unterschiedliche Themenmusiken eingesetzt.

★

SEIT FUMIO HAYASAKA die Musik zu meinen Filmen schreibt, habe ich meine Vorstellungen über die Verwendung der Musik verändert. Bis dahin war Filmmusik für mich nicht mehr als Begleitung – zu einer traurigen Szene gehörte traurige Musik. So denken die meisten über den Einsatz der Musik im Film, aber diese Verwendungsweise ist ineffektiv. Seit *Betrunkener Engel* unterlege ich bestimmte traurige Schlüsselszenen mit einer fröhlichen Musik; überhaupt setzte ich die Musik abweichend von der Norm ein, d. h., ich setze sie nicht so ein, wie die meisten es tun. Die Zusammenarbeit mit Hayasaka hat mich gelehrt, den üblichen Gleichklang zwischen Bild und Musik zugunsten einer kontrapunktischen Verwendung der Musik aufzugeben.

★

FÜR DEN FILMSCHNITT braucht man vor allem Objektivität. So schwer es auch gewesen sein mag, eine bestimmte Einstellung zu filmen, das Publikum wird davon nie etwas merken. Wenn etwas nicht interessant ist, dann ist es einfach nicht interessant. Man kann beim Drehen noch so begeistert bei der Sache gewesen sein, wenn von dieser Begeisterung nichts auf die Leinwand kommt, muß man genügend Objektivität aufbringen und die Einstellung weglassen.

★

DER FILMSCHNITT IST wirklich eine interessante Tätigkeit. Wenn das aufgenommene Material von der Entwicklung kommt, zeige ich es meinem Team nur selten in dieser Rohform. Statt dessen gehe ich jeden Tag nach den Dreharbeiten noch für drei Stunden in den Schneideraum und erarbeite mit dem Cutter eine Rohfassung. Erst diese Fassung führe ich dem Team vor. Das ist deshalb notwendig, weil erst diese Fassung wirklich das Interesse an der Arbeit zu stärken vermag. Manchmal verstehen sie nicht, was sie da filmen oder warum sie tagelang arbeiten, um eine bestimmte Einstellung in den Kasten zu bekommen. Wenn sie dann die rohgeschnittene Fassung mit dem Ergebnis ihrer Arbeit sehen, fassen sie wieder neuen Mut. Überdies brauche ich auf diese Weise nach Abschluß der Dreharbeiten nur noch die Endfassung herzustellen.

*

ICH WERDE OFT gefragt, warum ich das, was ich mir in Jahren erarbeitet habe, nicht an junge Leute weitergebe. Tatsächlich täte ich das sehr gerne. Neunundneunzig Prozent derer, die bei mir als Regieassistenten gearbeitet haben, sind inzwischen selbst Regisseure. Aber ich glaube nicht, daß auch nur einer von ihnen sich wirklich die Mühe gemacht hat, die wichtigsten Dinge zu lernen.

Filmographie

Angeführt sind jeweils der bzw. die gebräuchlichen deutschen Verleihtitel und – in Klammern – der japanische Originaltitel.
Detaillierte Angaben in: Donald Richie, *The Films of Akira Kurosawa,* Berkeley and Los Angeles/California 1983; Aldo Tassone, *Akira Kurosawa,* Paris 1983; Keiko Yamana, *Der japanische Film. Geschichte und Ästhetik,* München/Luzern 1985.

1943 *Sugata Sanshirō* (Sanshirō Sugata)

2166 m, 80 Min. SW. Tōhō-Produktion. Drehbuch: Akira Kurosawa nach einem Roman von Tsuneo Tomita. Kamera: Akira Mimura.

1944 *Am allerschönsten* (Ichiban utsukushiku)

2324 m, 85 Min. SW. Produktion: Tōhō. Drehbuch: Akira Kurosawa. Kamera: Joji Ohara.

1945 *Sanshirō Sugata II* (Zoku Sugata Sanshirō)

2268 m, 83 Min. SW. Produktion: Tōhō. Drehbuch: Akira Kurosawa nach einem Roman von Tsuneo Tomita. Kamera: Hiroshi Suzuki.

Die Männer, die dem Tiger auf den Schwanz traten oder *Die Tigerfährte* (Tora no o o fumu otokotachi)

1575 m, 58 Min. SW. Produktion: Tōhō. Drehbuch: Akira Kurosawa nach dem Kabuki-Stück *Kanjincho.* Kamera: Takeo Ito.

1946 *Erbauer des Morgens* (Asu o tsukuru hitobito)

2250 m, 81 Min. SW. Produktion: Tōhō. Drehbuch: Yusaku Yamagata und Kajiro Yamamoto. Kamera: Takeo Ito, Mitsui Miura und Taiichi Kankura. Regie: Kajiro Yamamoto, Hideo Sekigawa und Akira Kurosawa.

Ich bereue meine Jugend nicht oder *Kein Bedauern für meine Jugend* (Waga seishun ni kui nashi)

3024 m, 110 Min. SW. Produktion: Tōhō. Drehbuch: Eijiro Hisaita und Akira Kurosawa. Kamera: Asakazu Nakai.

1947 *An einem wunderschönen Sonntag* oder *Ein wunderschöner Sonntag* (Subarashiki nichiyobi)

2950 m, 108 Min. SW. Produktion: Tōhō. Drehbuch: Keinosuke Uekusa und Akira Kurosawa. Kamera: Asakazu Nakai.

1948 *Engel der Verlorenen, Betrunkener Engel* oder *Der trunkene Engel* (Yoidore tenshi)

2690 m, 98 Min. SW. Produktion: Tōhō. Drehbuch: Keinosuke Uekusa und Akira Kurosawa. Kamera: Takeo Ito.

1949 *Stilles Duell* oder *Das stumme Duell* (Shizuka naru kettō)

2591 m, 95 Min. SW. Produktion: Daiei. Drehbuch: Senkichi Taniguchi nach einem Stück von Kazuo Kikuta. Kamera: Shoichi Aisaka.

Der streunende Hund oder *Ein herrenloser Hund* (Nora inu)

3342 m, 122 Min. SW. Produktion: Shin Tōhō. Drehbuch: Ryuzo Kikushima und Akira Kurosawa. Kamera: Asakazu Nakai.

1950 *Skandal* (Shubun)

2860 m, 104 Min. SW. Produktion: Shochiku. Drehbuch: Ryuzo Kikushima und Akira Kurosawa. Kamera: Toshio Ubukata.

Rashōmon (Rashōmon)

2406 m, 88 Min. SW. Produktion: Daiei. Drehbuch: Shinobu Hashimoto und Akira Kurosawa nach Novellen von Ryunosuke Akutagawa. Kamera: Kazuo Miyagawa.

1951 *Der Idiot* (Hakuchi)

4543 m, 166 Min. SW. Produktion: Shochiku. Drehbuch: Eijiro Hisaita und Akira Kurosawa nach dem Roman von Dostojewski. Kamera: Toshio Ubukata.

1952 *Einmal wirklich leben* oder *Leben!* (Ikiru)

3918 m, 143 Min. SW. Produktion: Tōhō. Drehbuch: Shinobu Hashimoto, Hideo Oguni und Akira Kurosawa. Kamera: Asakazu Nakai.

1954 *Die sieben Samurai* (Shichinin no samurai)

4401 m, 160 Min. SW. Produktion: Tōhō. Drehbuch: Shinobu Hashimoto, Hideo Oguni und Akira Kurosawa. Kamera: Asakazu Nakai.

1955 *Ein Leben in Furcht* (Ikimono no kiroku)

3103 m, 113 Min. SW. Produktion: Tōhō. Drehbuch: Shinobu Hashimoto, Hideo Oguni und Akira Kurosawa. Kamera: Asakazu Nakai.

1957 *Das Schloß im Spinnwebwald* (Kumonosu-jo)

3006 m, 110 Min. SW. Produktion: Tōhō. Drehbuch: Shinobu Hashimoto, Ryuzo Kikuschima, Hideo Oguni und Akira Kurosawa nach Shakespeares *Macbeth*. Kamera: Asakazu Nakai.

Nachtasyl (Donzoko)

3744 m, 137 Min. SW. Produktion: Tōhō. Drehbuch: Hideo Oguni und Akira Kurosawa nach Gorkijs gleichnamigem Theaterstück. Kamera: Kazuo Yamasaki.

1958 *Die verborgene Festung* (Kakushi toride no san-akunin)

3802 m, 139 Min. Breitwand, SW. Produktion: Tōhō. Drehbuch: Shinobu Hashimoto, Ryuzo Kikushima, Hideo Oguni und Akira Kurosawa. Kamera: Kazuo Yamasaki.

1960 *Die Bösen schlafen gut* oder *Die Verworfenen schlafen gut* (Warui yatsu hodo yoku nemuru)

4132 m, 151 Min. Breitwand, SW. Produktion: Kurosawa Films. Drehbuch: Shinobu Hashimoto, Hideo Oguni, Ryuzo Kikushima, Eijiro Hisaita und Akira Kurosawa. Kamera: Yuzuru Aizawa.

1961 *Yojimbo, der Leibwächter* oder *Die Leibwache* (Yojimbo)

3025 m, 110 Min. Breitwand, SW. Produktion: Kurosawa Films. Drehbuch: Ryuzo Kikushima und Akira Kurosawa. Kamera: Kazuo Miyagawa.

1962 *Sanjuro* (Tsubaki Sanjuro)

2685 m, 96 Min. Breitwand, SW. Produktion: Kurosawa Films. Drehbuch: Ryuzo Kikushima, Hideo Oguni und Akira Kurosawa nach dem Roman von Shugoro Yamamoto. Kamera: Fukuzo Koizumi.

1963 *Zwischen Himmel und Hölle* (Tengoku to jigoku)

3924 m, 143 Min. Breitwand, SW. Produktion: Kurosawa Films. Drehbuch: Ryuzo Kikushima, Hideo Oguni und Akira Kurosawa nach dem Roman *King's Ransom* von Ed McBain. Kamera: Asakazu Nakai.

1965 *Rotbart* (Akahige)

5069 m, 185 Min. Breitwand, SW. Produktion: Kurosawa Films. Drehbuch: Ryuzo Kikushima, Hideo Oguni, Masato Ide und Akira Kurosawa nach dem gleichnamigen Roman von Shugoro Yamamoto. Kamera: Asakazu Nakai und Takao Saito.

1970 *Dodeskaden – Menschen im Abseits* (Dodes'Ka-Den)

140 Min. (Originalfassung: 244 Min.). Farbe. Produktion: Yonki no Kai/Tōhō. Drehbuch: Hideo Oguni, Shinobi Hashimoto und Akira Kurosawa nach Kurzgeschichten von Shugoro Yamamoto. Kamera: Takao Saito.

1975 *Uzala, der Kirgise* (Dersu Uzala)

3900 m, 141 Min. Farbe. Hergestellt in der UdSSR von Nikolai Sishizov und Yoichi Matsue für Mosfilm/Nippon. Drehbuch: Yuri Nagibin und Akira Kurosawa nach einem Reisebericht von Wladimir Arsenjew. Kamera: Asakazu Nakai, Yuri Gantman und Fiodor Dobronarow.

1980 *Kagemusha* oder *Kagemusha – Der Schatten des Kriegers* (Kagemusha)

5012 m, 179 Min. Breitwand, Farbe. Produktion: Tōhō/Kurosawa Films. Drehbuch: Masato Ide und Akira Kurosawa. Kamera: Takao Saito, Masaharu Ueda, Kazuo Miyagawa, Asagazu Naki. Ausstattung: Yoshiro Muraki.

1986 *Ran* (Ran)

162 Min. Breitwand, Farbe. Produktion: Herald Ace Nippon / Herald Greenwich. Drehbuch: Hideo Oguni, Masato Ide und Akira Kurosawa nach Shakespeares *King Lear*. Kamera: Takao Saito.

Anmerkungen

Ein ˆ über einem Vokal zeigt die Längung des betreffenden Vokals an, z. B. ô, gesprochen etwa wie das O in Ofen, ohne Längungszeichen etwa wie das O in offen.

Seite 13
Sashimi
Kleine, mundgerecht geschnittene Scheiben oder Stückchen von Fischen, Muscheln und Krebsen, die als Vor- oder Zwischengericht roh verzehrt werden. Das rote Thunfischfleisch gilt als besondere Delikatesse.
Sushi
Mit Essig leicht angesäuerte Röllchen, Schnitten oder Bällchen aus Reis, die, zumeist mit rohen Fischscheiben oder Omelettstückchen belegt, kalt verzehrt werden.

Seite 15
Sumô
Eine japanspezifische Art des Ringkampfes, die heute vor allem professionell von sehr schwergewichtigen Männern betrieben wird.

Seite 16
Nichigeki-Filmtheater
Eigentl. Nihon Gekijô (japanisches Theater). 1933 im Stadtteil Yûrakuchô im Zentrum Tôkyôs errichtetes Theatergebäude, das 1935 von der Filmgesellschaft Tôhô, die 1938 auch ihre eigene Theaterabteilung gründete, erworben wurde. Gilt noch heute als eines der bedeutendsten Lichtspielhäuser Japans.

Seite 18
Meiji-Zeit
1868 bis 1912, die Regierungszeit des Kaisers Mutsuhito, so benannt nach der Devise »Meiji« (etwa: Erleuchtete Regierung), unter der Kaiser Mutsuhito nach heftigen innenpolitischen Auseinandersetzungen sein Amt antrat. Es ist dies die Zeit, da Japan in äußerst raschem Tempo den Anschluß an die damals fortgeschrittensten Länder der Welt suchte und fand und den Schritt aus dem Mittelalter in die Moderne tat.
Hakama
Hauptsächlich von Männern getragenes hosenrockartiges Kleidungsstück, das heute höchstens noch bei sehr feierlichen Anlässen benutzt wird.
Holzpantinen
Gemeint sind »Geta«. Sie bestehen aus einem flachen Brett mit zwei Querhölzern darunter. Zwei von einem gemeinsamen Punkt vorn auf dem Brett ausgehende Riemen spannen sich nach der einen Seite über die große Zehe und nach der anderen Seite über die übrigen Zehen. Man schlüpft entweder mit nackten Füßen in diese Sandalen oder trägt dazu Tabi, Socken aus festem weißen Baumwollstoff, bei denen die große Zehe von den übrigen getrennt ist.

Seite 23
Taishô-Zeit
1912 bis 1926, Regierungszeit des Kaisers Yoshihito, benannt nach dessen Regierungsdevise »Taishô« (etwa: Große Gerechtigkeit), gekennzeichnet durch industriellen Aufschwung und zugleich durch Verschärfung der gesellschaftlichen Widersprüche, die zur Profilierung einer revolutionären Bewegung führten.
Kei-chan
-chan, einem Namen oder nur den ersten Silben eines Namens (Ruf- oder Familienname) nachgestellt, weist auf einen sehr vertraulichen freundschaftlichen Umgang mit der betreffenden Person hin, entspricht im offizielleren Sprachgebrauch dem -san, das etwa soviel wie Herr, Frau, Fräulein bedeutet, also Mittel des Höflichkeitsausdrucks ist.

Seite 24
Stunde des Ochsen
Nach chinesischem Vorbild erfolgte auch in Japan die Stundeneinteilung eines Tages nach den zwölf Tierkreiszeichen in der Reihenfolge Ratte, Ochse, Tiger, Hase, Drache, Schlange, Pferd, Widder, Affe, Hahn, Hund und Bär, wobei die Stunde der Ratte die Zeit von 0 bis 2 Uhr und demzufolge die Stunde des Ochsen die Zeit von 2 bis 4 Uhr umfaßt.

Seite 25
Kuro-chan
(Vgl. Anmerkung zu S. 23) Hier wird der viersilbige Familienname in der Anrede auf die beiden Anfangssilben verkürzt. Diese Verkürzung mit dem nachgestellten -chan bringt den herzlichen Ton zum Ausdruck, mit dem sich der Lehrer an den Schüler wendet.

Seite 28
Puppenfest am 3. März
Ursprünglich nur ein Fest für Mädchen, bei dem Puppen (keine Spiel-, sondern ausschließlich traditionelle Zierpuppen) auf einem »Puppenregal« mit dem dazugehörigen Miniaturhausrat zum Anschauen aufgestellt wurden.

Seite 29
Kohlenpfanne
Gemeint ist ein Holzkohlenbecken, in dem glühende Holzkohlestückchen meist auf einer Schicht feinen Sandes liegen.
Sake
Aus Vergärung von Reis gewonnener Wein, der in der Regel angewärmt aus kleinen Porzellanschälchen getrunken wird.
hölzerne Trommel
Gemeint ist ein oft als Fisch geformtes Schlagholz, das bei einer Totenfeier vom buddhistischen Priester mit einem hölzernen Schlagstock geschlagen wird.

Seite 31
Hachiman-Schrein
In der europäischen Japan-Literatur hat sich als Bezeichnung für Kultbauten des Buddhismus »Tempel« und als Bezeichnung für die der autochthonen japanischen Religion, des Shintô oder Shintôismus, »Schrein« eingebürgert. Hachiman ist der Kriegsgott.

Seite 32
Shûgorô Yamamoto
Sehr populärer Autor von gehobener Unterhaltungsliteratur (1903 bis 1967), der ein Gesamtwerk von 33 umfangreichen Bänden hinterließ. Mit dem Roman »Nihon fudô-ki« (1942/1945; wörtl.: »Chronik des Weges japanischer Frauen«) erregte er besondere Aufmerksamkeit.

Seite 33
Tenpura
(auch Tempura geschrieben) Ein heute in der japanischen Küche sehr beliebtes Gericht, das angeblich von Portugiesen oder Spaniern im 16. Jahrhundert nach Japan gebracht worden sein soll. Gemüsestückchen, Fisch und vor allem Krebse werden in eine Art Eierkuchenteig getaucht, in Pflanzenöl gebacken und möglichst heiß verzehrt.
Tatami-Matten
Aus Reisstroh und Binsen geflochtene Matten von mehreren Zentimetern Dicke, mit denen der gedielte Fußboden aller Zimmer des Wohnbereichs eines traditionellen japanischen Wohnhauses bedeckt wurde. Ihre Größe ist seit Jahrhunderten genormt: ca. 180 cm × 90 cm. Nach der Anzahl der Matten wird noch heute die Fläche eines Zimmers angegeben.

Seite 34
Shintô-Gottheiten
(Vgl. Anmerkung zu S. 31) Der Shintô ist ein erst im 6. Jahrhundert geprägter Begriff für die religiösen Praktiken sehr unterschiedlicher Art, die ihren Ursprung in Japan haben. Der mit starken Elementen des Animismus und der Naturverehrung durchsetzte Shintô besitzt weder einen Begründer noch ein festgeschriebenes Lehrsystem. Auch personifizierte Kultbilder waren ihm ursprünglich fremd.

Seite 37
Bettnische
Gemeint ist das »Tokonoma«, eine Schmuck- oder Bildnische, die seit dem 15. Jahrhundert Bestandteil der japanischen Wohnhausarchitektur wurde und im Hauptzimmer des Hauses zur ästhetischen Präsentation eines einzelnen Kunstwerkes dient.
T'ang-Dynastie
618 bis 907, gilt in der chinesischen Geschichte als die Periode der höchsten wirtschaftlichen und kulturellen Entfaltung des feudalen China, in der im literarisch-künstlerischen Bereich zahlreiche Werke entstanden, die über Jahrhunderte hinweg nicht nur in China, sondern auch in Japan normativen Charakter trugen.

Seite 38

Tsos Kommentar zu den Frühlings- und Herbstannalen

Ursprünglich ein wahrscheinlich umfangreiches chinesisches Werk, das der Überlieferung nach von einem gewissen Tso Ch'iu-ming zwischen 368 und 300 v. d. Z. verfaßt sein soll. Erhalten geblieben ist lediglich ein Teil, der als »Kommentar« der »Frühlings- und Herbstannalen«, eines der fünf kanonischen Werke des Konfuzianismus, bezeichnet wird.

Bonsai-Bäumchen

Vor allem Nadel- aber auch Laubgehölze, die durch gärtnerische Kunstgriffe in ihrem Wachstum so gehindert werden, daß sie zwar ihre charakteristischen Formen, nicht aber ihre natürliche Größe erreichen und als Zierbäumchen in Töpfen und Schalen Schmuckgegenstände von oft nicht geringem Wert sind.

Seite 39

Kuro-san

(Vgl. Anmerkung zu S. 25) Die Endsilbe -san, statt -chan weist auf eine weniger vertraute Stellung des Ansprechenden mit dem Angesprochenen hin. Die Verkürzung des Namens Kurosawa auf Kuro hingegen läßt den Ton nicht allzu offiziell werden und ist an sich nur in Künstlerkreisen üblich.

Shikibu Murasaki

Die Hofdame Murasaki (um 978 bis um 1015) schuf mit ihrer umfangreichen »Geschichte vom Prinzen Genji« (vermutlich zwischen 1001 und 1014), die vor allem von den zahlreichen Liebesabenteuern des Prinzen Genji handelt, das erste bedeutende Werk der japanischen Erzählprosa, das heute zugleich von zahlreichen Literaturwissenschaftlern als der erste psychologische Roman der Weltliteratur angesehen wird.

Shônagon Sei

Die Hofdame Sei (um 966 bis um 1016) verfaßte um 1000 die »Kopfkissenhefte«, eine lose Sammlung von Aphorismen, essayartigen Berichten und skizzenhaften oder anekdotischen Geschichten.

Heian-Zeit

794 bis 1185, Zeit der politischen und kulturellen Vorherrschaft des Adels am kaiserlichen Hof in Heian (alte Bezeichnung für Kyôto).

Seite 44

Ryôtarô Shiba

Vielgelesener, sehr produktiver Romancier und Essayist, geb. 1923, dessen Gesamtwerk bis 1984 auf 50 umfangreiche Bände angewachsen war. Sein Roman »Wolken über den Bergen« (1969/1972, 6 Bände) behandelt vor allem die Zeit vom Chinesisch-japanischen bis zum Russisch-japanischen Krieg (1894/1895 bis 1904/1905), die Jahre des raschen Aufstiegs Japans zu einer imperialistischen Macht.

Tôfu-Verkäufer

Tôfu: weiße quarkartige Masse aus Sojabohnen, die in der japanischen Küche zur Abdeckung des Eiweißhaushaltes vielfältige Verwendung findet.

Löwentanz

Tanz, den ein oder mehrere als Löwen verkleidete Tänzer zur Vertreibung böser Geister aufführen.

Seite 46
Kanda-Viertel
Stadtteil in Tôkyô, berühmtes Zentrum der Buchproduktion und des Buchhandels. Jimbôchô ist eine der zentralen Kreuzungen in diesem Viertel.

Seite 48
Kunstnische
Gemeint ist das »Tokonoma« (vgl. Anmerkung zu S. 37).

Seite 49
Asakusa
Vergnügungsviertel in Tôkyô mit zahlreichen Kinos und Varieté-Theatern.

Seite 50
Miso-Bohnenpaste
Durch Vergärung von Sojabohnen und Reis oder Weizen hergestellte bräunliche Paste, die in vielfältiger Weise in der japanischen Küche verwendet wird, auch für eine Suppe, mit der u. a. jedes traditionelle japanische Frühstück beginnt.
Tenpura mit Buchweizennudeln
(Vgl. Anmerkung zu S. 33) Ein billiges volkstümliches Gericht: eine Schüssel mit Nudeln aus dunklem Buchweizenmehl, mit einer Brühe übergossen und mit Tenpura garniert.

Seite 52
Shûsaku Chiba (richtig: Shiba)
1794 bis 1855, ein Fechtmeister aus dem Norden Japans, der in Edo (heute Tôkyô) seine eigene Schule begründete.
Musashi Miyamoto
Gestorben 1645, einer der bedeutendsten japanischen Meister des Schwertkampfes, auch als Maler berühmt geworden; Hauptgestalt des gleichnamigen historischen Romans von Eiji Yoshikawa (1892 bis 1962).
»Der Frosch in seinem Brunnen
ahnt nichts von der Weite des Meeres«, lautet das Sprichwort.

Seite 60
Kôrakuen
Das weitläufige Gelände des ehemaligen Wohnsitzes der Fürstenfamilie Mito ist heute eine Art Sport- und Freizeitzentrum mit einem großen Baseball-Stadion zum Mittelpunkt.
Ichiyô Higushi (richtig: Higuchi)
1872 bis 1896, erste bedeutende Novellistin der modernen japanischen Literatur, die in ihren Werken – ihr Gesamtwerk umfaßt lediglich 21 Novellen – mit tiefem Mitgefühl vor allem das Schicksal von Menschen aus den untersten Gesellschaftsschichten nachzeichnete.

Seite 61
Doppo Kunikida
1871 bis 1908, Lyriker und Novellist, dessen Schaffen stark zum Romantischen tendiert. In dem einfachen Menschen aus den untersten Volksschichten sieht er den Träger der Geschichte und der wahren Humanität.
Sôseki Natsume
1867 bis 1916, gilt als der erste große Romancier der modernen japanischen Literatur.
Kantô
Gemeint ist das am 1. 9. 1923 von einem verheerenden Erdbeben heimgesuchte Kantô-Gebiet, die dichtbesiedelte Ebene, in der u. a. Tôkyô und Yokohama liegen.

Seite 71
drei heilige Schätze des kaiserlichen Hofes
Gemeint sind die Insignien der Tennô-Herrschaft: Spiegel, Schwert und Krummjuwelen, die der Mythologie nach die Sonnengöttin, von der das japanische Herrscherhaus seine Herkunft ableitet, ihrem Enkel Ninigi übergab, als sie ihm den Auftrag erteilte, auf die Erde hinabzusteigen, um die Herrschaft über die japanischen Inseln anzutreten.

Seite 75
Shôwa-Zeit
Unter der Devise »Shôwa« (etwa: Erleuchteter Friede) trat der jetzige Kaiser Hirohito 1926 sein Amt an. Das 62. Jahr der Shôwa-Zeit – so erfolgt die offizielle Jahreszählung in Japan – ist das Jahr 1987.
Sakae Ôsugi
1885 bis 1923, war eine der führenden Persönlichkeiten der sozialistischen Bewegung. Er wurde im Zusammenhang mit der nach dem Erdbeben vom 1. 9. 1923 im Kantô-Gebiet entfachten Pogromstimmung mit anderen linksgerichteten Intellektuellen verhaftet und von der Polizei ermordet.

Seite 78
Kriegerfamilie der Genji
Besser bekannt unter dem Namen Minamoto, eine weitverzweigte Kriegerfamilie, die im ausgehenden 12. Jahrhundert dem Hofadel die Macht entriß und das bis 1868 währende Herrschaftssystem des Kriegeradels begründete, an dessen Spitze der Shôgun trat, während der Tennô (Kaiser) nur noch nominell Träger der Staatshoheit war.

Seite 84
Schwimmunterricht im kankairyû-Stil
Eine in der Mitte des 19. Jahrhunderts aufkommende Schwimmtechnik, die dem heutigen Bruststil im Schwimmsport ähnelte.

Seite 85
Genji-Krieger
(Vgl. Anmerkung zu S. 78) Hier handelt es sich um eine Seitenlinie der Kriegerfamilie Minamoto (Genji), die den Namen Abe annahm. Yoritoki aus der Familie der Abe hatte in Nordjapan eine Rebellion angezettelt und Yoriyoshi aus der Familie der Minamoto erhielt

den Befehl, die Aufständischen niederzuwerfen, was ihm nach neunjährigen Feldkriegen (1055 bis 1062) schließlich gelang. – Hier scheint ein Übersetzungsfehler vorzuliegen: Yoritoki zog nicht mit, sondern gegen Yoriyoshi in den Krieg.
Benkei in dem berühmten Kabuki-Stück Kanjinchô
Benkei, die Hauptfigur in dem Stück, ist der legendenumwobene treue Vasall des Yoshitsune aus dem Hause der Minamoto (1153 bis 1189), der für seinen Bruder Yoritomo (1147 bis 1199), der die Shôgunatsregierung begründete, die militärischen Siege erstritt, sich dann mit ihm überwarf und in den Norden Japans fliehen mußte. Das Stück handelt davon, wie Yoshitsune nur durch eine List seines Getreuen Benkei der Gefangennahme an einer Grenzstelle entgeht.
Kabuki ist ein Genre des japanischen Theaters, das Elemente des Sing-, Tanz- und Schauspiels vereint und sich im Zusammenhang mit dem wirtschaftlichen Aufstieg und der kulturellen Emanzipationsbestrebungen des frühen Bürgertums Anfang des 17. Jahrhunderts herausbildete.
Das Stück »Kanjinchô« (»Die Spendenliste«) zählt noch heute zu den beliebtesten Stücken im Repertoire der Kabuki-Bühne. Es erlebte seine Erstaufführung 1840.

Seite 86
Jingorô Hidari
Angeblich ein Zimmermann des ausgehenden 16. und beginnenden 17. Jahrhunderts, der sich als Architekt und Holzbildhauer einen Namen gemacht haben soll. Eindeutige Beweise für die Existenz eines Künstlers dieses Namens gibt es nicht.
Masamune Okazaki
Einer der bedeutendsten Schwertschmiede in der Geschichte der japanischen Schwertschmiedekunst. Seine Lebensdaten sind nicht überliefert.
No-Theater (richtig: Nô-Theater)
Das Nô-Theater ist die älteste Form japanischer Theaterkunst. Sie entstand im 14. Jahrhundert als eine unauflösliche Einheit von Tanz, Musik, Gestik und Wort auf dem Hintergrund einer sich konsolidierenden, vom Kriegeradel bestimmten Feudalgesellschaft, deren Lebensauffassung weitgehend vom Zen-Buddhismus durchdrungen ist.

Seite 89
Nitten-Ausstellung
Eine im Gegensatz zu den von einzelnen Künstlerverbänden organisierten Ausstellungen seit 1907 vom Kultusministerium, später von der Akademie der Künste durchgeführte, gleichsam offizielle nationale Ausstellung von Werken der bildenden Kunst.
Vorfälle vom 15. März
Bei einer landesweiten Polizeiaktion am 15. 3. 1928 wurden mehr als 1000 Mitglieder der Kommunistischen Partei Japans, die nach längeren inneren Auseinandersetzungen zunehmend an Einfluß gewann, verhaftet.
Ermordung des mandschurischen Oberbefehlshabers
Mit der wachsenden Repression nach innen ging eine Aggression nach außen einher, die sich vorerst besonders auf China richtete. Am 4. 6. 1928 fiel Marschall Chang Tso-lin, der Nordostchina militärisch beherrschte, einem Mordanschlag zum Opfer, gleichsam als Vorbereitung auf eine japanische Militäraktion im September 1931, die zur Besetzung Nordostchinas führte und 1932 zur Etablierung des Marionettenstaates Mandschuko.

Seite 90
Shinkokugeki
(Neues Nationaltheater) Eine 1917 von dem Schauspieler Shôjiro Sawada (1892 bis 1929) ins Leben gerufene Schauspielergruppe, die sich innerhalb der auf Schaffung eines modernen Sprechtheaters nach europäischem Vorbild abzielenden Shingeki-Bewegung für ein neues Volkstheater einsetzte.
Tsukiji-Kammerspiele
Ein von dem theaterbegeisterten Grafen Yoshi Hijikata 1924 auf eigene Kosten im Stadtteil Tsukiji von Tôkyô errichtetes kleines Theater mit 400 Plätzen, das zum ersten festen Haus innerhalb der Bewegung für ein neues Theater wurde und in dem in den ersten drei Jahren seines Bestehens ausschließlich europäische Stücke aufgeführt wurden.
Kaoru Osanai
1881 bis 1928, einer der Pioniere der Bewegung für ein neues Theater. Er gründete 1909 die Theatergruppe Jiyûgekijô (Freie Bühne) und folgte als Regisseur im wesentlichen Stanislawski.
Hidemaro Konoe
1898 bis 1973, erster Dirigent des 1925 gebildeten Neuen Symphonieorchesters, das als erstes professionelles Symphonieorchester Japans zu gelten hat.

Seite 91
Gesetz zur Friedenssicherung
(Gesetz zur Aufrechterhaltung des öffentlichen Friedens) Wurde im März 1925 erlassen, um dem zunehmenden Einfluß der Arbeiterbewegung und linker Kräfte drakonisch entgegenzuwirken.

Seite 92
Liga proletarischer Künstler
Gemeint ist wahrscheinlich die im März 1928 gegründete Alljapanische Liga für proletarische Kunst, die bis zu Beginn der dreißiger Jahre erheblichen Einfluß hatte.

Seite 93
Erzähler im Bunraku-Puppentheater
Das Bunraku-Puppentheater, eine hochentwickelte Form des Puppenspiels, ist neben dem Nô-Theater und dem Kabuki (vgl. Anmerkungen zu S. 86 und 85) das dritte, bis heute gepflegte Genre klassischer japanischer Theaterkunst, das zwischen 1690 und 1790 seine höchste Blüte hatte. Die Texte, oft identisch mit denen der Kabuki-Bühne, werden von einem Erzähler vorgetragen, während Puppenspieler ausschließlich die etwa einen Meter großen Puppen manipulieren.

Seite 96
Kempeitai-Militärpolizei
Eine 1881 geschaffene Polizeitruppe, die im Unterschied zu den anderen Polizeieinheiten nicht dem Innen-, sondern dem Heeresministerium unterstand, mit dem wachsenden Einfluß der Militärs Ende der zwanziger Jahre aber zunehmend auch eine Geheimdienstrolle übernahm, die der der Gestapo in Nazideutschland ähnelte.

Seite 98
Kusadato Nakamura
1901 bis 1983, einer der bedeutendsten Dichter der jüngsten Zeit, der sich ausschließlich dem traditionellen »Haiku«, einer lediglich aus 17 Silben bestehenden Gedichtform, widmete. (Vgl. auch Anmerkung zu S. 114)

Seite 99
Rakugo-Geschichtenerzähler
Traditionelle volkstümliche berufsmäßige Geschichtenerzähler, die monologisch witzige Geschichten vortragen und auch Wortspiele nicht verachten.

Seite 100
Sanba und Kyoden
Shikitei Samba, 1776 bis 1822, und Santô Kyôden, 1761 bis 1813, sehr beliebte Unterhaltungsschriftsteller, deren Werke durch die genauen Schilderungen des Lebens des niederen und mittleren Stadtbürgertums in Edo (heute Tôkyô) bestechen.

Seite 102
Senryu-Versform
Ist in seiner Metrik mit dem 17silbigen Haiku identisch, schöpft aber seine Inhalte aus dem Leben des einfachen Volkes, wobei seine Motive vorzugsweise komische Lebenssituationen, sein Ton witzig und humorvoll sind.
Moxa-Brennkegel
Ein Naturheilverfahren, bei dem kleine Kegel aus einer dem Beifuß ähnlichen Pflanze auf bestimmten Körperteilen verglüht werden. – Das Verfahren ist zwar schmerzhaft, hat aber mit Folter nichts zu tun. Insofern könnte diese Passage Mißverständnisse hervorrufen, wenn man nicht beachtet, daß hier auf Situationskomik abgezielt wird.

Seite 112
Tessai und Sôtatsu
Tomioka Tessai, 1836 bis 1924, ein der Tradition verhafteter Maler, der großzügig komponierte Bilder in der Technik der monochromen Tuschmalerei schuf. – Tawaraya Sôtatsu, frühes 17. Jahrhundert, wirkte in Kyôto. Sein vielfältiges Schaffen reicht von feinen Fächermalereien bis zu großflächigen farbprächtigen Bildern auf Stellschirmen.

Seite 114
Haiku-Frühlingsgedichte
Zur Ästhetik der Haiku-Dichtung gehört, daß durch ein sogenanntes Jahreszeitenwort trotz der vorgegebenen extremen Kürze von 17 Silben immer klar wird, in welcher Jahreszeit das betreffende Gedicht angesiedelt ist.
Vorfälle vom 26. Februar
Junge Heeresoffiziere einer äußerst rechten Gruppierung innerhalb der Armee besetzten am 26. 2. 1936 mit etwa 1400 Soldaten den Reichstag und das Kriegsministerium und ermordeten einige führende Politiker. Erst als zwei Tage später klar wurde, daß die Marine sowie Finanzkreise und auch der Kaiser dieser Gruppe ihre Unterstützung versagten, wurde die Aktion als Meuterei verurteilt und niedergeschlagen.

Seite 115
deutsch-japanischer Anti-Komintern-Pakt
Wurde am 25. 11. 1936 in Berlin geschlossen, um ein gemeinsames Vorgehen gegen die kommunistische internationale Arbeiterbewegung sowie gegen die Sowjetunion (wie in einem geheimen Zusatzprotokoll festgelegt) zu erreichen. Im November 1937 trat das faschistische Italien dem Pakt bei, dem im September 1940 der Abschluß des Dreimächte-Pakts als eine Art Militärbündnis zwischen Deutschland, Italien und Japan folgte.

Seite 117
Sukiyaki
Ein recht teures japanisches Gericht, bei dem auf dem Tisch des Gastes zartes, in hauchdünne Scheiben geschnittenes Rinderfilet in einer eisernen Pfanne zusammen mit Lauch und Pilzen gut gewürzt gedünstet wird. Der Gast bedient sich dabei selber und taucht Fleisch- und Gemüsestücke vor dem Verzehr in ein Schüsselchen mit verrührtem rohen Ei.

Seite 121
Edo-Zeit
1603 bis 1867, Zeit des zentralisierten Feudalstaates, in der das Geschlecht der Tokugawa die De-facto-Macht über ganz Japan ausübte. Als Residenzstadt des Kaisers blieb Kyôto zwar die nominelle Hauptstadt, politisches Zentrum aber war Edo (heute Tôkyô).

Seite 123
Sukiyaki-Restaurant
(Vgl. Anmerkung zu S. 117) Nicht wenige Restaurants in Japan sind besonders bei Gerichten wie Sukiyaki, Sushi usw. nur auf dieses eine Gericht spezialisiert.
Shôji-Schirme
Gemeint sind leichte, in Schienen gleitende Holzrahmen, die mit weißem Papier bespannt sind. Sie trennen die Zimmer eines traditionellen japanischen Holzhauses zu der in den Garten führenden offenen »Veranda« ab.

Seite 124
Nariyoshi Fujimori (richtig: Seikichi Fujimori)
1872 bis 1977, Erzähler und Dramatiker, 1928 zum Gründungsvorsitzenden der Alljapanischen Liga für proletarische Kunst (vgl. Anmerkung zu S. 92) gewählt. 1930 bis 1932 Aufenthalt in Berlin. – Die Lesung des Vornamens ist hier falsch angegeben.
vor einer Edo-Burg
Gemeint ist die Schloßburg von Edo (heute Tôkyô), in der die Shôgune aus dem Geschlecht der Tokugawa von 1603 bis 1867 residierten. Auf demselben Areal befindet sich heute der Kaiserpalast.

Seite 136
Jirô Ôsaragi (richtig: Osaragi)
1897 bis 1973, äußerst produktiver, vielseitiger, erfolgreicher Verfasser von historischen, zeitgeschichtlichen und dokumentarischen Romanen, dem es gelang, eine Synthese von unterhaltenden Effekten der »Massenliteratur« (Taishu bungakû) und den künstlerischen Ansprüchen der »reinen Literatur« (Junbungaku) zu schaffen.

Seite 138
Jûrô Miyoshi
1902 bis 1958. Unter marxistischem Einfluß stehend, verfaßte er neben Dramen, Erzählungen und Hörspielen auch vielbeachtete kulturkritische Essays.

Seite 142
Der Krieg im Pazifik hatte begonnen
Gemeint ist damit die Ausweitung des Krieges, den Japan schon seit 1937 in China führte, auf den gesamten pazifischen und südostasiatischen Raum mit der Kriegserklärung Japans an die USA am 8. 12. 1941, einen Tag nach dem Überfall auf Pearl Habour.

Seite 144
»Ehrenhafter Tod der hundert Millionen«
Eine Losung, die von den herrschenden Militärs ausgegeben wurde, nachdem mit dem Fall der Insel Saipan im Juni 1944 die Kriegsniederlage Japans für alle sichtbar geworden war, jeder Gedanke an eine Kapitulation aber verdrängt wurde, indem eine Ideologie verbreitet wurde, nach der sich jeder Japaner, ob Militärangehöriger oder nicht, ob Mann, Frau oder Kind, statt sich dem Feind zu ergeben, das Leben zu nehmen habe.

Seite 145
Hôtarô Yamanaka (richtig: Minetarô Yamanaka)
1885 bis 1966, hat sich vor allem als Kinder- und Jugendbuchautor einen Namen gemacht. Der erwähnte Roman erschien 1930 in einer Jugendzeitschrift. – Die Lesung des Vornamens ist hier falsch angegeben.
russisch-japanischer Krieg
1904/1905. Die Schlacht bei Mukden fand im März 1905 statt. Von den daran beteiligten über 400000 japanischen und etwa 350000 russischen Soldaten wurden mehr als 200000 getötet oder verwundet.

Seite 147
Tsuneo Tomita
1904 bis 1967. Der erwähnte Roman (erster Teil 1942, zweiter Teil 1944) spielt in der Zeit kurz vor der Wende zum 20. Jahrhundert und behandelt das Schicksal eines berühmten Judô-Kämpfers.

Seite 151
Haiku von Bashô
(Vgl. Anmerkung zu S. 114) Bashô, 1644 bis 1694, ist der erste und bis heute unübertroffene Meister des 17silbigen Kurzgedichts (Haiku). Das hier angeführte Gedicht dürfte wohl fast jedem Japaner bekannt sein. Die Übersetzung müßte allerdings etwa lauten: »Ein alter Weiher / Ein Frosch hüpft hinein / Leis tönt das Wasser.« Es verkörpert wesentliche Elemente der Ästhetik der Haiku-Dichtung, so z. B. die prägnante und geschlossene, jedoch nicht abgeschlossene Aussage und die Verbindung zwischen dem Ewigen und dem Momentanen (der alte Weiher/das Plätschern des Wassers).

Seite 154
kamikaze
Dieser Begriff vom »göttlichen Wind« als Erretter kam auf, als die zwei mit großem Nachdruck betriebenen Versuche der Mongolen, in Japan einzufallen (1274 und 1281), dadurch scheiterten, daß ihre Flotte angesichts der japanischen Küste von einem Sturm heimgesucht wurde, der jede weitere Aktion unmöglich machte. – Im zweiten Weltkrieg wurde die Bezeichnung für die Todesflieger übernommen, die sich mit ihren Flugzeugen auf die amerikanischen Kriegsschiffe stürzten.

Seite 167
Nobunaga Oda
1534 bis 1582, unternahm nach einer Periode feudaler Zersplitterung den Versuch, eine Einigung des Reiches herbeizuführen.

Seite 170
Nô-Stück Ataka
Die Autorenschaft dieses noch heute von allen Schulen des Nô-Theaters gespielten Stückes, das die Vorlage für das 1840 entstandene Kabuki-Stück »Kanjinchô« wurde, ist nicht eindeutig geklärt. Es dürfte um 1460 entstanden sein.

Seite 174
Kyoshi Takahama
1874 bis 1959, gilt vielfach als größter Haiku-Dichter nach Bashô (vgl. Anmerkung zu S. 151), auch als Romancier hervorgetreten.

Seite 175
Zeami
1363 bis 1443, gilt zusammen mit seinem Vater Kanami, 1332 bis 1384, als Schöpfer des Nô-Spiels und war Dramatiker, Schauspieler, Choreograph und Theoretiker in einer Person. Seine hinterlassenen, lange in der Nô-Spieler-Familie Kanze geheim überlieferten Schriften legen u. a. umfassend die ästhetischen Prinzipien des Nô dar.

Seite 176
Hanjo (Dame Han)
Ein Nô-Spiel von Zeami, das er unter Rückgriff auf einen chinesischen Stoff verfaßte. Im Mittelpunkt steht eine Favoritin des chinesischen Kaisers Ch'eng Ti, die über den Verlust ihres Kindes dem Wahnsinn verfällt.
Mondwindenkapitel im Roman vom Fürsten Genji
Gemeint ist wahrscheinlich das 22. Kapitel der »Geschichte vom Prinzen Genji« (vgl. Anmerkung zu S. 39), das von dem Mädchen Yugao (Abendwinde), einer Geliebten des Prinzen Genji, handelt.

Seite 185
Yakusa (richtig: Yakuza)
Das bis in die Feudalzeit zurückreichende organisierte Verbrechen in Japan, das heute vor allem die Vergnügungsindustrie beherrschen soll und der italienischen Mafia gleicht.

Seite 186
Bodhidharma
Der legendäre Sohn eines südindischen Königs, der den Zen-Buddhismus in China eingeführt haben soll. Ein wesentlicher Bestandteil dieser Sekte des Buddhismus ist die Erlösung durch eigene Kraft mittels der Meditation. Bodhidharma (japanisch: Daruma) soll während einer neunjährigen ununterbrochenen Meditation seine Beine verloren haben. Beinlose Daruma-Puppen, die so konstruiert sind, daß sie sich ständig wieder aufrichten, spielen heute im japanischen Volksleben eine große Rolle. Sie sind Symbol der Hoffnung, daß man sich nach jedem Fall wieder erheben wird.

Seite 196
Schlacht von Guadalcanal
Nach der Seeschlacht bei den Midway-Inseln im Juni 1942, in der die japanische Marine zum erstenmal hohe Verluste erlitt, brachte die Rückeroberung von Guadalcanal im Februar 1943 durch amerikanisch-australische Truppen die endgültige Wende im Krieg zuungunsten Japans.

Seite 214
Nara
Von 710 bis 784 die erste feste Hauptstadt Japans.
Nobumitsu Kanze
1435 bis 1516, Nô-Spieler und Verfasser von mehreren Nô-Stücken, u. a. »Rashômon«. Von einigen Forschern wird er als Autor des Nô-Stückes »Ataka« (vgl. Anmerkung zu S. 170) genannt.

Seite 216
»Yabu no naka« (»In einem Hain«) von Ryûnosuke Akutagawa
Der deutsche Titel der Geschichte Akutagawas (1892 bis 1927) lautet »Im Dickicht« (1921).

Seite 223
Utamaro, Hokusai oder Sharaku
Kitagawa Utamaro, 1753 bis 1806, berühmt durch seine Frauenbildnisse, Katsushika Hokusai, 1760 bis 1849, ein Meister des Landschaftsholzschnittes, und Tôshûsai Sharaku, 2. Hälfte des 18. Jahrhunderts, berühmt durch seine Schauspielerporträts, gelten neben anderen als die bedeutendsten Vertreter des japanischen Farbholzschnittes.

Seite 225
Naoya Shiga
1883 bis 1971, gilt vor allem als Meister sehr sensibel gestalteter Kurzgeschichten.

Jürgen Berndt

Register

ISBN 3-362-00382-6

Lizenz-Nr. 414.235/53/89
LSV-Nr. 8413
Umschlag: Jochen Eichler
Printed in the German Democratic Republic
Druck und Binden: Grafischer Großbetrieb Völkerfreundschaft Dresden
625 982 7
01800